PHP 5

LE GUIDE COMPLET

Micro Application

1ère Édition - Juin 2009

Auteur François-Xavier BOIS

ISBN : 978-2-300-022098

ISSN : 1950-0289

MICRO APPLICATION
20-22, rue des Petits-Hôtels
75010 PARIS
Tél. : 01 53 34 20 20
Fax : 01 53 34 20 00
http://www.microapp.com

Support technique :
Également disponible sur
www.microapp.com

Retrouvez des informations sur cet ouvrage !

Rendez-vous sur le site Internet de Micro Application **www.microapp.com**. Dans le module de recherche, sur la page d'accueil du site, entrez la référence à 4 chiffres indiquée sur le présent livre.
Vous accédez directement à sa fiche produit.

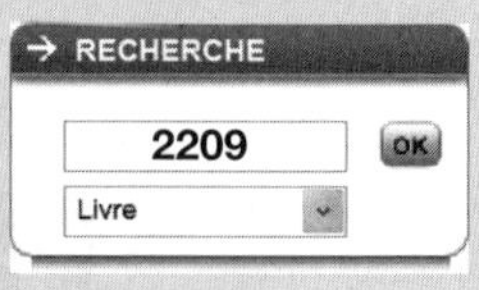

Avant-propos

Destinée aussi bien aux débutants qu'aux utilisateurs initiés, la collection *Guide Complet* repose sur une méthode essentiellement pratique. Les explications, données dans un langage clair et précis, s'appuient sur de courts exemples. En fin de chaque chapitre, découvrez, en fonction du sujet, des exercices, une check-list ou une série de FAQ pour répondre à vos questions.

Vous trouverez dans cette collection les principaux thèmes de l'univers informatique : matériel, bureautique, programmation, nouvelles technologies...

Conventions typographiques

Afin de faciliter la compréhension des techniques décrites, nous avons adopté les conventions typographiques suivantes :

- **gras** : menu, commande, boîte de dialogue, bouton, onglet.
- *italique* : zone de texte, liste déroulante, case à cocher, bouton radio.
- `Police bâton` : Instruction, listing, adresse internet, texte à saisir.
- ✂ : indique un retour à la ligne volontaire dû aux contraintes de la mise en page.

REMARQUE

Il s'agit d'informations supplémentaires relatives au sujet traité.

ATTENTION

Met l'accent sur un point important, souvent d'ordre technique qu'il ne faut négliger à aucun prix.

ASTUCE

Propose conseils et trucs pratiques.

DEFINITION

Donne en quelques lignes la définition d'un terme technique ou d'une abréviation.

Chapitre 1 Introduction 13

Chapitre 2 L'environnement de travail 45

Chapitre 3 Les fondamentaux 59

Chapitre 6 Les formulaires et transmissions de données 147

Chapitre 7 En tête HTTP et authentification 173

Chapitre 8 JavaScript, contrôle de formulaires et AJAX 187

À Laurence, Marie-Castille et Charles-Louis.

Chapitre 1

Introduction

Tout en étant consacré à un langage de programmation extrêmement complet, cet ouvrage reste destiné à un large public. Quelques connaissances élémentaires dans le domaine du Web (HTML) mises à part, aucune compétence informatique particulière n'est indispensable à la compréhension des différents sujets abordés au sein du présent ouvrage. Il est de ce fait particulièrement destiné aux web designers et aux webmestres, aux étudiants et, plus généralement, à toute personne aspirant à aller plus loin dans la création de sites et d'applications web.

Tout au long des chapitres, nous nous attacherons à illustrer les différents concepts étudiés à l'aide d'exemples que nous enrichirons au fur et à mesure des chapitres. Nous étudierons aussi bien les bases du langage (syntaxe, variables, fonctions) que certains aspects plus avancés (envoi de courriels, manipulation de fichiers, interaction avec les bases de données, gestion des cookies et sessions, programmation objet).

Nous profiterons également de certains chapitres pour découvrir certaines technologies adjacentes à PHP : le HTML (les formulaires), le SQL (le langage des bases de données), le XML (un format universel d'échanges de données) et le langage JavaScript (qui a vu sa réhabilitation récente avec l'émergence du concept de Web 2.0).

Dans le cadre de ce premier chapitre, nous nous intéresserons tout d'abord aux différents langages de programmation pour nous concentrer ensuite sur le langage PHP, son histoire, son mode de fonctionnement, ses avantages et ses défauts.

Nous profiterons aussi de ce chapitre introductif pour réaliser un rapide tour d'horizon du Web et d'Internet en général.

1.1. Les langages de programmation

PHP est un langage de programmation. Il permet d'écrire des programmes, tout comme les mathématiques permettent de résoudre des problèmes. Particulièrement prisé des développeurs ces dernières années, il est cependant loin d'être le seul dans sa catégorie. Plusieurs centaines de langages ont ainsi vu le jour depuis la naissance de l'informatique dans les années 1950. Parmi les plus connus peuvent être cités les langages C, C++, C#, Java, Perl, Python, Basic, ActionScript, etc.

Un programme informatique est composé de lignes d'instructions ; l'ensemble de ces lignes forme le code source (ou listing) du programme. Dans la vie courante, les instructions suivantes pourraient être apparentées à un programme :

Listing 1-1 : un programme dans la vie courante

```
1- insérer la carte
2- composer le code secret
3- renouveler l'étape 2 en cas d'échec
4- indiquer le montant
5- appuyer sur le bouton « validez »
6- retirer les billets
7- récupérer la carte
```

Pour un même objectif, le code source d'un programme est différent selon le langage utilisé. A titre d'exemple, cet extrait de code affiche les nombres de 1 à 10 dans différents langages :

Listing 1-2 : Programme écrit en PHP

```
for ($i = 1; $i <= 10; $i++)
{
  echo "i = $i\n";
}
```

Listing 1-3 : Programme écrit en C

```
for (i = 1; i <= 10; i++)
{
  printf("i = %d\n",i);
}
```

Listing 1-4 : Programme écrit en Java

```
for (i = 1; i <= 10; i++)
{
  System.out.println("i = " + i);
}
```

Listing 1-5 : Programme écrit en Python

```
for i in range(1,11):
     print "i = ", i
```

Listing 1-6 : Programme écrit en Perl

```
for ($i = 1; $i <= 10; $i++)
{
  print "i = $i\n";
}
```

Ces exemples prouvent qu'en dehors de quelques différences d'ordre syntaxique tous ces langages de haut niveau sont extrêmement similaires. Depuis les origines de la programmation, les concepteurs de langage de haut niveau se sont systématiquement « empruntés » les bonnes idées, tout en mettant de côté les faiblesses et les limitations. Certains langages récents trouvent ainsi leurs origines dans les années 1960. En analysant minutieusement sa syntaxe, nous pouvons ainsi nous rendre compte que le langage de Microsoft C# (C Sharp) est directement issu d'un langage aujourd'hui complètement oublié : le BCPL.

Vous devriez donc être en mesure, à l'issue de cet ouvrage, de lire sans difficulté majeure un listing de code écrit dans la plupart des langages modernes de haut niveau.

Langages interprétés et langages compilés

Il serait bien évidemment inutile et fastidieux de connaître plusieurs langages si ces derniers proposaient tous les mêmes fonctionnalités. Comme vous pouvez vous en douter, ce n'est pas du tout le cas : chaque langage dispose de ses particularités, de ses avantages et de ses défauts.

La première grande différence à observer entre les différents langages cités précédemment se situe dans leur mode de fonctionnement : certains sont à classer parmi les langages interprétés et d'autres parmi les langages compilés.

***Tableau 1.1 :** Langages interprétés et langages compilés*

Langages interprétés	Langages compilés
PHP	C
Perl	C++
Python	Java
JavaScript	Pascal

ATTENTION

Détails

Rien n'étant jamais simple en informatique, vous pourrez effectivement lire qu'il est possible de compiler du Perl ou du PHP, que les exécutables Java et C# sont en fait « interprétés » par des machines virtuelles, que des processeurs Crusoe de Transmeta deviennent des interpréteurs de binaires. Ce ne sont toutefois que des détails, et il est évident qu'aujourd'hui toutes ces notions ont tendance à se mêler les unes aux autres.

La différence entre ces deux types de langages se situe au niveau de leur mode d'exécution.

Pour exécuter un programme écrit dans un langage non interprété, il est nécessaire de compiler le code source pour en faire un binaire. Le compilateur est le programme qui se charge de cette opération. Chaque langage dispose ainsi d'un compilateur qui lui est propre : celui du C s'appelle `gcc`, celui du Java se nomme `javac`. À l'issue de cette phase dite de compilation le binaire pourra être exécuté par la machine. Le compilateur s'est en réalité chargé de convertir toutes les lignes de code dans un langage de bas niveau (l'assembleur dans le cas du C), illisible par l'homme mais « compréhensible » par un processeur.

Listing 1-7 : Exemple de code écrit en assembleur

```
.data

msg:
  .ascii  "Hello, world!\n"
  len = . - msg

.text


    .global _start


_start:

  movl  $len,%edx
  movl  $msg,%ecx
  movl  $1,%ebx
  movl  $4,%eax
  int  $0x80

  movl  $0,%ebx
  movl  $1,%eax
  int  $0x80
```

Pour exécuter un script écrit avec un langage interprété, il faut, comme son nom l'indique, passer par un interpréteur. Cet interpréteur lit le code pas à pas et le convertit au fur et à mesure en instructions pouvant être traitées par le processeur. Quand on parle de PHP, on parle donc à la fois du langage et de l'interpréteur.

REMARQUE

Script

Le terme *script* est souvent utilisé lorsque l'on souhaite faire référence à un programme écrit dans un langage interprété. On parle ainsi de script PHP ou Perl.

Voyons rapidement les avantages et les inconvénients de chacun de ces deux modes.

Avantage du langage compilé

La conversion en binaire est réalisée une fois pour toutes lors de la phase de compilation. La suite Office de Microsoft, par exemple, a été compilée une fois, et ce sont des versions binaires que l'on trouve sur les étalages des grandes surfaces. Un programme compilé est donc plus rapide à s'exécuter qu'un programme interprété qui, lui, devra être converti à chaque exécution.

Inconvénient du langage compilé

Le binaire issu de la compilation n'est pas exécutable « universellement ». Ainsi, un binaire exécutable sur un PC fonctionnant sous Windows ne le sera pas sur un PC sous Linux ou OS2 : il s'agit ici d'une incompatibilité de système d'exploitation. De la même manière, un binaire compilé sur PC ne pourra pas fonctionner sur Mac ou Sun : il s'agit alors d'une incompatibilité d'architecture machine. Il est donc facile d'imaginer le casse-tête pour des sociétés souhaitant faire fonctionner et vendre leur logiciel sur le plus grand nombre de plateformes possible.

Avantage du langage interprété

Un programme PHP n'étant ni plus ni moins qu'un simple fichier texte contenant des lignes de code, il est interprétable sur tout type de machine ou de système d'exploitation sans que cela nécessite la modification de la moindre virgule : on appelle cela la « portabilité ». Le marché potentiel d'un programme écrit en PHP est par là même bien plus vaste que celui d'un programme compilé qui, généralement, n'est développé que pour un système d'exploitation et une architecture donnés.

Inconvénient du langage interprété

En plus de la relative lenteur par rapport au langage compilé, il convient de noter un inconvénient de taille pour les personnes souhaitant vendre leur programme : la fourniture du code source. Alors qu'il est impossible de deviner comment un programme compilé a été conçu, il est tout à fait possible pour une société cliente ayant acheté un programme écrit en PHP de voir comment celui-ci a été codé et ainsi de voler les idées et le savoir-faire du concepteur.

Autre problème de taille : la nécessité de disposer de l'interpréteur pour pouvoir exécuter un script. Alors que vous pouvez transmettre un binaire par courriel et être sûr qu'il pourra être exécuté chez votre ami, il conviendra pour un script PHP de vérifier que cet ami dispose préalablement sur son ordinateur de l'interpréteur PHP. Or, il peut être assez gênant d'imposer l'installation d'un tel environnement pour la simple exécution d'un programme.

REMARQUE

Compilation de PHP

La société Zend, dont nous allons parler plus loin dans ce chapitre, a développé un outil qui permet de convertir un programme PHP en un fichier contenant un code intermédiaire illisible par l'humain, mais lisible par un interpréteur PHP (et cela quels que soient l'architecture et le système d'exploitation !). Il ne s'agit ni plus ni moins que d'un compilateur PHP déguisé.

Les domaines d'application

En plus de cette différence de fonctionnement, les langages ont souvent été conçus pour des domaines d'application précis.

- ASP, PHP, CFM : le Web.
- C : applications système.
- Java : applications pour systèmes embarqués (téléphones portables, cartes à puce).
- Perl : administration système.
- C++ : applications avec interfaces graphiques.

Bien que tout programme puisse être écrit avec tout langage, certains vous permettront de le développer en 10 lignes, alors que d'autres en nécessiteront 300.

REMARQUE

Choix du langage

Bien que PHP soit un langage aussi polyvalent qu'attractif, il ne faut surtout pas tomber dans l'excès qui consisterait à vouloir tout réaliser en PHP. D'autres langages, pour des problématiques bien précises, peuvent se révéler supérieurs à PHP. Il est donc toujours intéressant de se tenir informé et de surveiller les autres technologies et nouveautés (cela étant d'autant plus vrai en informatique où les choses évoluent beaucoup plus vite qu'ailleurs).

1.2. Le PHP

Le PHP est un langage interprété qui a été conçu dès son origine pour le Web. Il est aujourd'hui devenu le leader incontesté dans ce domaine. Plus de 9 millions de sites l'ont aujourd'hui choisi comme plateforme de développement web.

Les raisons du succès

Elles sont à la fois nombreuses et variées.

Rapidité, stabilité, scalabilité, sécurité

PHP est le langage de *scripting* le plus rapide du marché. C'est réellement important quand vous devez réaliser un site devant recevoir plusieurs centaines de milliers de visiteurs par jour. Plus le script met de temps à être interprété, plus l'attente est importante pour l'internaute. Or, n'oubliez jamais que rien n'est pire sur le Web que de faire attendre un internaute !

Cette rapidité est d'autant plus impressionnante que PHP dispose d'autres propriétés toutes aussi essentielles.

- *Stabilité* : PHP n'est pas « buggé » et ne « plante » pas.
- *Scalabilité* : qu'il y ait cent ou un million d'internautes qui viennent sur votre site, PHP continuera à exécuter vos scripts (certes plus lentement dans le cas d'un million de requêtes).
- *Sécurité* : PHP est un système très sûr dont les rares failles ont toujours été corrigées dans la journée.

ATTENTION

Sécurité et PHP

Il faut bien faire la différence entre la sécurité de PHP en tant que système et la sécurité d'un logiciel écrit en PHP. Le fait que PHP soit sécurisé n'implique pas pour autant qu'une application écrite en PHP soit elle-même sécurisée. Un programmeur peut ainsi tout à fait laisser dans son code une faille de sécurité qui pourra être exploitée par un pirate. Il est donc très important de prendre de bonnes habitudes en vérifiant toujours que son code ne contient pas de faiblesse. Le chapitre consacré à la sécurité devrait vous y aider.

Open Source

Le projet PHP est un projet open source. L'open source est un mouvement planétaire qui regroupe les meilleurs développeurs mondiaux et qui a pour principe fondateur la mise à disposition des sources des logiciels (c'est-à-dire les listings de code qui ont permis de réaliser le logiciel). Ainsi, alors que l'ASP n'est développé que par Microsoft, PHP est un projet sur lequel travaillent des centaines d'étudiants, de chercheurs et ingénieurs à travers le monde. En disposant des sources, tout un chacun peut étudier la manière avec laquelle le langage est conçu et peut aussi corriger les éventuels dysfonctionnements (bugs). Cela explique directement que PHP soit un langage extrêmement stable ne souffrant que de très rares bugs ou failles.

Appartenant à tout le monde et à personne en même temps, les logiciels Open Source ont un énorme avantage par rapport à leurs cousins propriétaires : ils ne peuvent pas disparaître. Si une société éditrice d'un langage dépose le bilan, le langage disparaît avec la société. Pour PHP, cela ne peut arriver. N'importe quel étudiant dispose des sources et peut reprendre le flambeau. En ces temps de troubles et de difficultés pour les éditeurs de logiciels, cette notion ne doit pas être mise de côté.

Un autre avantage à travailler avec des logiciels open source tel que PHP est d'avoir à sa disposition une énorme bibliothèque de scripts dont les sources peuvent être récupérées gratuitement sur le Web. Il devient aujourd'hui assez rare de ne pas trouver sur le Web un morceau de code qui ne répondrait pas exactement à vos besoins.

Fonctionnalités

Grâce à l'open source, chacun peut ajouter sa pierre à l'édifice, en améliorant ou en développant certaines parties. Le cycle de développement de PHP est par conséquent très rapide, et chaque nouvelle version est accompagnée de son lot de nouvelles fonctionnalités. PHP contient donc un très grand nombre d'extensions qui permettent par exemple :

- de générer des images, des fichiers PDF, Flash ;
- de se connecter à des serveurs FTP, LDAP, de mail ;
- de travailler avec des bases de données (MySQL, MS SQL, Oracle, Informix, PostgreSQL) ;
- de manipuler des fichiers XML ;
- d'interagir avec des Web Services ;
- de s'interfacer avec des systèmes de paiement sécurisé.

PHP est un langage d'une très grande flexibilité. Quelle que soit la complexité du logiciel à concevoir, il est très peu probable de se retrouver limité par PHP. Comme le C, PHP vous permet de tout faire, le plus souvent très rapidement. Cette ressemblance avec le C ne s'arrête d'ailleurs pas là. PHP dispose en effet d'une syntaxe très proche de celle du C. Quand on sait que le C est un des langages les plus répandus, cela se révèle un choix tactique : beaucoup de programmeurs ont pu de la sorte passer du C à PHP en quelques heures et venir enrichir la communauté de développeurs. Plus un langage dispose de développeurs, plus vous avez de chances d'obtenir des réponses dans les forums, de trouver des documents et des exemples sur le Web.

Gratuité

PHP fait partie de cette famille de logiciels que l'on qualifie de *free software*, *free* dans le sens de « libre » (open source), mais également dans le sens de « gratuit ». Bien que PHP soit de loin ce qui se fait de mieux dans le domaine, il est, à la différence de ses principaux concurrents (ASP, ColdFusion…), entièrement gratuit. PHP n'est pas le seul logiciel gratuit et open source dont nous allons parler dans ce livre : Linux (système d'exploitation), Apache (serveur web), MySQL (moteur de base de données) sont d'autres logiciels incontournables du monde du Web et sont tout aussi libres et gratuits.

Universel

L'interpréteur PHP est aujourd'hui disponible sur un très grand nombre d'architectures (PC, Mac), de systèmes d'exploitation (Windows, Mac OS X, Linux, Unix, etc.) et de serveurs web (Apache, IIS, AOLserver, Roxen, etc.). Ainsi, si vous changez un jour d'hébergeur, il y a de fortes chances que votre application continue de fonctionner.

Apache/Linux

Bien que fonctionnant sur la grande majorité des serveurs web et sur la plupart des systèmes d'exploitation, PHP est avant tout lié au serveur Apache et au système Linux. Ce sont là les véritables applications phares du monde de l'open source et du Web. Apache est de loin le serveur web le plus utilisé au monde. C'est lui qui vous sert les pages des plus gros sites mondiaux (Yahoo!, Google). Linux est quant à lui le deuxième système d'exploitation derrière Windows dans le domaine des serveurs web.

Les concurrents

PHP est loin d'être le seul langage de scripting pour le Web. On trouve parmi ses concurrents…

Ruby

Ses avantages :

- Il s'agit d'un véritable langage objet où tout élément du langage est lui-même objet. Il ravira les développeurs exigeants au niveau modélisation ainsi que ceux, plus débutants, souhaitant mettre en place des interfaces graphiques le plus rapidement et simplement possible.
- La disponibilité de la plateforme RAILS pour réaliser des applicatifs web en AJAX est un véritable atout du fait de la très grande popularité de cet environnement.
- Gratuit, open source et disponible sur une grande variété de plateformes.

Ses inconvénients :

- Langage assez récent, il est encore peu répandu chez les hébergeurs et risque de mettre encore quelques années avant d'être accepté au sein des grands groupes.

Python

Ses avantages :

- Ce langage est extrêmement bien pensé et permet une qualité de développement objet largement supérieure à celle du PHP.
- Gratuit, libre et largement portable.
- Le langage Python tend de plus en plus à remplacer Perl dans le cœur des administrateurs système et voit sa base d'utilisateurs s'étendre de jour en jour.

Ses inconvénients :

- La syntaxe du langage fondée sur l'indentation peut paraître douteuse à certains.
- Le Web est loin d'être la priorité des concepteurs.

ASP (Microsoft)

Ses avantages :

- ASP est ce qu'il y a de mieux lorsque l'on souhaite ne travailler qu'avec des outils Microsoft et être assuré de la compatibilité avec IIS, Front Page, Visual Studio, SQL Server, Access.
- Les outils clients sont généralement très bien réalisés, que ce soit pour gérer les pages, la base de données ou le serveur web. Cela permet à un non-ingénieur système d'administrer une solution web complète.

Ses inconvénients :

- ASP souffre de faibles performances et ne peut être exécuté qu'avec IIS sous Windows.
- Le serveur web IIS, pierre angulaire d'une solution Microsoft, n'est pas à citer en exemple en termes de sécurité. Les attaques gravissimes sur des machines disposant de ce logiciel sont communes (voir Red Code, Nimda) et ont parfois paralysé des sociétés entières.

- Il s'agit d'un choix onéreux dans la mesure où le logiciel est payant tout comme les technologies adjacentes (Visual Studio, Front Page, SQL Server) qui sont vivement recommandées afin de rester dans un environnement Microsoft et d'éviter les incompatibilités. Il s'agit ici de la partie émergée de l'iceberg car il convient d'ajouter à ces licences un prix d'hébergement et d'administration souvent beaucoup plus élevé. Et ne croyez pas faire des économies en hébergeant en interne car il s'agira dans ce cas d'investir dans une machine disposant d'énormes ressources autant au niveau du processeur que de la mémoire.

ASPX, C# (Microsoft)

Ses avantages :

- À la différence d'ASP, les scripts ASPX peuvent maintenant être exécutés sur des serveurs Apache disposant du module libre et gratuit Mono (**www.mono-project.com/Main_Page**).
- Les ASPX peuvent être écrits en C# qui est sans nul doute un magnifique langage de programmation.

Ses inconvénients sont les mêmes que l'ASP.

CFM (Macromedia-Allaire) : ColdFusion

Ses avantages :

- L'environnement de développement de ColdFusion est ce qui peut se faire de mieux dans le genre. Vous disposez en achetant ce logiciel d'un outil central disposant d'une interface graphique complète vous permettant de développer votre code, vos pages web, d'envoyer vos documents sur un serveur FTP.
- Le langage a été développé avec la simplicité en ligne de mire. Par conséquent, il s'agit peut-être de la meilleure solution pour un public débutant ne souhaitant pas aller très loin dans le développement web.

Ses inconvénients :

- Le langage est plutôt lourd, mal conçu et n'évolue que très lentement. Dès que l'on souhaite aller assez loin dans le développement, les défauts et les limitations apparaissent très vite (on pense notamment à la gestion assez primaire des « expressions régulières »).

- Les hébergeurs proposant le ColdFusion ne sont pas nombreux et font souvent payer ce service assez cher. Le serveur web est aussi propriétaire et, même si ses performances sont honorables, elles sont loin d'être aussi bonnes que celles d'Apache.
- Comme l'ASP, cet environnement de développement est payant.

Perl

Ses avantages :

- Très vieux langage, Perl dispose d'une bibliothèque d'extensions extrêmement riche (par exemple, création de fichiers Excel à la volée, connexion à une multitude de serveurs, etc.).
- Gratuit, open source et disponible sur une grande quantité de plateformes.

Ses inconvénients :

- Ce langage n'a pas été développé dans une optique web et peut donc souffrir d'une certaine lourdeur.
- L'installation sur une machine cliente est souvent bien plus compliquée que les systèmes vus précédemment.

Des logiciels en ligne

De plus en plus d'applicatifs sont développés avec ces langages orientés web. Comme il est nécessaire d'être connecté, on les qualifie fréquemment de logiciels « en ligne » (*online softwares* ou *web applications*).

Les avantages de tels applicatifs sont assez nombreux :

- L'applicatif étant centralisé, sa mise à jour devient extrêmement simple (nul besoin de changer quoi que ce soit sur les postes des utilisateurs).
- Le marché est immense. Toutes les personnes disposant d'un navigateur web et d'une connexion au Net peuvent y accéder (quel que soit le système d'exploitation ou l'architecture).
- Les données de la société sont centralisées, tous les employés peuvent y accéder de manière collaborative.

- Seul le serveur web doit être sécurisé, ce qui simplifie grandement la tâche des responsables informatiques. De la même manière, les sauvegardes deviennent très simples à gérer.

Tout naturellement, ces logiciels se sont développés principalement pour le monde de l'entreprise : gestion commerciale et financière, intranet et extranet, commerce électronique, gestionnaire de planning, de messagerie, d'agenda, etc.

Microsoft a bien compris que le marché du logiciel allait dans ce sens, et c'est dans cette optique qu'il tend à pousser sa plateforme de développement .NET. L'avenir ira sans nul doute vers une décentralisation et une location des logiciels.

REMARQUE

Interactions entre langages

Parmi les extensions peu connues de PHP, nous pouvons mentionner le fait que PHP est désormais capable de « récupérer » du code d'autres langages et de l'exécuter. Plus exactement, PHP est en mesure de charger des objets écrits en Java ou en C# et de faire appel aux différentes fonctions et méthodes contenues dans ces mêmes objets. Cette fonctionnalité est surtout utile dans le monde de l'entreprise où d'énormes librairies extrêmement complexes ont déjà été écrites (notamment en Java) pour des environnements peu ou pas documentés. En permettant ces interactions, PHP trouve sa place au cœur des grands chantiers informatiques et commence à être envisagé par les SSII souvent soucieuses d'aller au plus vite, au plus simple et au plus sûr.

L'histoire

Le langage PHP, comme la plupart des grands projets open source, est né d'une volonté individuelle et isolée. Conçu au départ pour récupérer des informations sur les internautes qui visitaient sa page personnelle, PHP est resté pendant plus d'une année le jouet de son unique concepteur : Rasmus Lerdorf. À cette époque, PHP signifiait *Personal Home Page* (on en parlait fréquemment sous le nom PHP/FI).

Figure 1.1 :
Le logo de PHP

Ce n'est donc qu'en 1995, à la suite d'une annonce dans les newsgroups, que ce projet est devenu accessible au reste du monde. PHP devenait alors *PHP: Hypertext Preprocessor*. Très simple au début, le langage a pu, avec l'aide de la communauté open source, s'enrichir de nouvelles fonctionnalités, notamment l'accessibilité aux bases de données.

Dès cette époque, le projet s'internationalisa, et des développeurs, originaires de Norvège, d'Israël, d'Allemagne, des États-Unis, prirent l'habitude de participer régulièrement au développement de PHP.

De 15 000 en 1996, le nombre de sites utilisant PHP a atteint 50 000 en 1997. C'est à cette période que le projet est passé sous la direction de Zeev Suraski et Andi Gutmans. Ces deux étudiants israéliens décidèrent de réécrire le langage de A à Z. Cette nouvelle version devint PHP 3.

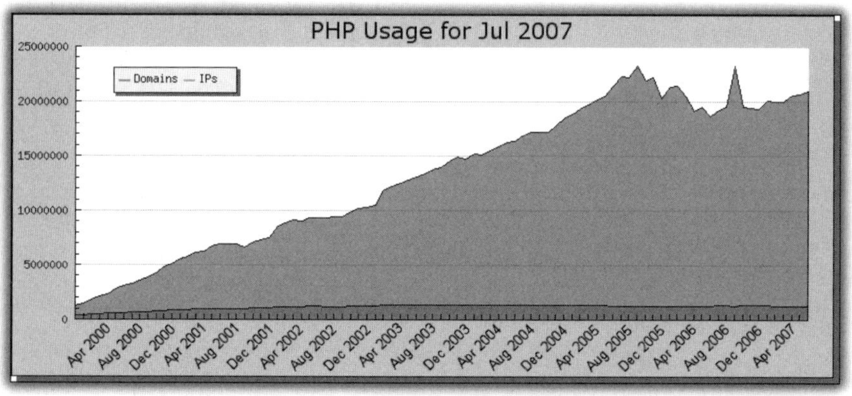

Figure 1.2 : *Évolution du nombre de sites qui utilisent PHP*

Après cet énorme bond en avant que fut PHP 3, les développeurs se remirent au travail avec la ferme intention d'optimiser le cœur de PHP pour obtenir des performances encore meilleures (personne ne se plaignait pourtant des performances de PHP à cette époque !). Plutôt que d'exécuter les instructions une à une, il fut décidé de choisir une nouvelle approche : « compiler » le code, puis l'exécuter. Ce travail a eu lieu dans le cadre du Zend Engine, qui est aujourd'hui le véritable cœur de PHP 4. Cette nouvelle mouture est sortie en 2000. L'intégration du Zend Engine dans le cadre de PHP 4, outre le gain en performances, apporte une plus grande modularité et une meilleure extensibilité. PHP est aussi devenu indépendant de la couche « serveur web », ce qui en fait aujourd'hui un des systèmes les plus compatibles du marché.

PHP 5, sorti en juin 2004, est basé sur un Zend Engine de nouvelle génération (version 2). Cette nouvelle version vise principalement à combler des lacunes du langage dans les domaines de la programmation objet, des bases de données et des services web. En s'attaquant à ces domaines, PHP se donne une légitimité accrue dans le monde de l'entreprise et peut d'autant plus facilement être envisagé pour des projets critiques. PHP 4 reste aujourd'hui la version de PHP la plus populaire du fait de sa stabilité extrême et de sa très large diffusion parmi les hébergeurs.

Alors que nous écrivons ces lignes, PHP 6 est en phase de développement. L'objectif principal de cette version sera de rendre PHP parfaitement compatible avec les rouages complexes de l'Internationalisation (I18N).

Aujourd'hui

Zeev Suraski a fondé la société Zend Technologies (**www.zend.com**). Cette société fournit des logiciels payants autour du langage PHP :

- Zend Encoder rend vos scripts PHP illisibles (ce qui est utile quand l'on souhaite vendre ses scripts sans pour autant dévoiler ses connaissances).
- Zend Accelerator permet d'accélérer l'exécution des scripts PHP avec un système de cache (le site officiel indique des gains de rapidité jusqu'à 300 %).
- Zend IDE est un outil permettant de développer en PHP de manière plus conviviale.

La société Zend propose aussi un produit non open source mais gratuit : Zend Optimiser. Il s'agit d'une librairie qui permet d'optimiser à la volée votre code au moment où celui-ci est exécuté.

REMARQUE

Argent et open source

Les dollars et l'open source n'ont jamais fait bon ménage. La réussite de cette société est donc d'autant plus remarquable. En vendant des solutions à des sociétés (qui en ont souvent largement les moyens), Zend est en mesure d'employer des développeurs qui travaillent 100 % de leur temps sur PHP. Toute la communauté PHP profite ainsi directement du succès et de la bonne santé financière de la société Zend.

Le rouleau compresseur PHP est désormais en marche et nul ne sait où il s'arrêtera. Des conventions et des conférences ont lieu désormais tous les mois autour de ce langage ; des milliers de sites, des centaines d'ouvrages, et même des magazines vendus en kiosques se consacrent maintenant exclusivement à PHP. Même le gouvernement français s'intéresse au phénomène et donne des instructions auprès de ses ministères afin que leurs sites soient conçus sur des solutions Lamp (par exemple SPIP Agora). Le Web est devenu central, aussi bien dans notre vie de tous les jours que dans la vie des entreprises, et PHP est en passe de devenir l'un des vecteurs déterminants de son expansion.

REMARQUE

Technologies Lamp

Toute personne s'intéressant au PHP a dû croiser dans la littérature le terme *Lamp*. Ce sigle signifie Linux/Apache/MySQL/PHP. Lamp est un environnement complet permettant de faire fonctionner une application web. Il dispose d'un système d'exploitation (Linux), d'un serveur web (Apache), d'un système de gestion de bases de données (MySQL) et d'un langage de programmation (PHP). Il s'agit aujourd'hui, et de loin, de l'environnement le plus performant, le plus sûr et le plus abordable du marché.

Finissons ce paragraphe avec deux chiffres qui devraient marquer les esprits : plus de 1 million de serveurs web et presque 20 millions de sites exploitent aujourd'hui PHP.

1.3. Internet, comment ça marche ?

Dans cette partie, nous allons essayer de comprendre comment fonctionnent le Web et Internet en général. Une bonne compréhension de cette couche réseau vous permettra de mieux envisager le fonctionnement et l'importance de PHP.

Web et autres protocoles

Le Web est un réseau mondial de machines parlant la même langue. En informatique, cette langue est appelée « un protocole ». Le protocole du Web est l'HTTP (*Hypertext Transfer Protocol*).

Le Web n'est qu'un réseau parmi tant d'autres, HTTP a en effet de nombreux « cousins ».

Tableau 1.2 : *Quelques protocoles de haut niveau et leur fonction*		
Protocole	**Signification**	**Fonction**
FTP	*File Transfer Protocol*	Transfert de fichiers
IRC	*Internet Relay Chat*	Dialogue en direct
NNTP	*Network News Transfer Protocol*	Envoi, lecture de news
POP	*Post Office Protocol*	Récupération des courriels
SMTP	*Simple Mail Transfer Protocol*	Envoi des courriels

Chacun a donc un rôle qui lui est propre et de nouveaux réseaux se créent tous les jours pour répondre aux nouveaux besoins des internautes. Nous avons ainsi vu depuis quelques années l'émergence des réseaux P2P de type BitTorrent qui permettent la recherche et l'échange de fichiers.

Créer un nouveau protocole ne consiste en fait qu'à définir une nouvelle langue compréhensible à la fois par un client et par un serveur.

Tableau 1.3 : *Exemple simplifié d'une définition de protocole*	
Requête client	**Réponse serveur**
HELLO	HELLO
RECEVOIR *toto.txt*	Envoyer le fichier *toto.txt*
MESSAGE PAUL bonjour	Envoyer le message « bonjour » à l'utilisateur PAUL

En réalité, l'acceptation d'un nouveau protocole en tant que standard est extrêmement compliquée. Tout doit être parfaitement « ficelé ». Les cas les plus bizarres doivent avoir été considérés. La page **http://sunsite.dk/RFC/rfc/rfc2616.html** présente le protocole HTTP version 1.1 dans toute sa richesse et sa complexité.

Chaque protocole nécessite une application cliente qui lui est propre. Pour le HTTP, c'est un navigateur web ; pour le NNTP, c'est un lecteur de news ; pour le FTP, il s'agit d'un client FTP.

Cependant, de plus en plus d'applicatifs permettent d'avoir accès à plusieurs protocoles. Ainsi, le logiciel Outlook Express, de Microsoft, permet de lire des courriels (POP) et des news (NNTP). Les navigateurs, quant à eux, permettent souvent d'avoir accès au protocole FTP. Si nous voulons avoir accès au serveur FTP ayant pour adresse **ftp.cdrom.com**, il suffit de taper l'URL (*Uniform Resource Locator*) `ftp://ftp.cdrom.com`.

TCP/IP et Internet

Malgré cette profusion de protocoles, une chose ne change pas ; ces réseaux sont tous fondés sur un protocole sous-jacent unique : TCP/IP (*Transmission Control Protocol / Internet Protocol*). C'est cette combinaison de réseaux basés sur TCP/IP que l'on appelle Internet. Le réseau Internet est vraiment l'élément fondateur qui a permis l'émergence du Web, du mail et de tous ces services dont nous ne pourrions plus nous passer aujourd'hui. Comme pour beaucoup d'avancées scientifiques, cette invention est d'origine militaire. Dans les années 1960, une équipe de chercheurs plancha sur un système permettant d'assurer la continuité des échanges d'informations sensibles (entre des postes stratégiques), et cela même si certains postes (et donc certaines liaisons) étaient détruits. De cet impératif naquit TCP/IP. Ce protocole permet de découper les informations (pages web, courriels, images) en petits paquets et de les acheminer (de les « router ») d'un point à un autre. L'idée originale est la suivante : pour arriver à la même destination, tous ces paquets ne sont pas obligés de passer par la même route. Il est ainsi possible qu'un paquet passe par l'Asie pour aller de la France vers l'Angleterre si aucune autre route n'est à ce moment disponible. Il faut donc imaginer Internet comme un maillage mondial de serveurs interconnectés. C'est du fait de cette architecture que l'on parle, à propos du Web, de « toile d'araignée ».

Et le fournisseur d'accès dans tout ça ?

Qu'il s'agisse de Free, de Wanadoo, d'AOL, etc., son rôle est de relier votre ordinateur aux autres machines présentes sur Internet. La ligne téléphonique assume alors la fonction de lien. Votre modem sert à faire transiter les données informatiques entre Internet et votre ordinateur. Comme les modems classiques sont très lents, d'autres méthodes sont maintenant proposées pour créer un canal entre Internet et vous : le câble (le même qui vous permet d'accéder aux chaînes de télévision), les lignes téléphoniques « boostées » (l'ADSL), le satellite (pour les plus fortunés), les ondes radio et bientôt vos prises électriques, le WiMax.

Le serveur web

Le Web est donc un protocole applicatif fonctionnant sur un mode client-serveur.

Quand l'internaute souhaite voir la page *information* du site monsite.com, située à l'adresse (URL) **www.monsite.com/info.html**, il utilise un navigateur de type Internet Explorer, Netscape, Firefox, Opera, Lynx, Konqueror…

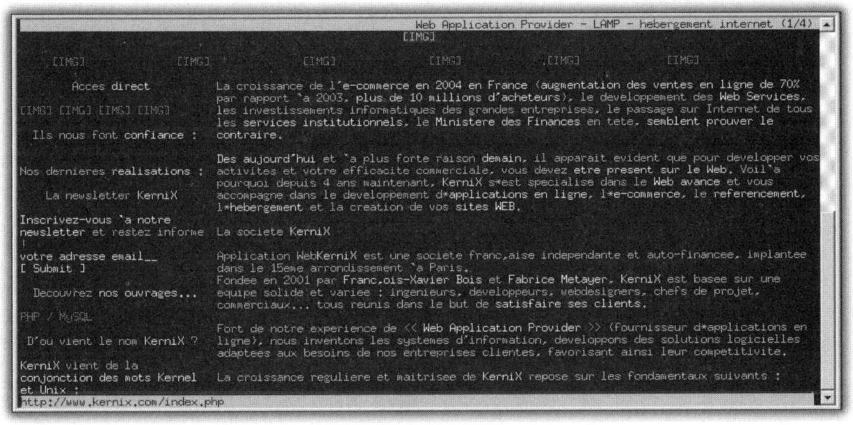

Figure 1.3 : *Le site kernix.com vu depuis le navigateur ELinks (mode texte) sous Unix*

Le navigateur va ensuite demander au serveur ayant l'adresse **www.monsite.com** de lui transmettre la page ayant pour nom *info.html*.

Essayons de comprendre plus en détail comment cet échange se déroule.

Étape 1 : le navigateur envoie une requête

Vous commencez par écrire l'URL `http://www.google.fr/index.html` dans votre navigateur.

Figure 1.4 : *Affichage d'une URL dans un navigateur*

Une fois cette adresse validée, le navigateur va enchaîner différentes actions.

Il commence par regarder quel type de protocole va être utilisé. Si l'URL commence par `http://`, c'est le protocole HTTP. En revanche, s'il s'agit de `ftp://`, le navigateur devra alors utiliser le protocole FTP.

Il doit ensuite découvrir où se trouve le serveur web **www.google.fr**. Pour cela, il va utiliser un autre service du Net : les DNS (*Domain Name Server* ; des adresses DNS sont systématiquement fournies par votre fournisseur d'accès). Les DNS sont des serveurs qui permettent d'associer un nom de domaine (**www.google.fr**) à une IP (`216.239.39.101`), un peu comme les pages blanches associent M. Dupont à son numéro de téléphone 01 02 03 04 05. Cette adresse IP est unique et identifie par conséquent de manière tout aussi unique le serveur web. C'est donc grâce à cette adresse IP que votre navigateur va pouvoir repérer le bon serveur sur Internet et entrer en contact avec lui. Comme il s'agit, dans ce cas, du protocole HTTP, le navigateur va communiquer avec le serveur HTTP (web) du serveur `216.239.39.101`. La requête qui sera faite vise à obtenir la page ayant pour nom *index.html*.

REMARQUE

IP de Google

Si vous tapez l'URL `http://216.239.39.101`, vous arrivez sur la même page, ce qui est d'ailleurs plutôt rassurant.

Étape 2 : le serveur web retourne le fichier

Le serveur web a donc reçu une requête d'une machine qui souhaite obtenir le fichier *index.html*. Il va donc chercher sur son disque dur le fichier *index.html*, récupérer son contenu, puis envoyer ce flux de données au navigateur. Il sait où le renvoyer car, dès que vous êtes sur Internet, vous disposez vous aussi d'une adresse IP visible de l'extérieur.

REMARQUE

Votre adresse IP

Si vous êtes relié à Internet et que votre système d'exploitation est Windows, vous pouvez connaître votre adresse IP en tapant la commande `IPCONFIG` (la commande peut être exécutée sous DOS ou directement depuis le menu **Démarrer/Exécuter**). Si, ensuite, vous installez un serveur HTTP (apache, IIS) ou FTP (WS_FTP Serveur) sur votre machine, vous serez en mesure d'être « vu » depuis l'extérieur. Si vous transmettez votre adresse IP à un ami, celui-ci pourra se connecter directement à votre machine avec un navigateur ou un client FTP. Votre machine joue alors le même rôle qu'un serveur d'hébergement, à la différence près que votre liaison n'est, dans tous les cas, pas très rapide.

REMARQUE

Sachez, par contre, que votre IP n'est pas fixe. À chaque fois que vous vous connectez ou déconnectez, vous changez d'IP.

Figure 1.5 : *L'adresse IP est ici 192.168.0.203*

En revanche, si vous aviez demandé l'URL **www.google.fr/intl/fr/about.html**, le serveur serait rentré dans le répertoire *intl*, puis dans le répertoire *fr*, et il aurait trouvé à cet endroit le fichier *about.html*.

Vous comprenez donc qu'une URL est composée de plusieurs éléments :

- le protocole `http://` ;
- l'adresse Internet du serveur, `www.google.fr` (adresse qui peut donc être une adresse IP) ;
- le chemin du fichier `/intl/fr/about.html`.

Le chemin est similaire à un chemin sur votre disque dur (par exemple *C:\tmp\message.txt*), sauf qu'il est noté sous la norme des chemins Unix : */tmp/message.txt*, où la première barre oblique (/) correspond à la racine.

REMARQUE

Majuscules ou minuscules dans les URL ?

Pour répondre à cette question, il est nécessaire de diviser le problème en deux. Le nom de domaine (par exemple **www.google.fr**) d'un côté et le chemin d'accès au fichier (par exemple */index.html*) de l'autre. Les DNS n'étant pas sensibles à la casse (à la différence majuscule/minuscule), les URL **http://google.fr** et **http://wWW.gOOglE.fR** sont donc équivalentes.

En ce qui concerne les chemins, le problème est plus compliqué. Si le serveur HTTP fonctionne sous Unix, il sera sensible à la casse. Les chemins */index.html* et */index.htmL* seront donc différents. S'il fonctionne,

> REMARQUE
>
> par contre, sous Windows, le serveur ne sera pas sensible à cette différence. Les serveurs HTTP fonctionnant essentiellement sous Unix/Linux, il est donc préférable de faire attention à la façon d'écrire le chemin d'accès à une page ou à un script.

Étape 3 : le navigateur traite le fichier

Le navigateur reçoit donc le contenu du fichier *index.html*. Comme l'extension du fichier est *.html*, il sera traité comme un fichier HTML.

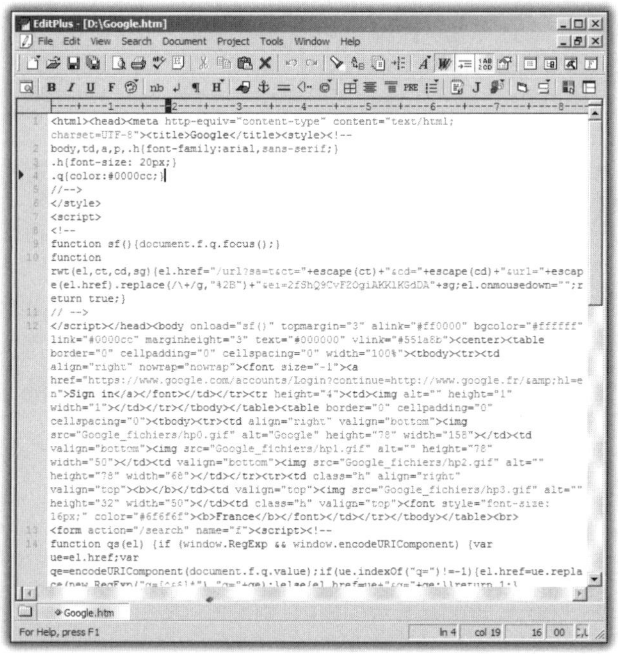

Figure 1.6 : *Voici le contenu du fichier index.html que reçoit le navigateur*

Le navigateur ne reçoit dans un premier temps que le contenu textuel de la page. Il doit donc, avant d'afficher la page, récupérer toutes les images contenues dans celle-ci. Il regarde dans le code, trouve toutes les adresses des images et fait des requêtes au serveur web pour les obtenir une par une. Bien évidemment, ces sous-requêtes sont totalement transparentes pour vous. Vous êtes cependant en mesure de les réaliser vous-même : quand le navigateur a besoin de l'image de titre, la requête est la suivante : **http://www.google.fr/images/title_homepage4.gif**. Si vous tapez cette URL dans votre navigateur, vous n'obtenez alors, comme prévu, que l'image de titre.

Figure 1.7 : *Requête permettant de n'obtenir que l'image de titre*

Une fois tous les éléments constitutifs de la page récupérés par le navigateur, celle-ci peut être affichée.

PHP

Vous avez vu que lorsque le navigateur fait une requête sur un fichier HTML ou sur une image le serveur lui retourne le contenu du fichier tel quel, sans lui apporter la moindre modification.

Quand, par contre, la requête est faite sur un fichier disposant d'une extension *.php*, tout se passe différemment. Si le serveur web est compatible PHP, celui-ci va traiter tous les fichiers *.php* comme des scripts et transmettra par conséquent le flux de données (le contenu du fichier) à l'interpréteur PHP avant de l'envoyer à l'internaute. Cet interpréteur aura donc pour charge d'évaluer (d'interpréter) le code source PHP et de remplacer les lignes de code par leurs résultats.

Prenons l'exemple d'un fichier *test.php* contenant le code suivant :

```
<?php
  print("bonjour monde");
?>
```

Avant d'être transmis à l'interpréteur, le flux de données contient encore le code ci-dessus. Une fois le travail de l'interpréteur terminé, le flux interprété ne contient plus que `"bonjour monde"`. C'est précisément cette phrase `"bonjour monde"` qui sera transmise et qui apparaîtra dans votre navigateur.

Au niveau du serveur web, PHP tel un « filtre » modifie donc à la volée le flux de données.

Il devient évident qu'un script écrit en PHP qui n'aurait pas d'extension serait considéré comme un simple fichier texte (ou HTML) et ne serait pas traité en tant que script PHP (son code ne serait pas interprété).

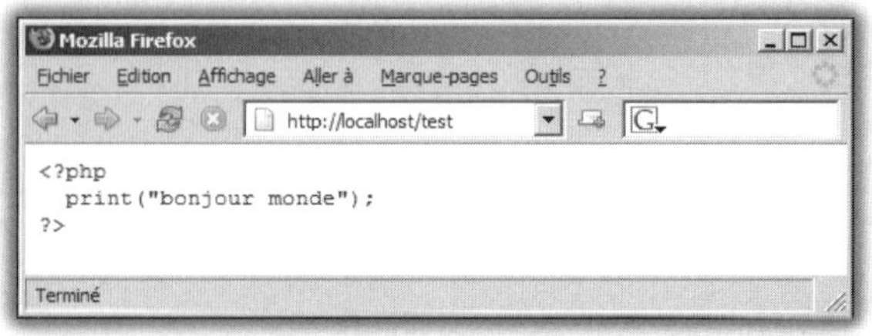

Figure 1.8 : *Sans extension, le script est considéré comme du simple texte*

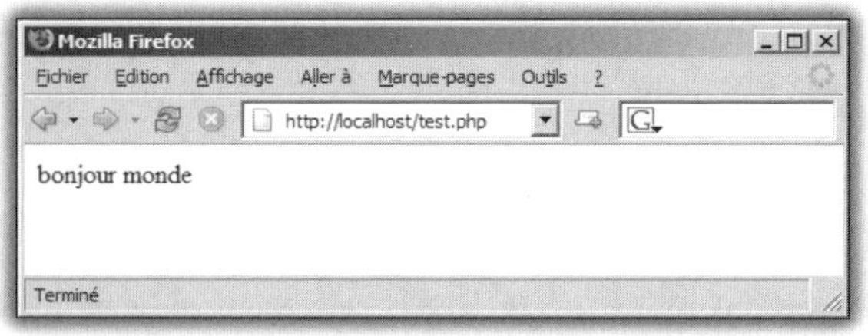

Figure 1.9 : *Avec une extension .php, le script est reconnu comme un script PHP ; il est donc interprété*

Le script doit avoir une extension particulière pour être reconnu en tant que script PHP. L'extension la plus répandue est *.php* (par exemple *test.php*). Il est néanmoins possible de rencontrer d'autres extensions : *.php3* ou *.phtml*. L'hébergeur précise généralement quelle extension doit être utilisée. Si le choix vous est offert, utiliser l'extension *.php* semble plus logique car nous en sommes aujourd'hui à la version 5 de PHP. De plus, cette extension risque fort de devenir la norme.

Les autres langages du Web

Les personnes intéressées par les technologies liées au Web auront pu s'apercevoir de la grande quantité de langages qui fourmillent sur la Toile.

Nous nous sommes déjà arrêtés sur les langages interprétés au niveau serveur tels que PHP, Perl, CFM, ou ASPX. Il existe une autre catégorie de programmes qui, eux, sont exécutés au niveau du client (dans le navigateur) : les JavaScripts, les applets Java et les animations Flash.

Javascript

Expliquons rapidement la différence de fonctionnement entre ces deux modes.

- *Niveau serveur* : le script est exécuté sur le serveur à la suite d'une requête d'un navigateur. Le client reçoit ainsi une page prête à être affichée.
- *Niveau client* : la page retournée par le serveur web contient du code. C'est au niveau du navigateur que ce code va être exécuté.

Étudions deux exemples :

Listing 1-8 : test.php

```
<html>
<body>
<?php
print("test");
?>
</body>
</html>
```

Listing 1-9 : test.html

```
<html>
<body>
<script language=javascript>
document.write("test");
</script>
</body>
</html>
```

Ces deux programmes donnent un résultat identique, mais sont fondamentalement différents.

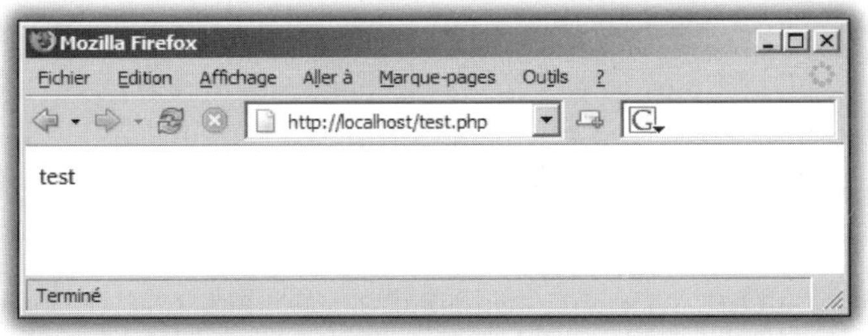

Figure 1.10 : *Résultat obtenu avec test.php ou test.html*

Dans le premier cas, le navigateur reçoit une page qui contient déjà le mot `test`, il peut donc l'afficher instantanément. Dans le deuxième cas, en revanche, il reçoit une page qui contient du code JavaScript. Il doit par conséquent exécuter ce code avant d'afficher la page. Un navigateur ne gérant pas le JavaScript n'aurait rien affiché à l'écran.

Chaque mode a bien évidemment ses inconvénients.

- *Au niveau serveur* : le fait de devoir interpréter le script dès qu'une requête lui parvient est très lourd à gérer pour le serveur et peut conduire à des ralentissements au niveau de la livraison des pages. Dans le cas de l'exemple ci-dessus, si 10 000 personnes demandent la page *test.php*, le serveur devra interpréter 10 000 fois le script. Si en revanche 10 000 personnes demandent la page *test.html*, le serveur se contente d'envoyer 10 000 fois la page et les 10 000 exécutions se feront chez les clients. Ce mode permet de répartir la charge de travail et de n'avoir aucun ralentissement. Dans le cas ci-dessus, les deux versions se valent, mais imaginez un script censé chercher et afficher la 100 000e décimale du chiffre pi !
- *Au niveau client* : le JavaScript est un langage certes normalisé, mais qui est géré de façon plus ou moins performante, avec plus ou moins de fonctionnalités selon les navigateurs. Il est ainsi très difficile de rendre un applicatif JavaScript exécutable sur tout type de système.

REMARQUE

Incompatibilités entre navigateurs

Bien que des normes soient édictées régulièrement par le W3C pour faire évoluer le Web, nous pouvons hélas ! déplorer le fait que les différents navigateurs ne les suivent pas scrupuleusement. Microsoft notamment, avec Internet Explorer, a particulièrement compliqué la vie des développeurs web en leur imposant d'écrire des codes sortant de la norme afin de rester compatible avec son navigateur vedette.
L'émergence de Firefox et plus généralement du monde du libre (*free software*) commence néanmoins à marquer les esprits et Microsoft devrait avec son futur Internet Explorer 7 gagner en compatibilité (JavaScript, CSS, DOM).

Java

Il est important, avant de clore ce chapitre, de s'intéresser quelques instants à Java. Développé par la société Sun Microsystem, initialement pour des composants embarqués, ce langage a fait l'effet d'une bombe lors de sa sortie. Le principe était relativement simple et révolutionnaire : créer un langage qui permette de tirer profit des avantages du langage interprété et du langage compilé. Au lieu de compiler des sources Java directement en un binaire propre à un type de processeur, la compilation se fait dans un langage intermédiaire (*bytecode*), qui doit être interprété, par la suite, par une machine virtuelle. L'interprétation est alors facilitée et correspond plus à une conversion.

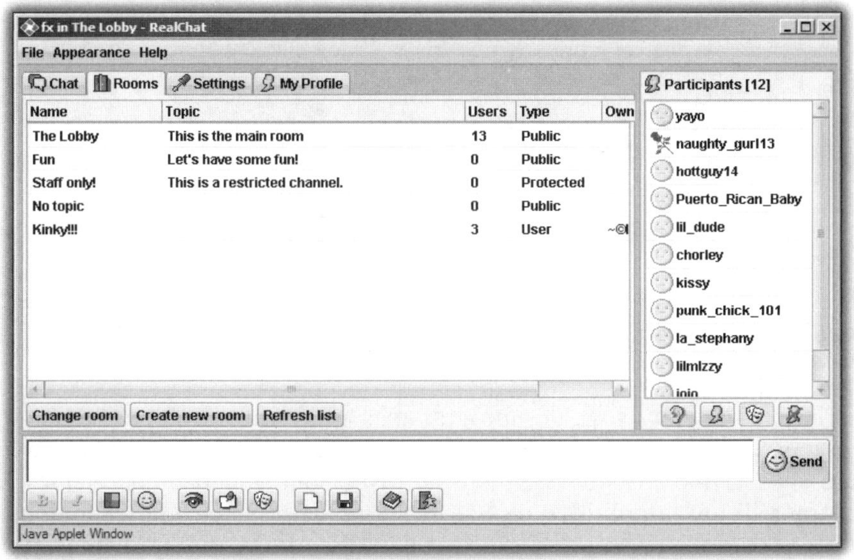

Figure 1.11 : *Un logiciel de chat dans un navigateur web*

Il fut très vite évident que Java aurait son rôle à jouer sur le Web, où foisonnaient une multitude de systèmes (Mac, PC, Windows, Unix, etc.), et ce fut par l'intermédiaire des applets qu'il se fit connaître du grand public. Une applet java est un programme Java qui s'exécute dans un navigateur. À la différence du JavaScript, il est possible, en Java, de construire des applications disposant d'interface graphique complexe. Des applets de tableurs, de dessins, de chats firent ainsi leur apparition sur le Web à la stupéfaction générale.

À la plus grande joie des internautes, les applets Java permirent aussi l'arrivée des jeux sur le Web.

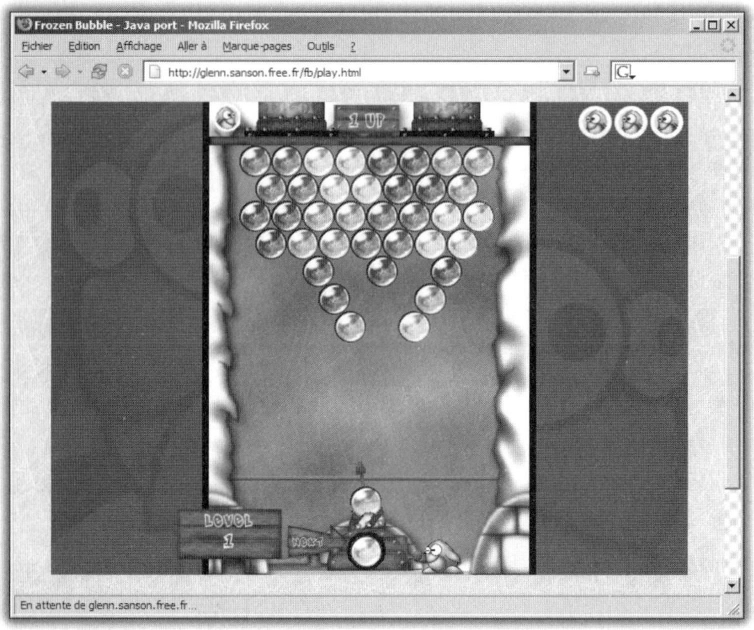

Figure 1.12 : *Spaceball : jeu écrit en Java, fonctionnant sur tout type de plateforme*

Hélas, les applets sont des programmes qui demandent beaucoup de ressources machine (processeur, mémoire) ! Elles nécessitent en outre la présence d'une machine virtuelle Java et sont généralement lentes à charger. Toute la politique de Sun fut donc de transférer la technologie Java vers le niveau serveur avec les *servlets*. Avec certaines extensions, le serveur Apache (via son cousin Tomcat) est désormais en mesure d'interpréter du Java aussi facilement que du code PHP.

Animation Flash

Le Flash est un format développé par la société Macromedia (désormais Adobe) qui permet de créer des animations sur le Web. Alors qu'il s'agissait au départ d'un outil essentiellement graphique destiné aux designers web, Macromedia a vite compris qu'il disposait d'une véritable bombe et qu'il pouvait en faire un véritable environnement de développement pour le Web.

L'environnement FLEX permet désormais de réaliser des interfaces graphiques complètes, d'interagir avec des services web, de manipuler les fichiers XML et de développer des applicatifs en utilisant le langage interne aussi puissant que complet qu'est ActionScript.

REMARQUE

FLA et SWF

Deux formats de fichiers sont liés au Flash : le FLA qui peut être comparé au fichier source et le SWF qui correspond à l'exécutable. Si vous souhaitez apporter des modifications, vous devez donc disposer du FLA pour l'ouvrir dans Flash MX. Au contraire, pour exécuter l'animation au sein d'un navigateur, le SWF vous sera nécessaire.

Flash a l'avantage d'avoir un rendu identique sur tous les navigateurs à la condition, certes très restrictive, que l'ordinateur dispose du plug-in Flash.

Figure 1.13 : *Outil de retouche d'image développé en FLASH et accessible en ligne.*

1.4. Check-list

- PHP n'est qu'un langage de programmation parmi d'autre.
- PHP fait partie des langages interprétés.
- L'interprétation des scripts PHP est réalisée le plus souvent au niveau du serveur web dont le meilleur représentant est Apache.
- PHP est particulièrement adapté aux développements web.
- PHP fonctionne sur une multitude de plateformes.
- PHP est libre et gratuit.
- Le Web est une des dimensions d'Internet au même titre que les courriels ou le P2P.

Chapitre 2

L'environnement de travail

L'objectif est ici de mettre en place sur votre machine un environnement de travail permettant de tester les exemples présentés dans la suite de l'ouvrage. À l'issue de ce chapitre, vous disposerez d'un serveur web capable d'interpréter des scripts PHP, d'un système de gestion de bases de données (MySQL) et d'un outil permettant d'interagir avec ce dernier : phpMyAdmin.

2.1. WampServer

Bien qu'Apache, MySQL, et PHP puissent être installés séparément sous Windows, le choix se portera ici sur un outil capable d'automatiser l'intégralité de ce processus.

Installation

Wamp Server peut être téléchargé sur le site **www.wampserver.com** sous la rubrique *Downloads*.

1 Double-cliquez sur l'archive que vous venez de télécharger

De nombreuses modifications ont été apportées à la version 2 de Wamp Server. Les créateurs conseillent par conséquent aux personnes disposant déjà d'une version de Wamp Server sur leur machine, de sauvegarder leurs développements, de désinstaller.l'ancienne version et enfin d'installer la toute nouvelle.

REMARQUE

Compatibilité du code

Les développements (PHP, MySQL) réalisés sur une version antérieure de Wamp Server ont 99 chances sur 100 de fonctionner sur une version plus récente de Wamp Server. Les projets PHP et MySQL apportent en effet une importance énorme au fait de maintenir la compatibilité des développements d'une version à l'autre.

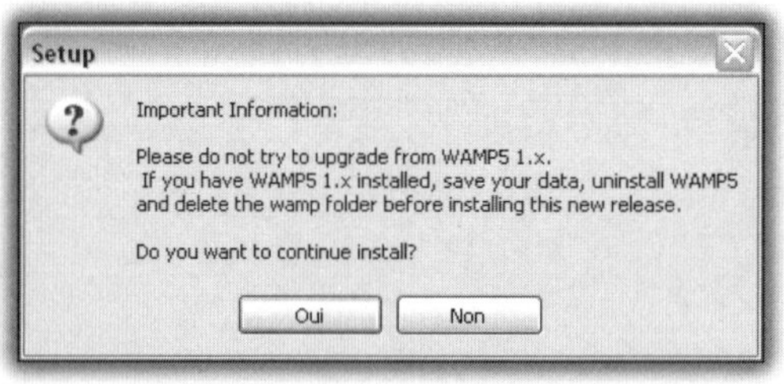

Figure 2.1 : *Avertissement*

2 La fenêtre d'installation se lance et vous présente votre version de Wamp.

Cette version est sans aucun rapport avec celle des outils qu'elle contient (que ce soit Apache, PHP ou MySQL).

Figure 2.2 : *l'installation de Wamp Server 2*

L'écran suivant permet d'accepter la licence.

3 Précisez le répertoire qui contiendra l'ensemble des composants ainsi que vos sources.

Ce répertoire représentera approximativement 100 Mo de données. N'hésitez pas à sélectionner un autre disque si vous sentez que l'espace libre de votre partition *C:* est trop juste. Un changement d'emplacement dans un deuxième temps serait beaucoup plus compliqué.

L'écran suivant permet d'obtenir des raccourcis sur le bureau pour lancer Wamp Server. Il n'est pas nécessaire de cocher ces options dans la mesure où il restera possible de démarrer Wamp Server en passant par le menu **Démarrer**.

L'étape suivante résume vos différents choix d'installation.

4 Il est encore temps de les modifier en revenant en arrière par le bouton < **Back**.

La prochaine étape correspond à l'installation physique des composants sur votre machine. Pas loin de 2000 fichiers sont installés dans le répertoire *C:\wamp*.

5 Définissez le navigateur qui sera utilisé pour ouvrir ces pages.

Nous vous conseillons d'utiliser le navigateur Firefox.

6 Indiquez votre adresse email ainsi que le nom de votre serveur d'envoi de mails. Ce serveur, dit SMTP, est différent pour chaque fournisseur d'accès à Internet. Il peut par exemple prendre les valeurs suivantes : `smtp.free.fr`, `smtp.wanadoo.fr`, `smtp.noos.fr`, `smtp.club-internet.fr`, etc.

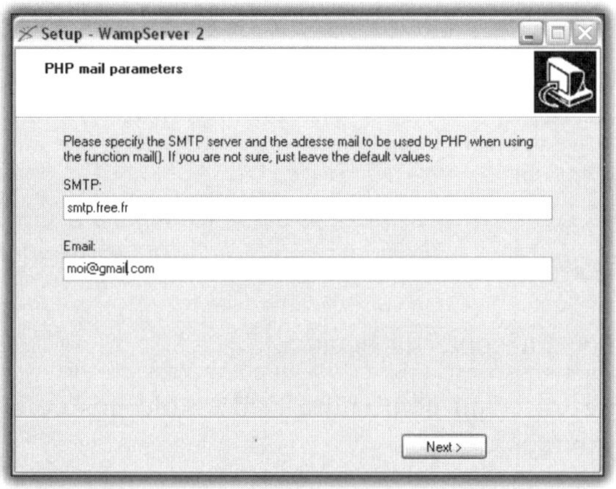

Figure 2.3 : *Serveur SMTP*

L'étape finale vous confirme que l'installation s'est bien déroulée et vous propose de démarrer sans plus attendre le Wamp Server.

Premiers pas

À l'issue de ces étapes, Apache, MySQL et PHP sont installés sur votre machine. Vous pouvez le vérifier en réalisant une première requête sur le domaine associé à votre machine : **http://localhost**.

La page affichée correspond au fichier *index.php* situé dans *C:\wamp\www*. Vous pouvez de la même manière faire appel à votre propre page en plaçant le fichier *test.html* dans ce même répertoire et en y faisant appel de la manière suivante : `http://localhost/test.html`.

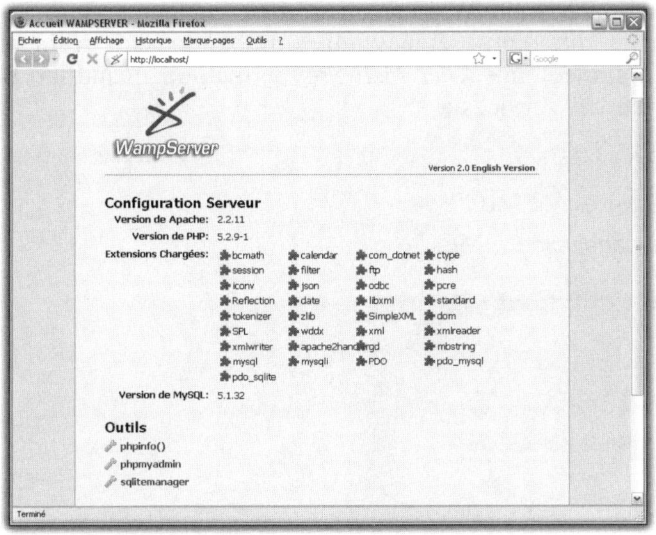

Figure 2.4 : *tout fonctionne merveilleusement, Apache retourne la première page web*

Listing 2-1 : c:\wamp\www\test.html

```
<hr/>bonjour monde<hr/>
```

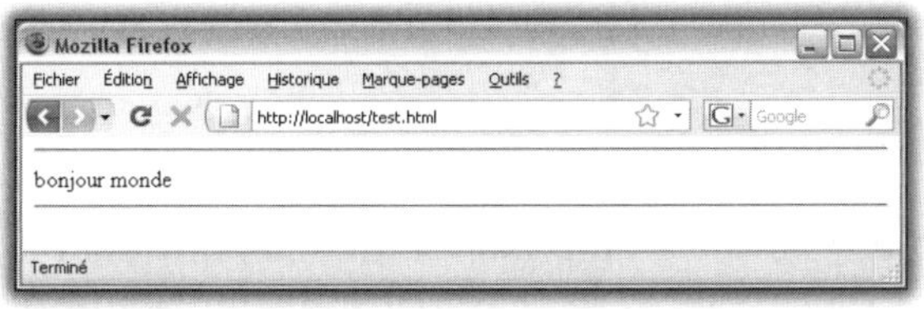

Figure 2.5 : *Les pages sont également accessibles*

Le démarrage de Wamp a enrichi votre System Tray d'une petite icône évoquant un compteur de vitesse.

Cette icône peut prendre différentes couleurs en fonction de l'état des serveurs.

- **Rouge** : aucun service n'est démarré.
- **Jaune** : un seul service est démarré.
- **Blanche** : les deux services sont démarrés.

Figure 2.6 : *Wamp est démarré, tout est OK*

Le gestionnaire de tâches de Windows confirme également que les programmes Apache (*httpd.exe*) et MySQL (*mysqld-net.exe*) résident bien en mémoire. La colonne *Util. mémoire* permet de quantifier la mémoire utilisée par ces services :

- *2 x Apache.exe* : 25 Mo.
- *1 x mysqld-nt.exe* : 12 Mo.
- *1 x wampmanager.exe* : 4 Mo.

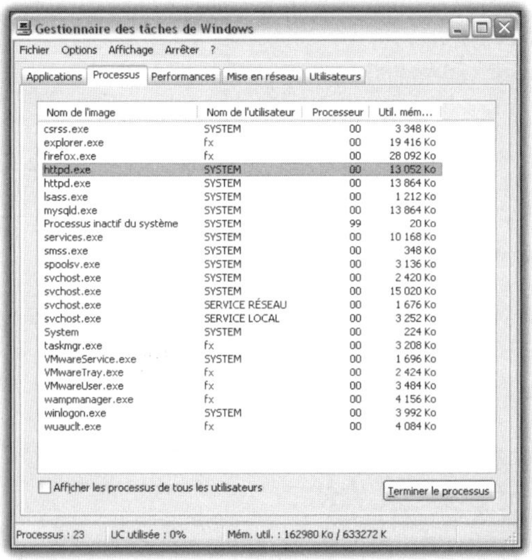

Figure 2.7 :
Gestionnaire de tâches Windows

Si vous avez choisi de ne pas lancer Wamp Server automatiquement au démarrage, vous pouvez à tout moment le faire par le menu **Démarrer /Tous les programmes/WampServer/Start WampServer**.

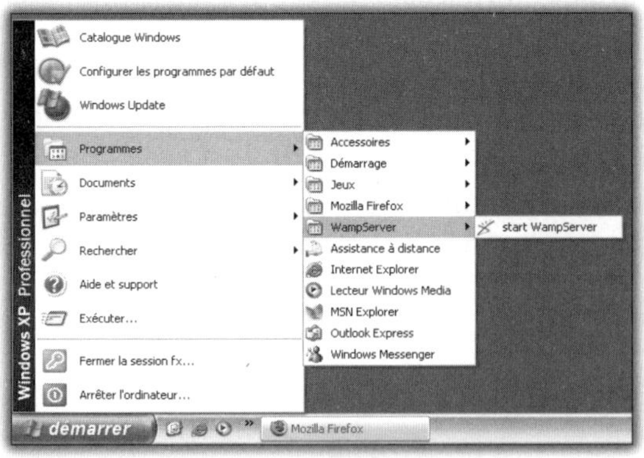

Figure 2.8 :
Menu d'accès

Le menu de Wamp

En cliquant avec le bouton gauche de la souris sur l'icône de Wamp, vous affichez un petit menu déroulant.

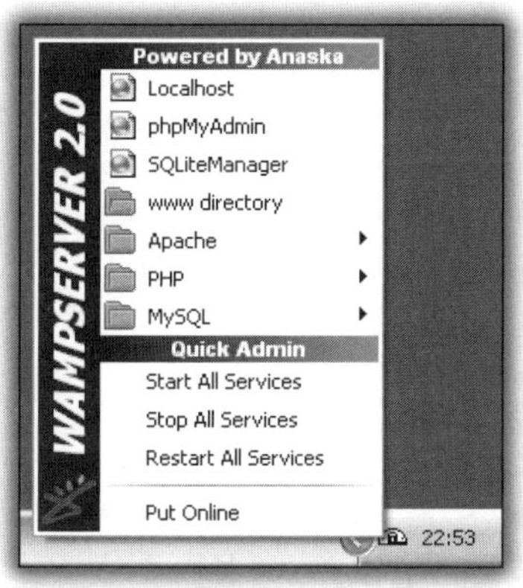

Figure 2.9 : *Actions accessibles depuis le menu Wamp*

Ce menu permet :

- d'ouvrir le répertoire *www* qui va contenir vos futurs scripts ;

Figure 2.10 : *Le répertoire racine de du serveur web*

- de lire les fichiers LOG d'Apache, de MySQL et de PHP ;

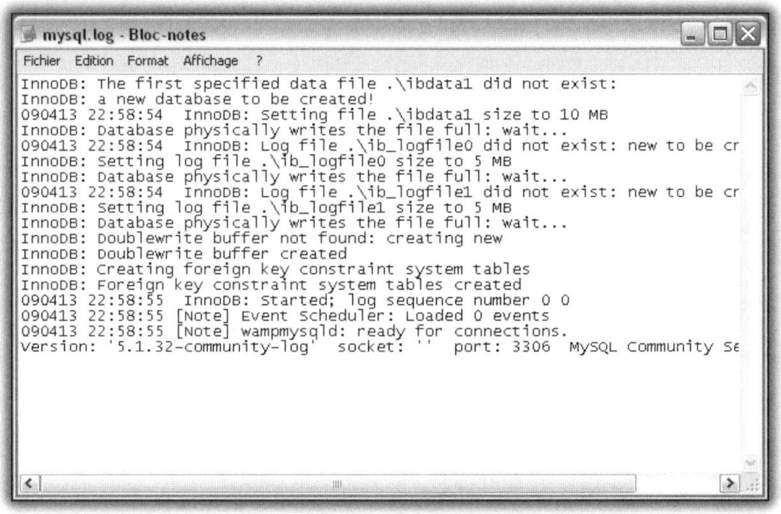

mysql.log - Bloc-notes

Fichier Edition Format Affichage ?

```
InnoDB: The first specified data file .\ibdata1 did not exist:
InnoDB: a new database to be created!
090413 22:58:54  InnoDB: Setting file .\ibdata1 size to 10 MB
InnoDB: Database physically writes the file full: wait...
090413 22:58:54  InnoDB: Log file .\ib_logfile0 did not exist: new to be cr
InnoDB: Setting log file .\ib_logfile0 size to 5 MB
InnoDB: Database physically writes the file full: wait...
090413 22:58:54  InnoDB: Log file .\ib_logfile1 did not exist: new to be cr
InnoDB: Setting log file .\ib_logfile1 size to 5 MB
InnoDB: Database physically writes the file full: wait...
InnoDB: Doublewrite buffer not found: creating new
InnoDB: Doublewrite buffer created
InnoDB: Creating foreign key constraint system tables
InnoDB: Foreign key constraint system tables created
090413 22:58:55  InnoDB: Started; log sequence number 0 0
090413 22:58:55 [Note] Event Scheduler: Loaded 0 events
090413 22:58:55 [Note] wampmysqld: ready for connections.
Version: '5.1.32-community-log'  socket: ''  port: 3306  MySQL Community Se
```

Figure 2.11 : *Un exemple de fichier LOG : mysql_error.log*

- d'éditer leur fichier de configuration ;

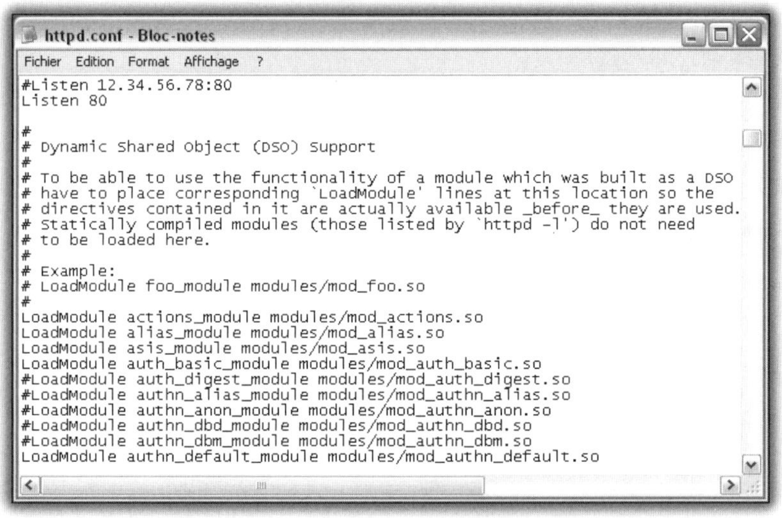

httpd.conf - Bloc-notes

Fichier Edition Format Affichage ?

```
#Listen 12.34.56.78:80
Listen 80

#
# Dynamic Shared Object (DSO) Support
#
# To be able to use the functionality of a module which was built as a DSO
# have to place corresponding `LoadModule' lines at this location so the
# directives contained in it are actually available _before_ they are used.
# Statically compiled modules (those listed by `httpd -l') do not need
# to be loaded here.
#
# Example:
# LoadModule foo_module modules/mod_foo.so
#
LoadModule actions_module modules/mod_actions.so
LoadModule alias_module modules/mod_alias.so
LoadModule asis_module modules/mod_asis.so
LoadModule auth_basic_module modules/mod_auth_basic.so
#LoadModule auth_digest_module modules/mod_auth_digest.so
#LoadModule authn_alias_module modules/mod_authn_alias.so
#LoadModule authn_anon_module modules/mod_authn_anon.so
#LoadModule authn_dbd_module modules/mod_authn_dbd.so
#LoadModule authn_dbm_module modules/mod_authn_dbm.so
LoadModule authn_default_module modules/mod_authn_default.so
```

Figure 2.12 : *Un exemple de fichier de configuration : httpd.conf*

- de gérer les extensions PHP ;

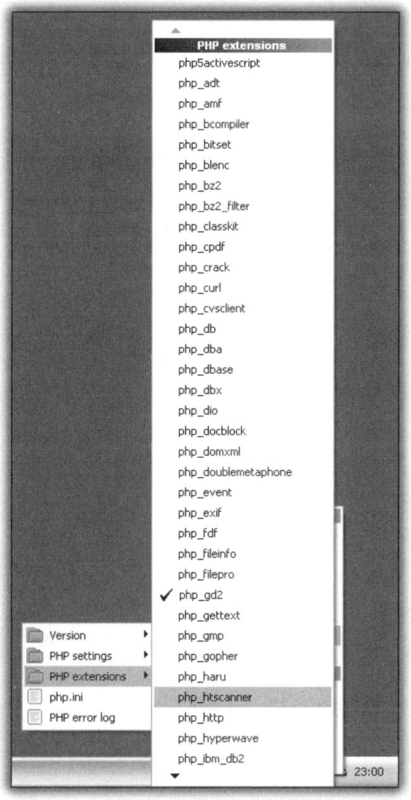

Figure 2.13 :
Chargement, suppression d'extensions PHP

- d'arrêter, de démarrer et de redémarrer Apache et MySQL.

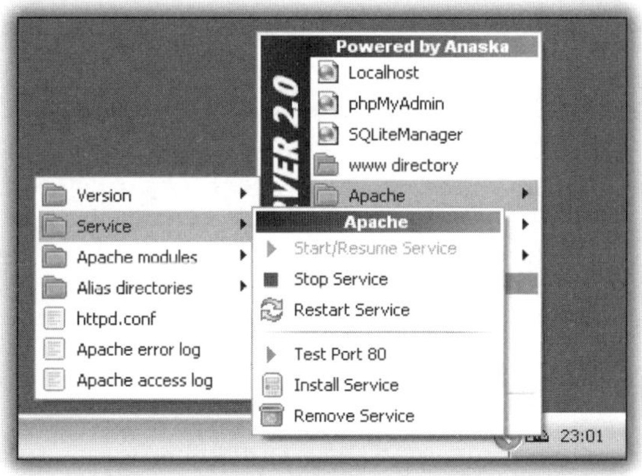

Figure 2.14 :
Menu d'Apache

L'éditeur Notepad++

Les éditeurs de code PHP pullulent sur le Net. Un site web leur est même consacré : **www.php-editors.com/review**.

Chacun dispose bien évidemment de ses propres avantages et inconvénients. Notre choix se portera sur Notepad++ qui apparaît particulièrement adapté aux besoins du développeur PHP.

- Il est gratuit.
- Il est rapide.
- Il colorise le code.
- Il réduit les blocs de code (fonctions, class, structures de contrôle).

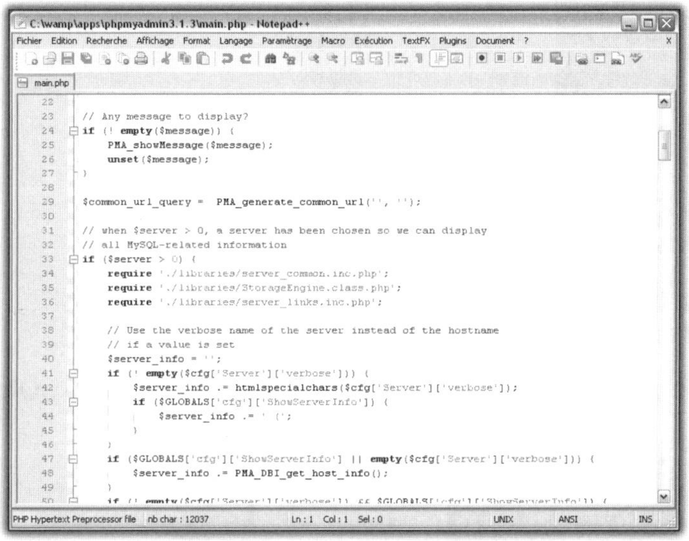

Figure 2.15 : *édition d'un script PHP avec Notepad++*

Cet éditeur peut être téléchargé à l'adresse **http://notepad-plus.sourceforge.net/fr/site.htm**.

2.2. Paramétrage de PHP

Au moment de sa mise en œuvre, PHP prend en compte un certain nombre de directives de configuration. Ces dernières, placées dans le fichier *php.ini*, permettent de paramétrer :

- le parseur PHP ;
- la sécurité ;
- les rapports d'erreur et les fichiers LOG ;
- la compatibilité avec les versions précédentes ;
- les extensions.

Sous Windows, ce fichier peut être ouvert via l'icône *Wamp Server* au sein du menu **PHP**.

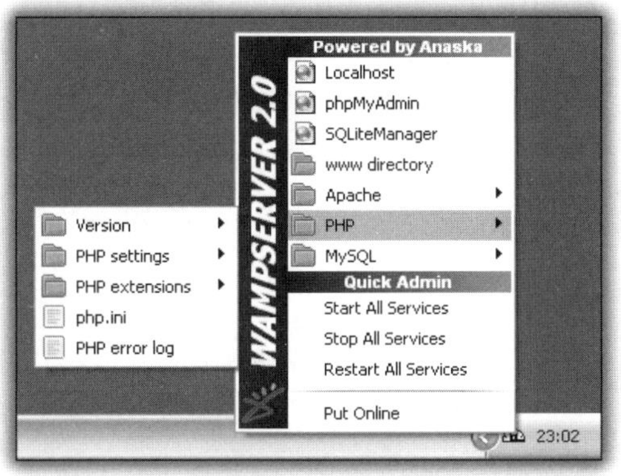

Figure 2.16 : *L'accès aux fichiers de configuration*

Le fichier se situe physiquement dans le répertoire *C:\wamp\bin\apache\apacheX.X.X\bin*.

Tableau 2.1 : *Paramètres de configuration de PHP dans php.ini*

Paramètre	Valeur	Signification
`allow_url_fopen`	Booléen : `On` ou `Off`	Autorise l'ouverture de fichiers distants
`asp_tags`	Booléen	Autorise les balises ASP de type `<% %>`
`date.timezone`	String	Précise la zone géographique de la machine (par exemple `"Europe/Paris"`)
`default_mimetype`	String	Permet de préciser le type de fichier retourné par défaut par PHP (par exemple `"text/html"`)
`default_charset`	String	Permet de préciser l'encodage par défaut des caractères (par exemple `"iso-8859-1"`)

Tableau 2.1 : Paramètres de configuration de PHP dans php.ini		
Paramètre	**Valeur**	**Signification**
`display_errors`	Booléen	Autorise l'affichage des erreurs
`doc_root`	String	Définit le dossier racine
`engine`	Booléen	Permet d'interdire l'usage de l'interpréteur PHP
`extension_dir`	String	Permet d'indiquer le répertoire contenant les extensions (par exemple `"c:/wamp/php/ext"`)
`error_log`	String	Définit le fichier dans lequel les erreurs seront « loggées »
`error_reporting`	Entier	Définit le niveau d'affichage des erreurs
`file_uploads`	Booléen	Autorise ou non le transfert (*upload*) de fichiers
`include_path`	String	Définit les répertoires dans lesquels les fonctions `require()` et `include()` vont chercher les fichiers (par exemple, sous Windows, `.;c:\wamp\www\boutique` ; sous Linux, `.:/var/web/html/boutique`)
`log_errors`	Booléen	Indique si les erreurs des scripts doivent être enregistrées dans le fichier LOG du serveur
`magic_quotes_gpc`	Booléen	Autorise l'échappement automatique des caractères `'`, `"`, `\` et `NUL`
`max_execution_time`	Entier	Définit le temps maximal d'exécution d'un script (en secondes)
`memory_limit`	Entier	Définit la mémoire maximale que peut utiliser un script (par exemple `8M`)
`open_basedir`	String	Restreint l'ouverture des fichiers à un répertoire spécifique
`register_globals`	Booléen	Indique si les variables EGPCS doivent être initialisées en tant que variables globales

Tableau 2.1 : *Paramètres de configuration de PHP dans php.ini*		
Paramètre	**Valeur**	**Signification**
`safe_mode`	Booléen	Permet de passer en mode « sécurisé » et de vérifier que le propriétaire d'un script est le même que celui du fichier accédé
`safe_mode_exec_dir`	String	Répertoire contenant les binaires pouvant être exécutés en mode sécurisé
`safe_mode_gid`	Booléen	Permet de vérifier que le groupe du propriétaire d'un script est le même que celui du fichier accédé
`session.save_path`	String	Répertoire de stockage des sessions
`session.name`	String	Nom du cookie de session (par exemple `PHPSESSID`)
`session.cookie_lifetime`	Entier	Durée de vie du cookie de la session ; la valeur `0` (par défaut) signifie que la session sera détruite avec la fermeture du navigateur
`short_open_tag`	Booléen	Autorise les balises raccourcies `<? ?>`
`upload_tmp_dir`	String	Précise le répertoire qui sera utilisé pour stocker temporairement les fichiers « uploadés »
`upload_max_filesize`	Entier	Précise la taille maximale des fichiers uploadés (par exemple `4M`)
`variables_order`	String	Définit l'ordre dans lequel PHP va initialiser ses variables globales ; la valeur `"EGPCS"` correspond à l'ordre suivant : `$_ENV`, `$_GET`, `$_POST`, `$_COOKIE`, `$_SESSION`
`zend.ze1_compatibility_mode`	Booléen	Permet à PHP 5 de se comporter comme PHP 4 au cœur du système PHP
`zlib.output_compression`	Booléen	Permet de compresser à la volée l'ensemble des données affichées par PHP

Toute modification apportée au fichier *php.ini* doit être accompagnée du redémarrage du serveur HTTP.

REMARQUE

Le fichier httpd.conf

Ces valeurs peuvent également être précisées au sein du fichier de configuration d'Apache : *httpd.conf*. Il est même possible, en utilisant la directive `Virtualhost`, d'initialiser spécifiquement les différents sites présents sur la machine. Il pourrait ainsi être possible d'autoriser l'upload de fichiers pour un site, et de l'interdire pour un autre.

```
<VirtualHost *:80>

  ServerName       www.site.com
  DocumentRoot     /var/web/site

  php_admin_flag   engine                 on
  php_admin_flag   file_uploads          off

</VirtualHost>
```

2.3. Check-list

- Wamp Server est un logiciel permettant d'installer très facilement sous Windows les logiciels Apache, MySQL et PHP.
- L'outil phpMyAdmin, lui-même écrit en PHP, permet de créer et de gérer les bases de données.
- Le fichier *php.ini* contient les directives de configuration de PHP.
- Une modification de ce fichier impose le redémarrage du serveur Apache.

Chapitre 3

Les fondamentaux

Nous nous intéresserons dans ce chapitre à la syntaxe du PHP ainsi qu'aux différents éléments qui composent ce langage : les variables, les types de données, les fonctions et enfin les structures de contrôle. Ces éléments correspondent aux briques fondamentales qui permettront par la suite de réaliser des applications de plus grande envergure. Une bonne compréhension de ce chapitre est donc indispensable pour pouvoir passer sereinement aux chapitres suivants.

Avant d'entrer dans le vif du sujet, il est important de fixer un certain nombre de conventions. Vous avez lu précédemment que PHP est un langage de programmation interprété. En ce sens, un script écrit en PHP nécessite un autre composant pour être exécuté : l'interpréteur PHP. Par défaut, les systèmes d'exploitation les plus répandus (Windows, Mac OS) ne disposent pas de tels interpréteurs. Il existe donc deux possibilités pour faire fonctionner un programme écrit en PHP :

- utiliser l'environnement mis en place dans le chapitre précédent ;
- le placer chez un hébergeur prenant en charge PHP.

Nous allons considérer dans les prochains chapitres que vous travaillez sur votre propre machine. Comme nous l'avons vu dans le premier chapitre, toute machine dispose d'un nom par défaut : ici, *localhost*. Ce serveur aura donc pour adresse **http://localhost**. Ainsi, quand une mention sera faite d'un script *test1.php*, cela impliquera que vous aurez créé un fichier portant le nom *test1.php*, que vous l'aurez placé dans le répertoire prévu à cet effet et que vous aurez renseigné l'adresse dans votre navigateur **http://localhost/test1.php** pour l'exécuter. Une adresse de type **http://localhost/chap03/test2.php** signifierait quant à elle que vous avez créé un répertoire *chap03* dans le répertoire et que vous y avez placé le fichier *test2.php*.

Vous constaterez également le choix du navigateur web Firefox pour illustrer les exemples. En l'espace de quelques années, ce navigateur a pris jusqu'à 30 % de parts de marché à Internet Explorer. Ses avantages sont nombreux et variés :

- respect des standard (passés, présents et futurs) ;
- avancées technologiques (XUL, CANVAS, SVG) ;
- outils utiles aux développeurs web (affichage du code source, console JavaScript) ;
- gratuité, sécurité, et rapidité ;
- mises à jour fréquentes et automatiques ;
- nombreuses extensions.

INTERNET

Firefox en français

Firefox peut être téléchargé en langue française sur le site www.mozilla-europe.org/fr/

3.1. Structure d'un programme

Un script écrit en PHP correspond à un fichier texte contenant des lignes de code (*instructions*). Vous savez depuis le premier chapitre que ce fichier texte doit avoir une extension de type *.php* pour pouvoir être évalué.

Les lignes de codes contenues dans un script PHP doivent être englobées entre les balises `<?php` et `?>` : elles forment alors un bloc de code.

REMARQUE

Les balises `<%` et `%>`

Il est possible de rencontrer les balises d'ouverture et de fermeture `<%` et `%>`. Cette notation n'est cependant pas très répandue et devrait être abandonnée avec PHP6.

Écrivons, en suivant ce principe, notre premier programme PHP : *test.php*, un classique du genre.

Listing 3-1 : Votre premier programme PHP

```
<?php
print("bonjour monde");
?>
```

Il s'agit du programme le plus simple que l'on puisse imaginer. La première ligne, `<?php`, indique à l'interpréteur que les lignes qui vont suivre doivent être traitées comme du code PHP et qu'elles doivent donc être interprétées.

La deuxième ligne, `print("bonjour monde");`, est une instruction qui commande à l'interpréteur d'afficher à l'écran la phrase `"bonjour monde"`. En PHP, chaque instruction doit être ponctuée d'un point-virgule (`;`). Au sein du bloc de code, les instructions sont exécutées les unes après les autres.

L'expression `print()` correspond à ce que l'on appelle en programmation une « fonction ». Le rôle de cette fonction est d'afficher la donnée qui lui est adressée en paramètre.

Ce sont ces fonctions qui permettent, notamment, de travailler sur les nombres, les chaînes de caractères (mots, phrases), les tableaux, d'accéder aux bases de données, de générer des images, etc.

Enfin, la dernière ligne (`?>`) de ce script indique à l'interpréteur que les lignes qui suivent ne sont plus à interpréter. Elles peuvent donc être affichées telles quelles.

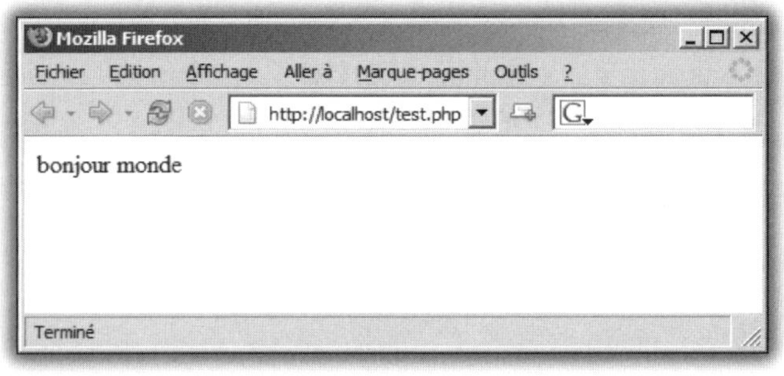

Figure 3.1 : *Le résultat de votre premier programme*

Si vous voulez maintenant afficher deux messages, placez deux instructions dans le bloc de code :

Listing 3-2 : Votre script contient deux instructions

```
<?php
print("instruction 1");
print("instruction 2");
?>
```

Figure 3.2 : *Résultat*

Le résultat peut vous surprendre, les deux phrases se trouvant en effet sur la même ligne. En y réfléchissant bien, c'est cependant tout à fait normal. La première instruction affiche la phrase `"instruction 1"` et la deuxième affiche `"instruction 2"`. Votre navigateur va donc recevoir un fichier contenant `"instruction 1instruction 2"` et l'afficher tel quel. Si vous souhaitez avoir deux lignes différentes, rien de plus simple : ajoutez la balise HTML `<br/>` qui permet de réaliser un saut de ligne :

Listing 3-3 : Deux instructions

```
<?php
print("instruction 1<br/>");
print("instruction 2");
?>
```

La page que le navigateur reçoit contient alors la ligne `"instruction 1<br/>instruction 2"`, ce qui vous permet de séparer les deux lignes.

Figure 3.3 : *Le résultat correspond aux attentes*

L'expression `phpinfo()` est une autre fonction interne du PHP. Elle a pour rôle de donner des informations sur le PHP utilisé pour faire fonctionner votre script :

- version du PHP ;
- version des différents modules installés ;
- type de serveur web ;
- données système disponibles…

Listing 3-4 : Informations sur la version de PHP

```
<?php
phpinfo();
?>
```

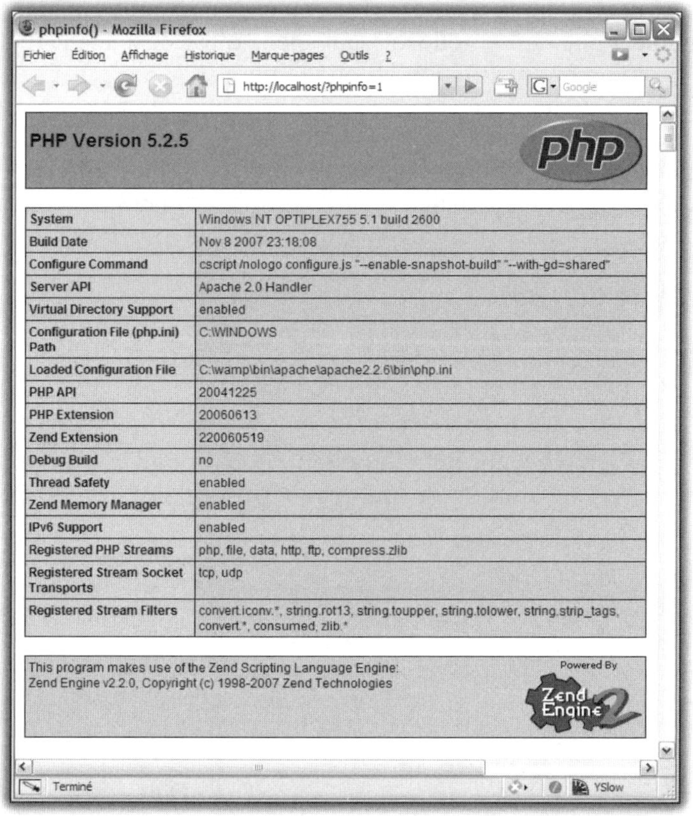
phpinfo() - Mozilla Firefox

Fichier Édition Affichage Historique Marque-pages Outils ?

http://localhost/?phpinfo=1

PHP Version 5.2.5

System	Windows NT OPTIPLEX755 5.1 build 2600
Build Date	Nov 8 2007 23:18:08
Configure Command	cscript /nologo configure.js "--enable-snapshot-build" "--with-gd=shared"
Server API	Apache 2.0 Handler
Virtual Directory Support	enabled
Configuration File (php.ini) Path	C:\WINDOWS
Loaded Configuration File	C:\wamp\bin\apache\apache2.2.6\bin\php.ini
PHP API	20041225
PHP Extension	20060613
Zend Extension	220060519
Debug Build	no
Thread Safety	enabled
Zend Memory Manager	enabled
IPv6 Support	enabled
Registered PHP Streams	php, file, data, http, ftp, compress.zlib
Registered Stream Socket Transports	tcp, udp
Registered Stream Filters	convert.iconv.*, string.rot13, string.toupper, string.tolower, string.strip_tags, convert.*, consumed, zlib.*

This program makes use of the Zend Scripting Language Engine:
Zend Engine v2.2.0, Copyright (c) 1998-2007 Zend Technologies

Powered By Zend Engine 2

Terminé

Figure 3.4 : *Informations retournées par la fonction phpinfo()*

Comme vous le voyez, les fonctions ont des rôles très variés. Une simple fonction peut réaliser des tâches plus ou moins complexes.

REMARQUE

Le fichier *test.php*

Plutôt que de créer pour chacun des petits exemples un nouveau fichier (*test1.php*, *test2.php*, etc.), le fichier *test.php* sera réutilisé à chaque fois.

Au sein d'un même script, les blocs de code peuvent être multiples et du « code » HTML peut s'y intercaler. Toute zone non comprise entre les balises `<?php` et `?>` est considérée comme du HTML (ou tout du moins comme du texte brut). Elle est par conséquent directement retournée :

Listing 3-5 : PHP + HTML

```
<?php
print("premier bloc PHP");
?>

<hr>
partie <b>HTML</b>
<hr>

<?php
print("deuxième bloc <i>PHP</i>");
?>
```

Figure 3.5 : *Du PHP et du HTML au sein du même script*

Au sein de ce script, les deux blocs suivants correspondent à du code PHP :

```
<?php
print("premier bloc PHP");
?>
<?php
print("deuxième bloc <i>PHP</i>");
?>
```

Ces blocs seront remplacés par le résultat de leur interprétation.

La partie suivante correspond quant à elle à du simple code HTML qui est « retourné » tel quel par le serveur.

```
<hr>
partie <b>HTML</b>
<hr>
```

Vous pouvez remarquer que dans le deuxième bloc de code sont affichées des données qui contiennent des balises HTML permettant la mise en italique d'un texte (<i>PHP</i>). C'est non seulement tout à fait autorisé, mais de plus très courant en PHP.

REMARQUE

HTML et PHP

Il serait tout à fait envisageable qu'un fichier *.php* ne contienne que du HTML. La page serait retournée sans aucune modification. L'intérêt est cependant bien mince car vous ajoutez, dans ce cas, une étape entre le serveur web et vous. En effet, bien que la page ne contienne aucun bloc d'instructions, l'interpréteur sera quand même mis à contribution.

En affichant les sources de la page, vous obtenez la preuve que le navigateur a bien reçu le résultat de l'interprétation du code par PHP et que la partie HTML n'a pas été modifiée.

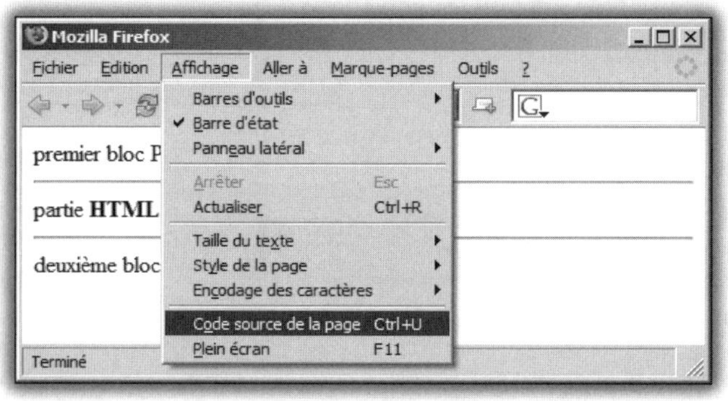

Figure 3.6 : *Sources*

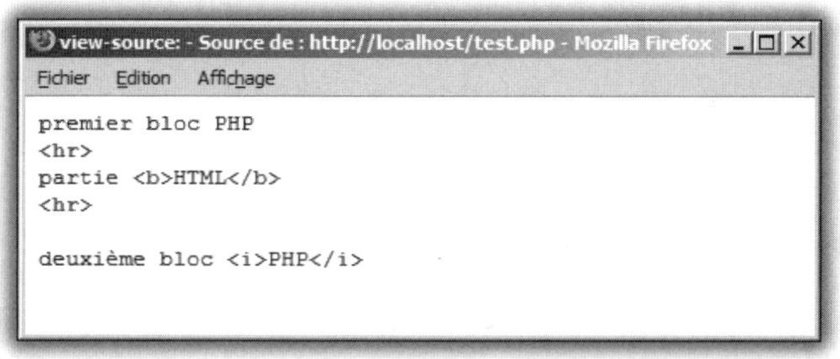

Figure 3.7 : *Les instructions PHP ont bien été interprétées*

3.2. Les commentaires

Un bloc de code peut contenir des commentaires. Ces derniers peuvent être ajoutés au code de différentes manières :

Listing 3-6 : Différentes syntaxes permettant d'insérer des commentaires

```
<?php

/* commentaires hérités
du C */

// commentaires hérités
// du C++

# commentaires hérités
# du SHELL

print("code commenté"); // commentaire de fin de ligne

?>
```

Ajouter des commentaires ne ralentit en rien l'exécution de votre code. Au moment de l'interprétation, PHP va tout simplement supprimer ces zones commentées.

Figure 3.8 : *Les parties commentées n'apparaissent pas*

Poussons le vice un peu plus loin en générant un commentaire HTML à l'aide d'un script PHP. Les commentaires HTML doivent être placés entre <!— et —> :

Listing 3-7 : Commentaire HTML

```
<?php

print("voici un commentaire HTML : ");
print("<!-- message commenté -->");

?>
```

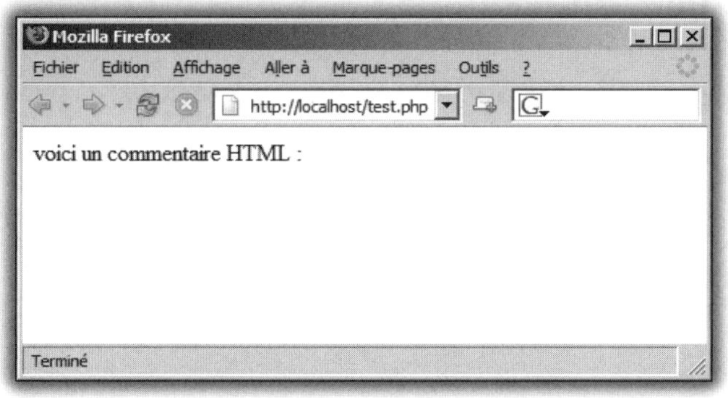

Figure 3.9 : *Code avec commentaires*

Bien qu'invisible dans le navigateur, le commentaire HTML est cependant bien présent dans les sources de la page.

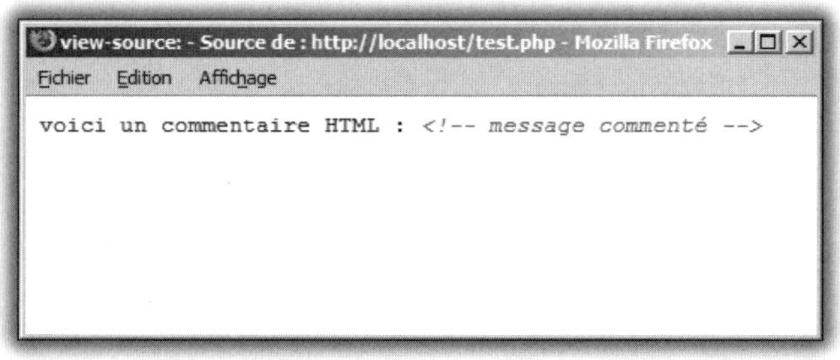

Figure 3.10 : *Sources*

3.3. Les variables

Quel que soit le langage de programmation, l'élément principal d'un programme est la variable. Une variable est un élément qui peut prendre différentes valeurs au cours de l'exécution d'un programme.

En PHP, les noms des variables sont précédés du caractère `$` : `$abc` correspond à la variable `abc`.

`$abc` est ici le nom de la variable, à ne pas confondre avec ce que contient la variable (`$abc` peut par exemple contenir la valeur `3`).

Précisément, pour donner la valeur `3` à la variable `$abc`, écrivez l'affectation suivante :

Listing 3-8 : Affectation de la valeur 3 à la variable $abc

```
$abc = 3;
```

> **Notation des exemples**
>
> REMARQUE
>
> Pour de tout petits exemples, comme celui-ci, ne correspondant en fait qu'à une sous-partie de script, les balises `<?php` et `?>` ne sont pas notées. Si vous voulez tester ce morceau de code, il convient bien évidemment de les ajouter.

Le contenu d'une variable peut être obtenu en y faisant simplement référence :

Listing 3-9 : Affectation de différentes valeurs

```
valeur de la variable abc =
<?php
print($abc);
?>

<br/>valeur de la variable abc =
<?php
$abc = 3;
print($abc);
?>

<br/>valeur de la variable abc =
<?php
$abc = 12;
print($abc);
?>
```

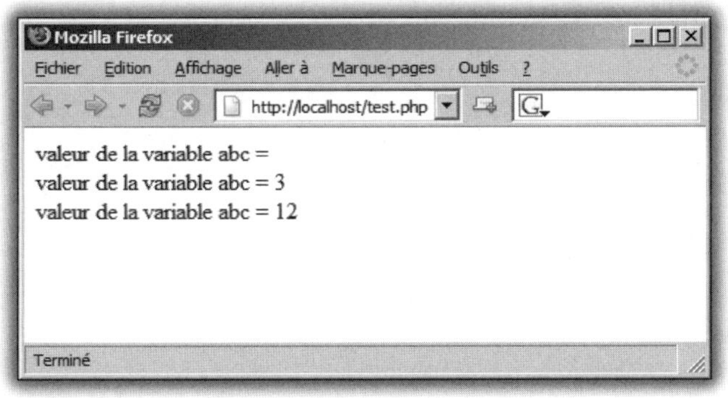

Figure 3.11 : *Différentes affectations de variables*

Vous constatez qu'avant qu'une valeur ne soit affectée à la variable, celle-ci n'existe pas. Elle peut ensuite prendre différentes valeurs lors de l'exécution du script.

Il faut aussi noter que la valeur d'une variable est conservée d'un bloc de code à l'autre.

La valeur d'une variable peut être affectée tout naturellement à une autre variable avec l'opérateur d'affectation = :

Listing 3-10 : La variable $abc contient la valeur de $d (2) à l'issue de l'affectation

```
<?php
$abc = 1;
$d = 2;
$abc = $d;
?>
```

Il existe différents moyens permettant d'affecter une valeur à une variable :

- soit directement : `$abc = 2;`;
- soit en lui faisant recevoir le résultat d'une opération : `$abc = 1 + 3;`;
- soit en lui faisant recevoir le résultat d'une fonction : `$abc = pow(2,4);` (c'est-à-dire la puissance 4 de 2).

Listing 3-11 : Différents types d'affectations

```
1- abc =
<?php
$abc = 2;
print($abc);
?>

<br/>2- abc =
<?php
$abc = 3 * 2;
print($abc)
?>

<br/>3- abc =
<?php
$abc = $abc + 1;
print($abc)
?>

<br/>4- abc =
<?php
```

```
$abc = pow(2,4);
print($abc)
?>

<br/>5- abc =
<?php
$abc = pow(2,4) - 7;
print($abc)
?>
```

Figure 3.12 : *Différents types d'affectations*

L'instruction `$abc = $abc + 1` indique que la variable `$abc` est égale à la valeur de la variable `$abc` plus 1. Il est possible d'écrire plus succinctement cette affectation : `$abc++`.

L'opérateur ++ derrière une variable incrémente cette variable et inversement, l'opérateur — décrémente la valeur.

```
abc =
<?php
$abc = 4;
$abc--;
print($abc);
?>
```

Il existe une notation alternative et plus complexe qui permet d'avoir accès aux variables : `${'nom_de_la_variable'}`.

```
$x = 0;
${'x'} = 10; // assigne la valeur 10 à la variable x
print(${'x'}); // affiche : 10
print($x); // affiche : 10
$x = 5; // assigne 5 à la variable x
print(${"x"}); // affiche : 5

$y = "x";
```

```
print(${$y}); // affiche 5 car $x vaut 5
```

Ces deux notations sont donc complètement équivalentes ; la deuxième peut cependant se révéler très utile lorsque vous devez créer ou récupérer des variables à l'orthographe non standard ou des variables dont le nom est lui-même « variable ». L'instruction suivante est tout à fait valable, malgré la présence d'un espace dans le nom de la variable :

```
${"ma variable"} = "bonjour monde";
```

ATTENTION

Majuscules et minuscules

Le nom des variables est sensible à la casse (*case sensitive*). Cela signifie que PHP fait une différence entre majuscules et minuscules. Une variable `$a` sera donc différente de la variable `$A` et pourra donc cohabiter avec la première en disposant de sa propre valeur.

3.4. Les constantes

Les constantes peuvent être assimilées à des variables dont le contenu ne peut être pas modifié durant l'exécution du programme. La déclaration d'une constante fait appel à la fonction `define()` dont le premier argument correspond au nom de la constante, et le second, à sa valeur.

Listing 3-12 : Création de la constante VERSION_SITE

```
define("VERSION_SITE","v3.1");
```

À la différence des variables, les constantes n'ont pas à être précédées du caractère `$`.

Listing 3-13 : Utilisation de constantes au sein d'un site

```
<?php

define("NOM_SITE","Cool Site");
print(NOM_SITE);

define("VERSION_SITE",3.1);
$a = VERSION_SITE + 1;

?>
```

PHP dispose d'un certain nombre de constantes définies par défaut. La constante `PHP_VERSION` contient par exemple la version de l'interpréteur PHP.

Listing 3-14 : Utilisation d'une constante par défaut

```
<?php

print("Version de PHP : ");
print(PHP_VERSION);

?>
```

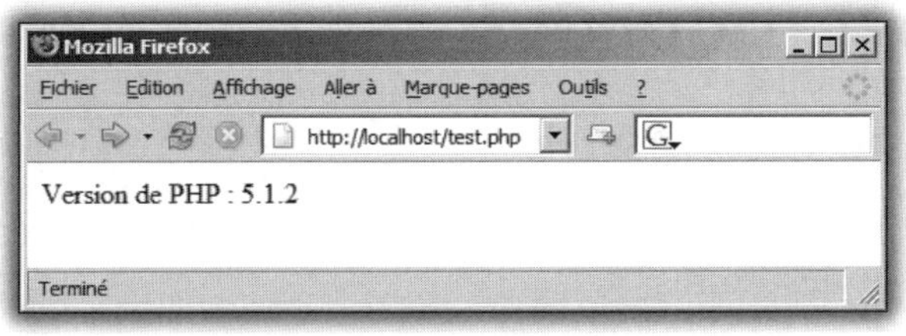

Figure 3.13 : *Version de PHP*

L'exécution du script suivant vous permet d'obtenir la liste de toutes les constantes définies par défaut par PHP.

Listing 3-15 : Plus de 700 constantes définies par PHP

```
<pre>
<?php
print_r(get_defined_constants());
?>
</pre>
```

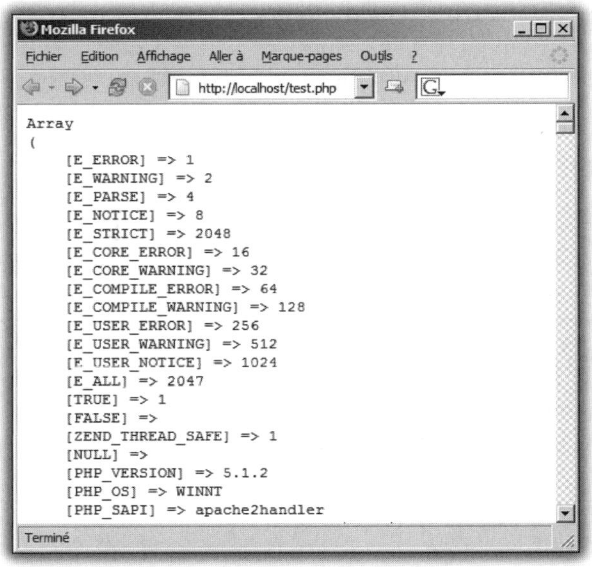

Figure 3.14 : *Plus de 700 constantes*

REMARQUE

Norme d'écriture

Les constantes sont généralement écrites en majuscule afin de les différencier des variables. Ce standard est partagé par une grande majorité des langages de programmation.

3.5. Les types de données

En informatique, les données sont souvent typées, en ce sens qu'elles contiennent une certaine catégorie d'information. Il existe globalement deux principaux types de données : les variables contenant des chiffres et les variables contenant des lettres.

RENVOI

Les tableaux, qui correspondent également à un type de donnée, sont présentés dans un prochain chapitre.

PHP rend les choses extrêmement simples au niveau des types car il n'impose pas d'associer explicitement un type à une variable (dans la plupart des autres langages, les variables doivent être associées à un type dès leur initialisation au début du programme). Si vous affectez `3` à `$abc`, celle-ci devient *de facto* de type numérique. Si en revanche vous lui affectez la phrase `"bonjour monde"`, elle devient ce que l'on appelle une « chaîne de caractères » (souvent appelée *string*).

Arrêtons-nous quelque temps sur ces deux principaux types de données.

Les données numériques

Vous trouvez, parmi les données numériques, les nombres entiers (`2`, `4`, `233`, `-12`) et les nombres flottants (`0.5`, `23.8`, `-123.4`).

ATTENTION

Écriture des nombres flottants

Notez que le caractère séparant la partie entière de la partie décimale est le point. En utilisant une virgule, vous générez une erreur. Il s'agit de la norme anglo-saxonne qui est utilisée par tous les langages de programmation.

Il existe un certain nombre d'opérateurs mathématiques qui peuvent être utilisés avec les numériques :

Tableau 3.1 : *Les différents opérateurs mathématiques*

Opérateur	Rôle
+	L'addition
–	La soustraction
*	La multiplication
/	La division
%	Le modulo

Voyez l'utilisation de tous ces opérateurs dans un même exemple :

Listing 3-16 : Différents opérateurs mathématiques

```
<?php
$a = 10 ;
$b = 5 ;
$c = 2;

$x = $a + $b; // la variable $x contient 15
$x = $x - $c ; // $x vaut 13
$x = $x * $x ; // $x vaut 169
$x = ($a / $b) + $c; // $x vaut 4
$x = 11 % $a ;
// $x vaut 1,
// le modulo correspond au reste de la division 11 / 10
?>
```

L'ordre de priorité des opérateurs doit être respecté : les opérations `*` `/` `%` sont traitées avant les opérations + –.

L'expression `10 – 2 * 4` vaut ainsi `2` et non `32`. La multiplication est en effet réalisée avant la soustraction.

Quand PHP doit interpréter la ligne `$abc = 16 – 12 / 6 * 5 + 1;`, il évalue l'expression de la manière suivante :

```
16 - 2 * 5 + 1
16 - 10 + 1
6 + 1
7
```

Il peut donc être préférable d'utiliser des parenthèses pour limiter les risques :

```
$abc = 16 - ( ( 12 / 6 ) * 5 ) + 1 ;
```

Afin de gagner du temps, des formes compactes existent pour certaines opérations. Ainsi, `$abc = $abc + 2 ;` est équivalent à `$abc += 2 ;`

De la même manière, les raccourcis suivants sont tout à fait valides : -=, `*=`, `/=` et `%=`.

Il existe un type de numérique à part : les booléens. Seules deux valeurs booléennes existent : `true` (vrai), `false` (faux).

```
<?php
$var = true ; // $var contient la valeur booléenne true
?>
```

Il est courant que la valeur `0` soit équivalente à `false` et que la valeur `1` soit équivalente à `true`. Cet abus peut cependant se révéler dangereux lors de certains tests. Nous y ferons d'ailleurs mention plus loin.

Les chaînes de caractères

Une chaîne de caractères (souvent appelée *string*) doit être délimitée par des guillemets (`"`) ou des primes (`'`).

Les guillemets et les primes

Lorsque les caractères de délimitation sont des guillemets (`"`), la chaîne de caractères peut contenir des caractères ainsi que des variables. La variable est alors remplacée par son contenu.

Listing 3-17 : Une variable dans une chaîne de caractères

```
<?php
$n = 2;
$s = "valeur de la variable n = $n";
print($s); // affiche : "valeur de la variable n = 2"
?>
```

Quand les primes (`'`) sont utilisées comme caractères de délimitation, les variables ne sont plus remplacées par leur contenu :

```
<?php
$n = 2;
$s = 'valeur de la variable n = $n';
```

```
print($s); // affiche : 'valeur de la variable n = $n'
?>
```

REMARQUE

Bien utiliser les signes

En utilisant la prime ('), PHP sait qu'il n'a pas à remplacer la présence d'une éventuelle variable par son contenu. Il affiche directement et sans traitement la chaîne de caractères. Il est donc préférable, pour optimiser votre code, d'utiliser les guillemets quand une chaîne est vierge de toute variable. Par exemple, `'bonjour monde'` est préférable à `"bonjour monde"`.

L'affichage d'une chaîne de caractères peut également être réalisé avec la fonction `echo()`. Les syntaxes suivantes pourront être trouvées indifféremment dans la littérature :

- `echo "bonjour";`
- `echo("bonjour");`
- `print("bonjour");`
- `print "bonjour";`

REMARQUE

Syntaxe spéciale de `echo`

`echo` permet l'utilisation d'une syntaxe spéciale : `echo $var1, $var2;` pour afficher la `$var1` puis `$var2`. Aucune limitation n'existe au niveau du nombre de variables à afficher.

Échappement de caractères

Une question peut alors se poser : comment une chaîne de caractères peut contenir le guillemet (") quand ses délimiteurs sont précisément des guillemets ?

Il est dans ce cas nécessaire d'utiliser un caractère dit d'échappement : `\`. Ce caractère est nommé « barre oblique inversée » ou *antislash* (également *backslash*). Pour obtenir la phrase `bonjour " monde`, il est nécessaire d'écrire `"bonjour \" monde"`. Le principe est le même pour la prime (') avec des strings délimitées par des primes :

Listing 3-18 : Échappement de caractères

```
print("bonjour \" monde"); // affiche : bonjour " monde
print('bonjour \' monde'); // affiche : bonjour ' monde
print('bonjour \" monde'); // affiche : bonjour \" monde
```

Les caractères (\) et ($) ont aussi besoin d'être précédés d'une barre oblique inversée pour être affichés dans une chaîne entre guillemets :

```
$i = 2 ;
print("\\ \$i vaut $i"); // affiche : "\ $i vaut 2"
```

L'opérateur de concaténation

Il existe un opérateur pour les chaînes de caractères : l'opérateur de concaténation. Il permet de réunir deux chaînes : `$str = $str1 . $str2 ;` et signifie que la variable `$str` contient la variable `$str1` suivie de `$str2`.

Listing 3-19 : L'opérateur de concaténation

```
<?php
$var1 = "ui";
$var2 = "le temps est " . "beau aujourd'h" . $var1;
print($var2); // affiche : "le temps est beau aujourd'hui"
print("cou" . 'cou'); // affiche : "coucou"
?>
```

La version raccourcie existe aussi : `.=`.

`$abc = $abc . " coucou" ;` est l'équivalent de `$abc .= " coucou";`.

L'opérateur de concaténation est également très utile pour améliorer la lisibilité d'une chaîne de caractères très longue.

Listing 3-20 : $var1 et $var2 sont rigoureusement identiques

```
<?php
$var1 = "Les 7 péchés capitaux sont : la paresse,
l'orgueil, la gourmandise, la luxure, l'avarice,
la colère, l'envie.";
$var2 = "Les 7 péchés capitaux sont : ".
        "la paresse, l'orgueil, la gourmandise, la luxure, ".
        "l'avarice, la colère, l'envie.";
?>
```

En informatique, les chaînes de caractères sont souvent appelées *string*. Vous trouverez donc souvent dans les exemples suivants la variable `$str` pour définir une variable de type chaîne de caractères.

REMARQUE

Appellation des variables

Il est important, en programmation, de donner des noms pertinents aux variables. Quand vous voulez qu'une variable contienne le nom d'une ville, il est préférable de nommer la variable `$ville` plutôt que `$x`. N'hésitez donc pas à donner des noms « longs » : `$portefeuille_client` est préférable à `$prtfcl`, même s'il peut paraître rébarbatif d'écrire une variable aussi longue. Comme nous l'avons précédemment dit, votre code devra peut-être être repris après plusieurs mois, et pas obligatoirement par vous !

Le type NULL

Ce type, composé d'un seul élément (`NULL`), permet d'indiquer qu'une variable n'a pas de valeur.

Listing 3-21 : Une fois utilisée, la variable $str est passée à NULL

```
<?php
$str = "coucou";
print($str);
$str = NULL;
?>
```

Changement de type

PHP a ceci de sympathique qu'il permet aux variables de changer de type si vous leur affectez des données de types différents au cours du programme :

Listing 3-22 : Changement de type

```
<?php
$abc = "1"; // $abc est une string contenant la chaîne "1"
$abc += 2; // $abc est maintenant un numérique contenant
          // la valeur 3
?>
```

Dans cet exemple, la variable est d'abord une chaîne de caractères contenant la chaîne `"1"`. Après l'opération d'incrémentation, elle devient de type numérique et contient la valeur `3`.

PHP propose également une opération de transtypage pour convertir les types de données. Cette opération, qui porte également le nom de « *cast* », utilise la syntaxe suivante :

```
$s = (string) 1; // $s contient maintenant la chaîne "1"
$n = (int) $s; // $n contient 1
$b = (bool) $n; // $b contient TRUE
$n = (int) 1.8; // $n contient 1
$b = (bool) -3; // $b contient TRUE
$b = (bool) 0; // $b contient FALSE
$f = (float) " 1.45 "; // $f contient 1.45
```

REMARQUE

Autres types

Le transtypage fonctionne également avec les autres types de données étudiés dans la suite de l'ouvrage : les tableaux (`array`) et les objets (`object`).

Au final, PHP permet de ne pas avoir à se tracasser avec les problèmes de typage.

3.6. Les structures de contrôle

Tous ces exemples s'exécutaient jusqu'à maintenant linéairement, ligne après ligne. Cependant, comme dans la vie courante, il est rare que les choses se passent aussi simplement : nous réalisons certaines choses uniquement dans certains cas et, dans d'autres circonstances, nous répétons les mêmes choses plusieurs fois. L'équivalent informatique de ces événements est la structure de contrôle.

Vous disposez, avec PHP, de toutes les structures de contrôle standard. Celles-ci sont généralement regroupées en deux catégories…

Les conditions :

SI test est vrai **ALORS FAIRE** action1 **SINON FAIRE** action2

FAIRE DANS LE CAS 1 action1, **DANS LE CAS 2** action 2 etc.

Les boucles :

FAIRE action **TANT QUE** test est vrai

TANT QUE test est vrai **ALORS FAIRE** action

POUR TOUS LES CAS SUIVANTS FAIRE action

Les conditions

Nous présenterons dans cette partie les expressions `if... else`, `if... elseif... else` et `switch... case`.

IF ELSE

L'équivalent de `SI test est vrai ALORS FAIRE action1 SINON FAIRE action2` est l'instruction `if... else` (*if* signifie « si » et *else* signifie « ou bien »).

Écrivez un petit programme qui affiche `"i est plus grand que 5"` si la variable `$i` est plus grande que 5 et la phrase `"i est plus petit que 5"` dans le cas contraire.

Listing 3-23 : Le premier test

```
<?php

$i = 4;

if ($i > 5)
  print("i est plus grand que 5");
else
  print("i est plus petit que 5");

?>
```

Dans ce cas, `"i est plus petit que 5"` apparaît à l'écran car vous avez initialisé la variable `$i` à `4`.

Les tests sont réalisés avec des opérateurs de comparaison.

Tableau 3.2 : *Les opérateurs de comparaison*

Opérateur	Résultat
`$a == $b`	Vrai si `$a` est égal à `$b`
`$a === $b`	Vrai si `$a` est égal à `$b` et si ces deux variables sont de même type
`$a != $b`	Vrai si `$a` est différent de `$b`
`$a !== $b`	Vrai si `$a` est différent de `$b` (en type ou en valeur)
`$a > $b`	Vrai si `$a` est supérieur à `$b`
`$a < $b`	Vrai si `$a` est inférieur à `$b`

Tableau 3.2 : *Les opérateurs de comparaison*	
Opérateur	**Résultat**
`$a >= $b`	Vrai si `$a` est supérieur ou égal à `$b`
`$a <= $b`	Vrai si `$a` est inférieur ou égal à `$b`

Il est important de comprendre que ces opérateurs renvoient une valeur booléenne, `false` ou `true`, suivant le résultat de la comparaison. Le test est en fait réalisé sur cette valeur de retour.

Écrire `if ($a > $b)` est en fait la même chose qu'écrire `if (($a > $b) == true)`.

> ASTUCE
>
> `if ($i)`
>
> L'expression `if ($i)` est identique à `if ($i != NULL)`. Cette version condensée est très souvent utilisée en informatique.

Dans cet exemple, une seule action est réalisée, dans un cas (`if`) comme dans l'autre (`else`). Si plusieurs actions doivent être réalisées, celles-ci sont groupées entre des balises `{ }` pour former un groupe d'instructions.

Modifiez votre script afin qu'il affiche deux lignes :

```
<?php

$i = 4;

if ($i > 5) {
  print("nous sommes dans le IF ... ");
  print("i est plus grand que 5");
}
else {
  print("nous sommes dans le ELSE ... ");
  print("i est plus petit que 5");
}
?>
```

> ATTENTION
>
> **Les balises** `{ }`
>
> Alors qu'elles sont facultatives quand il n'y a qu'une instruction, elles deviennent obligatoires dès qu'il y en a au moins deux.

Les tests peuvent se faire aussi bien sur des numériques :

```
if ($prix == 3.5)
```

… que sur des chaînes de caractères :

```
if ($prenom == "paul")
```

Attention, cependant, à ne pas se méprendre sur les opérateurs de supériorité et d'infériorité avec des chaînes de caractères !

Ainsi, le test `if ($code > "9AEXB3")` n'est pas un test sur les longueurs respectives des deux chaînes. Il s'agit plutôt de comparer une à une les valeurs ASCII des caractères composant les deux chaînes. Chaque caractère possède en informatique un code ASCII. Celui du caractère `'a'` est par exemple 97 et celui de `'9'` est 57 (la fonction `ord()` peut être utilisée pour trouver la valeur ASCII d'un caractère : `ord("A")` retourne 98). De ce fait, `"abc"` est supérieur à `"9AEXB3"` (car `ord('a')` est supérieur à `ord('9')`) et `"def"` est supérieur à `"dc"` (car `ord('e')` est supérieur à `ord('c')`).

Pour l'instant, les tests étudiés sont simples car vous ne testez qu'une seule valeur. Si vous devez écrire le test suivant :

```
SI la personne a plus de 18 ans ALORS écrire "homme majeur"
SI elle est de sexe masculin
```

… vous écrirez, dans l'état de vos connaissances actuelles :

```
<?php

$age = 22;
$sexe = "masculin";

if ($age > 18) {
  if ($sexe == "masculin")
    print("homme majeur");
}

?>
```

La façon logique d'exprimer cc test est :

```
SI la personne a plus de 18 ans ET qu'elle est de sexe
masculin ALORS écrire "homme majeur"
```

Il s'agit là d'une double condition. L'opérateur (`&&`) peut être utilisé pour signifier l'opérateur ET :

```
<?php

$age = 22;
$sexe = "masculin";

if (($age > 18) && ($sexe == "masculin"))
  print("homme majeur");

// affiche bien "homme majeur"
// car : (22 > 18) ET (masculin == masculin)

?>
```

L'opérateur (`&&`) est appelé un « opérateur logique ». Il en existe d'autres qui vont vous permettre de réaliser des tests plus ardus.

Tableau 3.3 : *Opérateurs logiques*	
Opérateur	**Résultat**
`$a and $b`	Vrai si `$a` ET `$b` sont vraies
`$a && $b`	Vrai si `$a` ET `$b` sont vraies (identique à and)
`$a or $b`	Vrai si `$a` OU `$b` sont vraies
`$a || $b`	Vrai si `$a` OU `$b` sont vraies (identique à or)
`$a xor $b`	Vrai si `$a` OU `$b` sont vraies, mais pas les deux
`! $a`	Vrai si `$a` est fausse

À partir de ces opérateurs logiques, il est possible d'écrire le test suivant :

```
SI la variable $a OU la variable $b est supérieure à 4,
ET que la variable $c n'est pas inférieure ou égale à 2
ALORS écrire OK
```

… qui devient :

```
if ((($a > 4) or ($b > 4)) and !($c <= 2)) print("OK");
```

Il est souvent possible de simplifier une expression : `!($c <= 2)` équivaut à `($c > 2)`. En effet, dire que `$c` n'est pas inférieur ou égal à `2` est une façon complexe de dire que `$c` est supérieur à `2`.

Il est néanmoins préférable généralement, au début, de transcrire terme à terme une condition plutôt que d'essayer de la simplifier à outrance.

Un bon réflexe consiste aussi à insister sur les parenthèses afin de regrouper ensemble les conditions interdépendantes. Les priorités, comme pour les opérateurs mathématiques, peuvent faire des ravages. Le test suivant :

```
($b > 3) || ($c > 3) && ($c < 10)
```

… ne signifie pas :

```
$b OU $c supérieures à 3 ET $c inférieure à 10
```

… mais :

```
$b supérieure à 3 OU $c comprise entre 3 ET 10
```

Dans cette mesure, il est préférable d'écrire en utilisant une paire de parenthèses supplémentaires pour ne rien risquer :

```
($b > 3) || (($c > 3) && ($c < 10))
```

IF… ELSEIF…

Essayez maintenant d'écrire un autre test :

```
si la couleur est rouge, jaune ou bleue, écrire
  "primaire"
si la couleur est noire, écrire "noire"
si la couleur est blanche, écrire "blanche"
sinon écrire "mélange"
```

Votre première proposition pourrait être celle-ci :

```
if (($couleur=="rouge") || ($couleur=="jaune") ||
    ($couleur=="bleue"))
  print("primaire");

if ($couleur == "noire") print("noire");

if ($couleur == "blanche") print("blanche");
else print("mélange");

}
```

Celle-ci serait évidemment complètement erronée car, si vous supposez que la « couleur » est `rouge`, deux messages seraient alors affichés : `"primaire"` et `"mélange"`.

Vous êtes donc obligé d'emboîter les `if… else` :

```
if (($couleur=="rouge") || ($couleur=="jaune") ||
    ($couleur=="bleue"))
  print("primaire");
```

```
else
{
  if ($couleur == "noire") print("noire");
  else
    if ($couleur == "blanche") print("blanche");
    else print("mélange");
}
```

Il s'agit en fait d'un `SI… SINON SI… SINON SI… SINON`. PHP propose, pour ce genre de cas, la méthode suivante : `if… elseif… elseif… else`.

```
<?php

if (($couleur=="rouge") || ($couleur=="jaune") ||
    ($couleur=="bleue"))
  print("primaire");
elseif ($couleur == "noire")
  print("noire");
elseif ($couleur == "blanche")
  print("blanche");
else
  print("mélange");

?>
```

SWITCH

Supposez désormais que vous deviez écrire le test suivant :

```
si la couleur est rouge, écrire "R"
si la couleur est bleue, écrire "B"
si la couleur est jaune, écrire "J"
sinon écrire "?"
```

Dans ce cas, il est dommage d'utiliser un `if… elseif…`. Imaginez, en effet, que la couleur soit jaune : il faudrait alors tester si la couleur est rouge, puis tester si la couleur est bleue et enfin tester si la couleur est jaune. Dans ce type de cas, où l'action à réaliser ne dépend que de la valeur d'une variable, il est préférable d'utiliser le `switch` :

```
switch ($couleur)
{
  case "rouge":
    print("R");
    break;
  case "bleue":
    print("B");
    break;
  case "jaune":
```

```
    print("J");
    break;
  default:
    print("?");
    break;
}
```

Il peut y avoir autant de `case` que nécessaire, mais il ne peut y avoir qu'un seul `default` (il n'est cependant pas obligatoire).

Un `case` peut contenir plusieurs instructions ; il faut alors les placer entre un `case` et un `break` :

```
switch ($couleur)
{
  case "rouge":
    print("couleur : ");
    print("R");
    break;
  case "bleue":
etc.
```

Les boucles

Un des principaux avantages de l'informatique, en général, est de permettre d'automatiser des tâches fastidieuses. Imaginez que vous vouliez écrire tous les entiers inférieurs à 5.

Il serait dommage de devoir écrire :

```
print("0<br/>");
print("1<br/>");
print("2<br/>");
print("3<br/>");
print("4<br/>");
```

L'informatique a créé, pour ce genre de besoin, la notion de boucle.

WHILE

`WHILE` est la boucle qui permet d'écrire ceci :

```
TANT QUE test vrai FAIRE action
```

À partir de là, il devient évident pour cet exemple que le test va être réalisé sur une variable (`$i < 5`) et que l'action va consister à l'afficher et à l'incrémenter :

```
$i = 0;
while ($i < 5)
{
  print("$i<br/>");
  $i++;
}
print("<br/>fin de la boucle");
```

Que se passe t-il au niveau de l'interpréteur PHP :

- la variable `$i` prend la valeur `0`
- nous entrons dans la boucle
- est-ce que `$i < 5` ? oui : le bloc d'expressions du `while` est alors exécuté
- affichage de `$i` (`0`) et augmentation de `1` de la valeur de `$i`
- nous remontons alors au niveau du test du `while`
- `$i` est-elle inférieure à `5` ? oui (elle vaut `1`), alors on exécute le bloc
- affichage de `$i` (`1`) et incrémentation de `$i`...
- nous continuons ainsi jusqu'au moment où nous passons la valeur de `$i` à `5`
- nous remontons alors au niveau du test, `$i` n'est plus strictement inférieure à `5`
- nous sortons alors de la boucle et passons à l'instruction suivant le bloc du `while`, c'est-à-dire l'affichage de "*fin de la boucle*"

ATTENTION

Le danger du `while`

Faites attention, quand vous travaillez avec une boucle `while`, à ne pas vous retrouver dans une boucle infinie. Cela aurait été le cas, si vous aviez oublié la ligne `$i++`. En effet, la variable aurait gardé la valeur `0` et la boucle `while` aurait affiché `"0"` indéfiniment.

Comme pour les conditions, le test peut être complexe :

```
$i = 1;
while (($n != 121) && ($i < 100))
{
  $n = $i * $i;
  print("i = $i , n= $n<br/>");
  $i++;
}
```

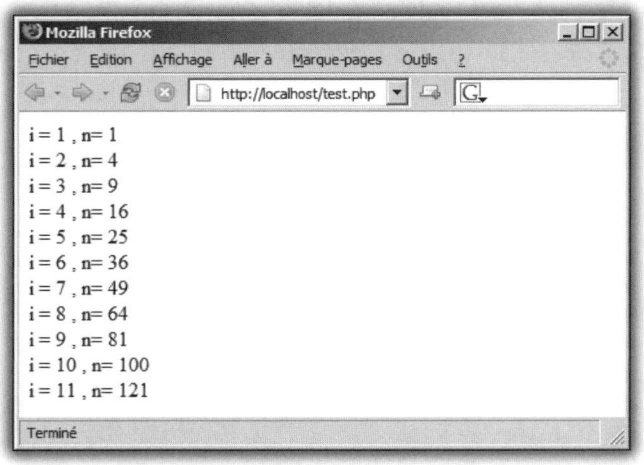

Figure 3.15 : *Boucle while*

Dans cet exemple, la condition d'arrêt de la boucle est double : la variable `$n` doit être différente de `121` et la variable `$i` doit être inférieure à `100`.

DO... WHILE

Une variante existe au `while` : le `do… while`. Il ne s'agit plus d'un `tant que… faire`, mais d'un `faire… tant que`. Dans ce cas, le code de la boucle est donc au moins exécuté une fois :

```
$i = 6;
do
{
  print($i);
}
while ($i < 5);
```

Bien que `$i` contienne la valeur `6` et que le test soit `$i < 5`, le code est bien exécuté une fois.

FOR

La syntaxe de la boucle `for` est la suivante :

```
for (expression 1; expression 2; expression 3)
```

- `expression 1` est l'instruction initiale exécutée avant la première itération ;

- `expression 2` est le test réalisé au début pour chaque itération ;
- `expression 3` est l'instruction exécutée à la fin de chaque itération.

Ainsi, l'équivalent de cette boucle `while` :

```
$i = 0;
while ($i <= 10)
{
  print("$i <br/>");
  $i++;
}
```

… est la boucle `for` suivante :

```
for ($i = 0; $i <= 10; $i++)
{
  print("$i <br/>");
}
```

Vous souhaitez maintenant écrire les nombres pairs inférieurs à 50 :

```
for ($i = 0; $i <= 50; $i = $i + 2)
{
  print("$i <br/>");
}
```

La boucle `for` permet donc de condenser les principaux éléments d'une boucle sur une seule et même ligne.

Toutes les parties de la boucle `for` peuvent être vides. Ainsi, les deux boucles suivantes sont équivalentes :

Listing 3-24 : Version 1

```
for ($i = 0; $i <= 10; $i++)
{
  print("$i <br/>");
}
```

Listing 3-25 : Version 2

```
$i = 0;
for (;$i <= 10;)
{
  print("$i <br/>");
  $i++;
}
```

L'intérêt de cette notation alambiquée est cependant assez mince.

BREAK et CONTINUE

Il est parfois nécessaire de terminer une boucle en plein milieu de son exécution ; l'instruction `break` est alors utilisée.

La boucle suivante permet d'arrêter l'exécution du `for` dès que la variable d'incrémentation passe à la valeur 7.

Listing 3-26 : Le break nous permet de sortir de la boucle

```
for ($i=0;$i<=10;$i++) {
  if ($i==7) {
    print("<i>i contient 7, nous sortons de la
      boucle.</i>");
    print("<br/><br/>");
    break;
  }
  print("$i<br/>");
}
print("<b>fin de la boucle.</b>");
```

Figure 3.16 : *Sortie en plein milieu de boucle*

Le cousin du `break` est le `continue`. Il permet de forcer le passage à l'itération suivante à n'importe quel niveau d'une boucle.

L'instruction `continue` permet dans l'exemple suivant de sauter l'affichage de la valeur 7 :

Listing 3-27 : Nous sautons le traitement de la valeur 7

```
for ($i=0;$i<=10;$i++) {
  if ($i==7) {
    print("<i>i contient 7, passage à l'itération
      suivante.</i>");
    print("<br/>");
```

```
      continue;
    }
    print("$i<br/>");
}
print("<br/><b>fin de la boucle.</b>");
```

Figure 3.17 :
Instruction continue

Ces deux instructions peuvent aussi bien être utilisées dans le cadre d'un `for`, d'un `while` ou d'un `switch`.

3.7. Organisation du code

PHP propose différentes méthodes pour organiser vos développements : la définition de fonctions utilisateur et l'inclusion de fichiers. Ces méthodes visent avant à tout à :

- améliorer la lisibilité de vos sources ;
- éviter la duplication de code.

RENVOI ***Les objets, qui permettent également de mieux architecturer votre code, sont présentés dans un chapitre à part.***

Les fonctions

Vous savez désormais que PHP permet de faire appel à des fonctions. Les exemples précédents vous ont ainsi permis d'illustrer l'utilisation de la fonction `print()` dont le rôle est d'afficher les données qui lui sont transmises.

La plupart des fonctions reçoivent des paramètres et retournent une valeur qui en dépend : on parle d'« arguments d'une fonction ». Par exemple, la fonction `print()` prend comme paramètre une chaîne de caractères ou un chiffre. Sa signature est donc celle-ci : `print($str)`.

La fonction de puissance prend quant à elle, deux arguments, à savoir le nombre et la puissance à laquelle il doit être élevé : `pow($n,$p)`.

```
$resultat = pow(2,4);
// $resultat contient 16
// qui correspond bien à 2 exposant 4
```

Ces deux fonctions, comme plusieurs centaines d'autres, sont incluses par défaut dans PHP. Vous pouvez y faire appel à n'importe quel moment dans votre code.

En plus de cette « bibliothèque » de fonctions, PHP vous permet également de définir vos propres fonctions.

Définir une fonction

Supposez que vous vouliez qu'une fonction renvoie le double d'une valeur. Il faut tout d'abord lui donner un nom, `double()`, et décider de combien d'arguments elle a besoin ; a priori, un seul. La syntaxe pour déclarer une fonction en PHP est la suivante :

```
function double($n)
{
  $resultat = $n * 2;
  return $resultat;
}
```

Nommer l'argument `$n` n'est pas du tout obligatoire. Vous auriez tout à fait pu écrire la fonction ainsi :

```
function double($nimportequoi)
{
  $resultat = $nimportequoi * 2;
  return $resultat;
}
```

Il est cependant souvent intéressant de donner un nom d'argument en rapport avec le type de l'argument. Ainsi, si la fonction nécessite comme paramètre un booléen, il peut être judicieux de choisir `$bool` ; et s'il s'agit une chaîne de caractères, `$str` ou `$ch` peuvent être des bons choix.

Dans la majorité des cas, votre fonction retournera une valeur. Ceci est réalisé avec l'instruction `return` :

```
return $resultat;
```

> REMARQUE
>
> **L'instruction `return`**
>
> L'instruction `return` met fin à la fonction en renvoyant un résultat relatif à la donnée qui lui est passée en paramètre. Une fonction contenant des conditions peut tout à fait avoir différentes instructions `return`.

Une fois votre fonction déclarée dans votre script PHP, vous pouvez l'appeler de n'importe quel endroit et autant de fois que vous le voulez :

```
function double($n)
{
  $resultat = $n * 2;
  return $resultat;
}

$a = 2;
$b = double($a);
print("le double de $a est $b");
// affiche : "le double de 2 est 4"
```

Écrivons notre propre version de la fonction de calcul de puissance : `pow()`. Vous ne pouvez pas l'appeler `pow()` car il est interdit d'utiliser le nom d'une fonction déjà existante. Nommons-la `puissance` :

```
function puissance($n,$p)
{
  $resultat = $n;
  $i = 1;
  while ($i < $p)
  {
    $resultat *= $n;
    $i++;
  }
  return $resultat;
}

print(puissance(2,4)); // affiche comme prévu 16
```

Étudions maintenant un exemple dans lequel les fonctions rendent un véritable service. Le script suivant permet à un comptable de calculer le bonus de deux commerciaux selon une formule assez complexe :

```
si le CA est supérieur à 300 :
  bonus = (CA + 100) / 8.4
sinon
  bonus = (CA + 80) / 7.6
$ca_marcel = 350;
$ca_julien = 150;

if ($ca_marcel > 300)
  $bonus_marcel = ($ca_marcel + 100) / 8.4;
else
  $bonus_marcel = ($ca_marcel + 80) / 7.6;

print("Bonus de Marcel : ".$bonus_marcel."<br/>");

if ($ca_julien > 300)
  $bonus_julien = ($ca_julien + 100) / 8.4;
else
  $bonus_julien = ($ca_julien + 80) / 7.6;

print("Bonus de Julien : ".$bonus_julien."<br/>");
```

Première remarque à la vue de ce code : vous avez écrit deux fois le même extrait de code :

```
if ($ca > 300)
  $bonus = ($ca + 100) / 8.4;
else
  $bonus = ($ca + 80) / 7.6;
```

C'est doublement regrettable ! Tout d'abord, il est extrêmement fastidieux de taper du code (nous sommes tous d'accord sur ce point) et il est donc inutile de perdre son temps à écrire plusieurs fois la même chose. Imaginez ensuite que vous vouliez modifier le taux 8,4 par 8,3. Il vous faudra non seulement le faire à différents endroits, mais, qui plus est, il conviendra de n'oublier aucune mise à jour. C'est précisément pour éviter ces difficultés qu'il est bon de créer la fonction `calc_bonus()` qui calcule le bonus d'un commercial en fonction de son CA :

```
function calc_bonus($prenom,$ca)
{
  if ($ca > 300)
    $bonus = ($ca + 100) / 8.4;
  else
    $bonus = ($ca + 80) / 7.6;
  print("Bonus de ".$prenom." : ".$bonus."<br/>");
  return $bonus;
}
```

Le code devient donc :

```
function calc_bonus($prenom,$ca)
{
  if ($ca > 300)
    $bonus = ($ca + 100) / 8.4;
  else
    $bonus = ($ca + 80) / 7.6;
  print("Bonus de ".$prenom." : ".$bonus."<br/>");
  return $bonus;
}

calc_bonus("marcel",350);
calc_bonus("julien",150);
```

Cette modification a aussi permis de rendre plus clair et plus lisible votre code, ce qui n'est pas négligeable.

REMARQUE

Commentaires

Les commentaires sont autorisés au sein même de la définition d'une fonction.

Valeurs par défaut

Nous avons vu que la syntaxe pour déclarer une fonction est la suivante :

```
function nom_fonction($param1,$parma2)
{
  bloc_de_code;
}
```

Il est possible de donner des valeurs par défaut aux paramètres de la fonction en la déclarant ainsi :

```
function nom_fonction($param1 = "valeur_par_défaut")
{
  bloc_de_code;
}
```

Écrivez une fonction `affiche_retour()` et appelez-la de deux façons différentes :

```
<?php

function affiche_retour($url = "/")
{
  echo "<a href=$url>retour</a><br/>";
}
```

```
// version 1 : nous utilisons le paramètre par défaut
echo "merci de votre visite<br/>";
affiche_retour();

//version 2 : nous passons la valeur du paramètre
echo "merci de votre visite<br/>";
affiche_retour("/");

?>
```

Attention, si la fonction possède plusieurs paramètres, seul le dernier pourra prendre une valeur par défaut !

```
<?php

function affiche_retour($url,$nomlien = "retour")
{
  echo "<a href=$url>retour</a><br/>";
}

//version 2 : valeur par défaut pour le deuxième paramètre
echo "merci de votre visite<br/>";
affiche_retour("/");

//version 2 : nous passons les valeurs des 2 paramètres
echo "merci de votre visite<br/>";
affiche_retour("/","back");

?>
```

Récursivité

La factorielle de la valeur `5` se calcule ainsi :

```
facto(5) = 5 * 4 * 3 * 2 * 1
```

Une définition possible de `facto(n)` est la suivante :

```
facto(n) = n * n-1 * n-2 * ... * 3 * 2 * 1
```

Il est aussi possible de donner une définition récursive de la fonction factorielle :

```
facto(n) = n * facto(n-1) avec facto(1) = 1
```

En effet, prenez `n = 5` et développez :

```
facto(5) = 5 * facto(4)
facto(4) = 4 * facto(3)
facto(3) = 3 * facto(2)
facto(2) = 2 * facto(1)
```

```
facto(1) = 1 (d'après la définition)
```

Si vous remontez maintenant avec tous vos résultats intermédiaires, vous obtenez :

```
facto(2) = 2 * 1
facto(3) = 3 * 2 * 1
facto(4) = 4 * 3 * 2 * 1
facto(5) = 5 * 4 * 3 * 2 * 1
```

Vous parvenez donc bien au résultat escompté. Cette technique de programmation, où une fonction se rappelle elle-même, s'appelle la « récursivité ». Il est possible en PHP d'utiliser cette technique.

Écrivez la fonction factorielle tout d'abord classiquement :

```
function facto($n)
{
  for ($resultat = 1; $n > 1; $n--)
  {
    $resultat *= $n;
  }
  return $resultat;
}

print(facto(5));
```

REMARQUE

Boucle `for`

Vous pouvez vous apercevoir que l'indice `$n` diminue au sein de la boucle : `$n—`.

Écrivez maintenant la version récursive de la même manière que la formule récursive vue précédemment :

```
function facto($n)
{
  if ($n == 1) return 1;
  else return $n * facto($n-1);
}

print(facto(5));
```

En appelant `facto(5)`, la fonction va se rappeler elle-même jusqu'à `facto(1)`, où elle va retourner la valeur `1`. À partir de là, elle va faire le chemin inverse et remonter avec les valeurs intermédiaires.

Modifiez un peu le programme afin qu'il affiche les étapes intermédiaires :

```
<?php

function facto($n)
{
  print "facto de $n<br/>";
  if ($n == 1)
  {
    print "<br/>facto 1 = 1<br/><br/>";
    return 1;
  }
  else
  {
    $r = $n * facto($n-1);
    print "> $r<br/>";
    return $r;
  }
}

$n = 5;

print("<hr>factorielle de $n = " . facto($n));

?>
```

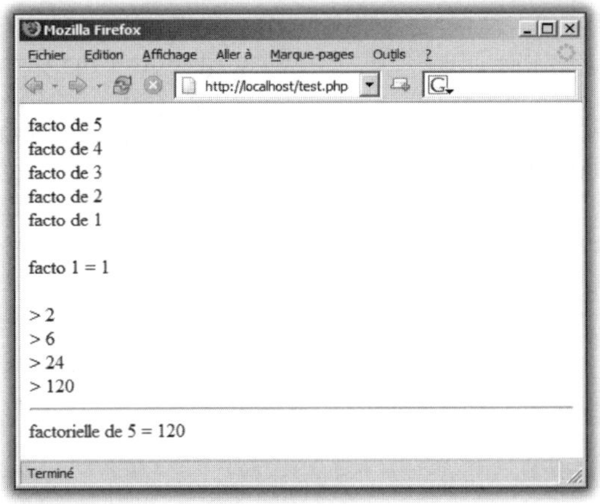

Figure 3.18 : *Factorielle*

Cette technique est loin d'être indispensable en programmation. Tout code récursif peut être exprimé de manière itérative avec de simples boucles `for`. Néanmoins, dans certains cas, une version récursive peut se révéler beaucoup plus simple à coder.

Variables globales

Observez l'exemple suivant :

```
function aff()
{
  $i = $i + 1;
  print($i);
}

for ($i = 1; $i <= 5; $i++)
{
  print("[$i] ");
  aff();
  print("<br/>");
}
```

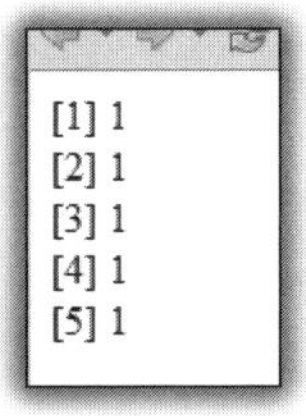

Figure 3.19 :
Fonction aff()

L'événement qu'il faut noter, dans cet exemple, est que la variable `$i` de la fonction, d'une part, et celle du script, d'autre part, ne semblent pas être reliées entre elles, alors qu'elles ont le même nom. Quand vous êtes à la deuxième itération de votre boucle `for` et que `$i` vaut `2`, vous pouvez supposer que la fonction `aff()` affiche `3` (`$i + 1`) à l'écran et non `1`. Ce n'est pas le cas et ce comportement est tout à fait normal. Les variables incluses dans une fonction sont locales par rapport à la fonction et n'ont rien à voir avec les éventuelles variables de même nom présentes dans le corps du script. Il est cependant possible, depuis une fonction, d'avoir accès aux variables du script en déclarant dans la fonction les variables dont vous avez besoin en tant que « globales ».

```
global $var1, $var2 ....;
```

Modifiez la fonction `aff()` afin de lui faire utiliser la variable `$i` contenue dans le script :

```
<?php
function aff()
{
  global $i;
  $i = $i + 1;
  print($i);
}
```

```
for ($i = 1; $i <= 5; $i++)
{
  print("[$i] ");
  aff();
  print("<br/>");
}
?>
```

Figure 3.20 : *Exemple de fonction utilisant une variable globale*

Le résultat n'a plus rien à voir. Déroulez les deux premières itérations du script étape par étape…

- *Première itération* :

  ```
  entrée dans la boucle for : $i est initialisé à 1
  affichage de $i : 1
  appel de la fonction aff()
  récupération la variable $i du script qui vaut 1
  incrémentation de 1, $i vaut maintenant 2
  affiche de $i : 2
  ```

- *Deuxième itération* :

  ```
  incrément la valeur de $i qui vaut maintenant 3
  affichage de $i : 3
  appel de la fonction aff()
  récupération de $i : 3
  $i passe à 4
  affichage de $i : 4, etc.
  ```

Voyez maintenant si la modification suivante vous surprend :

```
<?php
function aff($i)
{
  $i = $i + 1;
  print($i);
}
for ($i = 1; $i <= 5; $i++)
{
  print("[$i] ");
  aff($i);
  print("<br/>");
}
?>
```

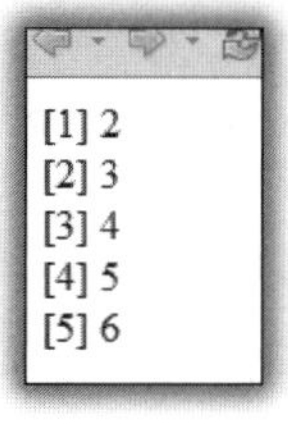

Figure 3.21 :
Résultat

Dans ce cas, `aff` utilise bien la valeur de la variable `$i` du script, mais ne modifie pas sa valeur au sein du script. Rien de plus logique car `aff` reçoit en paramètre la valeur de `$i`, qu'elle stocke dans une variable locale : `$i`. Il ne s'agit en aucun cas d'une variable globale. Il faut donc retenir que les paramètres des fonctions sont des variables locales à la fonction comme les autres.

Inclusion de fichier

Un script PHP peut à tout moment faire appel à d'autres scripts par l'intermédiaire de la fonction `include()`. Variables et fonctions sont partagées par l'ensemble des scripts inclus. Cette technique est extrêmement intéressante pour charger un fichier de configuration ou pour construire votre interface graphique en y incluant par exemple systématiquement un en-tête et un pied de page. La modification d'un de ces fichiers inclus est tout de suite répercutée dans l'ensemble du site.

Cette fonction prend en argument le chemin du script à inclure qui peut être transmis de façon relative ou absolue.

Un chemin absolu correspond au chemin depuis la racine du serveur. Pour inclure le script *entete.php* présent dans le répertoire *www/interface* de Wamp, le chemin absolu correspond à `"c:/wamp/www/interface/entete.php"`.

Un chemin relatif correspond quant à lui au chemin depuis celui du script appelé :

- `include("entete.php")` inclut un script présent dans le même répertoire que le script appelé ;
- `include("interface/entete.php")` inclut un script présent dans le répertoire interface qui est lui-même présent dans le répertoire contenant le script appelé ;

- `include("../entete.php")` permet d'appeler un script situé dans le répertoire parent de celui du script appelé.

> ATTENTION
>
> **Inclusion d'inclusion**
>
> Si un « fichier inclus » inclut lui-même un autre fichier, le répertoire de référence pour les chemins reste quoi qu'il arrive celui du script appelé.

Le chemin relatif est généralement préférable car non dépendant de l'environnement de développement. Une application développée en relatif sous Windows peut tout à fait fonctionner dans un environnement Linux.

L'exemple suivant met en œuvre la fonction `include()` pour construire une structure de page composée d'un en-tête, d'un contenu et d'un pied de page. Le titre du site est contenu dans un fichier de configuration.

Listing 3-28 : entete.php

```
<html>
<title>
<?php
print($titre);
?>
</title>
<body>
<h1>
<?php
print($titre);
?>
</h1>
<hr/>
```

Listing 3-29 : piedpage.php

```
<hr/>
<center>
<i>contact - copyright - à propos de
<?php
print($titre);
?>
</i>
</center>
</body>
</html>
```

Listing 3-30 : config.php

```
<?php
$titre = "Cool Site";
?>
```

Listing 3-31 : test.php

```
<?php
include("interface/config.php");
include("interface/entete.php");
print("Bienvenue");
include("interface/piedpage.php");
?>
```

Figure 3.22 : *Modèle de page avec en-tête et pied de page*

La fonction `include()` peut également retourner une valeur si le code inclus utilise la fonction `return()`. Cette façon d'opérer est très utile pour savoir si l'exécution du code inclus s'est bien déroulée.

Listing 3-32 : Vérification de la valeur retounée par la fonction include()

```
if (include("script.php") == false) {
  die("Erreur");
}
```

REMARQUE

Extension du script inclus

PHP interprète tous les scripts inclus quelle que soit leur extension. Il est ainsi courrant d'utiliser l'extension `.inc` ou `.inc.php` pour nommer les fichiers inclus et les distinguer des scripts accessibles « directement ». Ce n'est cependant ni une norme ni une obligation.

PHP propose trois autres fonctions très proches d'`include()` :

Tableau 3.4 : *Fonctions cousines de* `include()`

Nom de la fonction	Utilisation
`include_once()`	Le fichier n'est inclus que s'il ne l'a pas été auparavant.
`require()`	Cette fonction arrête le script si elle n'est pas parvenue à inclure le fichier passé en argument. La fonction `include()` se contente quant à elle d'afficher un avertissement et poursuit l'exécution du script.
`require_once()`	Le fichier n'est inclus que s'il ne l'a pas été auparavant.

Avec l'expérience, vous constaterez que les fichiers inclus sont souvent regroupés dans une même arborescence. Il peut donc apparaître superflu de spécifier systématiquement le chemin complet du script à inclure. PHP a prévu cela et permet de spécifier un certain nombre de répertoires dans lesquels l'interpréteur essayera de trouver les fichiers à inclure. Cette directive, `include_path`, contient une liste de répertoires séparés par un `;` sous Windows et par un `:` sous Linux / Unix. Cette directive (comme un certain nombre d'autres) peut être modifiée soit directement dans le fichier de configuration `php.ini` soit à l'aide des fonctions `ini_get()` et `ini_set()` qui permettent de récupérer la valeur d'une directive pour la première et de la modifier pour la seconde. L'exemple ci-dessus peut ainsi être modifié de la façon suivante :

Listing 3-33 : Modification de la directive include_path afin de simplifier les inclusions

```
<?php
$tmp = ini_get("include_path").";interface";
ini_set("include_path",$tmp);
include("config.php");
include("entete.php");
print("Bienvenue");
include("piedpage.php");
?>
```

REMARQUE

Inclusion de fichiers distants

La fonction `include()` autorise l'inclusion de fichiers distants. L'instruction `include("http://www.google.com")` est par conséquent tout à fait valide. Veillez toutefois à contrôler que la directive de configuration `allow_url_fopen` soit bien à `On`.

3.8. Check-list

- PHP est un langage procédural.
- Les variables sont précédées d'un `$`.
- Un point-virgule doit être présent à la fin de chaque instruction.
- Un groupe d'instructions PHP doit être entouré des balises `<?php` et `?>`.
- PHP n'impose pas le typage de variables en début de programme. Les types sont toutefois présents et comptent, parmi les plus importants, les numériques et les chaînes de caractères.
- Les structures de contrôle permettent de restreindre l'exécution d'instructions à certains cas bien spécifiques.
- Les boucles permettent l'exécution répétitive de certaines instructions.
- Les fonctions permettent d'isoler des groupes d'instructions qui auraient été sinon répétés dans le code. En plus des fonctions internes à PHP, le développeur peut créer ses propres fonctions.
- Les fonctions peuvent avoir accès aux variables du programme à l'aide du mot-clé `global`.
- Comme les fonctions, les fichiers inclus permettent de mieux organiser votre code.

Chapitre 4

Les tableaux

Les variables étudiées jusqu'à présent permettaient de ne stocker qu'une seule et même valeur, qu'il s'agisse d'une chaîne de caractères, d'un numérique ou d'un booléen.

PHP propose également un type spécial de donnée donnant la possibilité à une variable de contenir une liste d'éléments. Ces variables sont appelées tableaux et sont associées au type `array`. Les tableaux peuvent être assimilés à des classeurs disposant d'un nombre variable d'emplacements pour stocker de l'information. On parle, pour qualifier ces emplacements, de cellules d'un tableau.

Ce chapitre va nous permettre de nous familiariser avec ce type de variable en présentant les opérations de création et de manipulation de tableaux. Nous étudierons également les différents opérateurs ainsi qu'un certain nombre de fonctions spécifiques aux tableaux.

4.1. Présentation

Deux méthodes permettent de créer et d'initialiser un tableau.

La première consiste à utiliser la fonction `array()` en lui passant directement en argument la liste des éléments du tableau. La création d'un tableau `$couleur` contenant les éléments `"rouge"`, `"vert"`, `"bleu"` utilise la syntaxe suivante :

Listing 4-1 : Création d'un tableau $couleur

```
$couleur = array("rouge", "vert", "bleu");
```

L'autre méthode consiste à utiliser la fonction `array()` sans argument afin de déclarer la variable en tant que tableau puis à lui ajouter des éléments. L'ajout d'une cellule utilise la syntaxe `$couleur[]`.

Listing 4-2 : Création du tableau $couleur en lui ajoutant 3 cellules

```
$couleur = array();
$couleur[] = "rouge";
$couleur[] = "vert";
$couleur[] = "bleu";
```

Les deux méthodes peuvent être cumulées. Dans l'exemple suivant, le tableau `$couleur` est créé avec deux cellules initiales puis se voit complété par trois cellules complémentaires.

Listing 4-3 : $couleur contient cinq cellules

```
$couleur = array("rouge","vert");
$couleur[] = "bleu";
$couleur[] = "jaune";
$couleur[] = "orange";
```

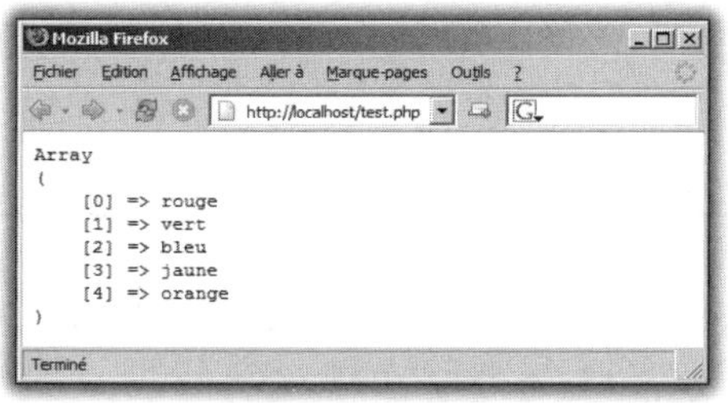

Figure 4.1 : *Tableau contenant cinq cellules*

Maintenant que nous sommes en mesure de créer des tableaux, l'étape suivante consiste à pouvoir faire référence à une cellule d'un tableau en particulier. Nous allons pour cela présenter les deux grandes familles de tableaux : les tableaux scalaires et les tableaux associatifs.

Les tableaux scalaires

Dans le cadre d'un tableau scalaire, chaque élément du tableau est accessible par son numéro unique d'enregistrement, aussi appelé index ou indice.

Par convention, le premier élément d'un tableau a pour index `0`. `$couleur[0]` correspond donc à la première valeur du tableau, c'est-à-dire à `"rouge"`.

Listing 4-4 : Accéder à un élément d'un tableau

```
$couleur = array("rouge", "vert", "bleu");
print("deuxième élément du tableau : $couleur[1]");
// affiche : "deuxième élément du tableau : vert"
```

La modification d'un élément de tableau se fait en affectant une nouvelle valeur directement à l'élément en question :

Listing 4-5 : Modifier une valeur d'un tableau

```
$couleur = array("rouge", "vert", "bleu");

// modification du premier élément du tableau couleur :
// il ne contiendra plus "rouge" mais "jaune"
$couleur[0] = "jaune";
```

L'association d'une valeur à une cellule dont l'indice n'existe pas permet de créer cette cellule :

```
$couleur = array("rouge", "vert", "bleu");

// ajoute la couleur orange au tableau couleur
//qui contenait 3 valeurs
$couleur[3] = "orange";
print("$couleur[3]") ;
// affiche le quatrième élément du tableau : orange
```

REMARQUE

Ordre des indices

PHP ne vous impose pas de suivre un ordre rigoureux dans le choix des indices du tableau. L'exemple suivant est par exemple tout à fait valide :

```
$couleur = array();
$couleur[0] = "bleu";
$couleur[2] = "jaune";
$couleur[4] = "orange";
```

À charge pour vous de trouver une logique à tout cela !

Les tableaux associatifs

Dans le cadre d'un tableau associatif, chaque cellule du tableau est identifiée non plus par un indice numérique mais par une clé de type chaîne de caractères. Cette clé, par nature, doit être unique afin de permettre de sélectionner chaque élément du tableau.

La création d'un tableau associatif utilise la syntaxe suivante :

```
array(cle1 => valeur1, cle2 => valeur2)
```

La création d'un tableau `$personne` dont les caractéristiques seraient le nom, le prénom et l'âge peut être réalisée de la manière suivante :

```
$personne = array("nom"=>"Dupont","prenom"=>"Paul","age"=>23);
```

La syntaxe `$personne["nom"]` permet quant à elle d'accéder à la valeur de la cellule identifiée par la clé `nom`.

L'assignation d'une valeur à une cellule fonctionne comme pour les tableaux scalaires, en remplaçant l'indice par la clé : `$personne["age"] = 34`.

Si la clé n'existe pas, une nouvelle cellule est alors automatiquement créée.

Listing 4-6 : Le tableau contient désormais quatre cellules

```
$tab = array("nom"=>"Dupont","prenom"=>"Paul","age"=>23);
$tab["ville"] = "Paris";
```

> ATTENTION
>
> **Majuscules et minuscules pour les clés**
>
> Les clés sont sensibles à la casse. Ainsi `$personne['nom']` et `$personne['Nom']` feront référence à deux cellules distinctes.

La définition d'un tableau sur plusieurs lignes favorise souvent la lecture et la compréhension des sources.

Listing 4-7 : Définition d'un tableau sur plusieurs lignes

```
$tab = array("nom" => "Dupont",
             "prenom" => "Paul",
             "age" => 23);
```

Les tableaux multidimensionnels

Les différents tableaux présentés précédemment sont des tableaux à une dimension. Un index seul (ou une clé seule) donne la possibilité d'accéder à n'importe quel élément du tableau.

PHP vous permet également de créer des tableaux multidimensionnels. Un tableau de dimension `2` par exemple peut être envisagé comme un échiquier. Deux informations sont nécessaires pour accéder à une case donnée du tableau : l'abscisse et l'ordonnée.

Pour accéder à l'élément d'abscisse `3` et d'ordonnée `5` du tableau `$echiquier`, la syntaxe à utiliser est la suivante `$echiquier[3][5]`.

Des tableaux multidimensionnels scalaires et associatifs peuvent également être créés. Illustrons cela à l'aide d'un exemple et créons le tableau `$tab` :

Listing 4-8 : Création d'un tableau à 2 dimensions

```
$tab = array(
  0 => array("prenom"=>"pe", "nom"=>"wood","age"=>12),
  1 => array("prenom"=>"fc", "nom"=>"bosque","age"=>11)
  );
```

Ce tableau contient deux individus, chacun disposant d'un prénom, d'un nom et d'un âge.

Il est important ici de comprendre que chaque élément du tableau est lui-même composé d'un autre tableau. Le schéma suivant permet de mieux visualiser la structure interne de `$tab` :

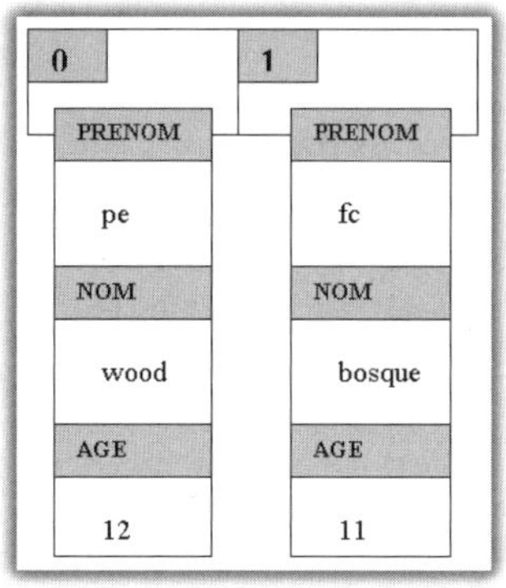

Figure 4.2 : *Tableau multidimensionnel*

Pour augmenter `$tab` d'un nouvel individu, nous lui ajoutons une cellule qui, en l'occurrence, est elle-même un tableau :

Listing 4-9 : Ajout d'une cellule à $tab

```
$tab[] = array("prenom"=>"jp", "nom"=>"siob", "age"=>13);
```

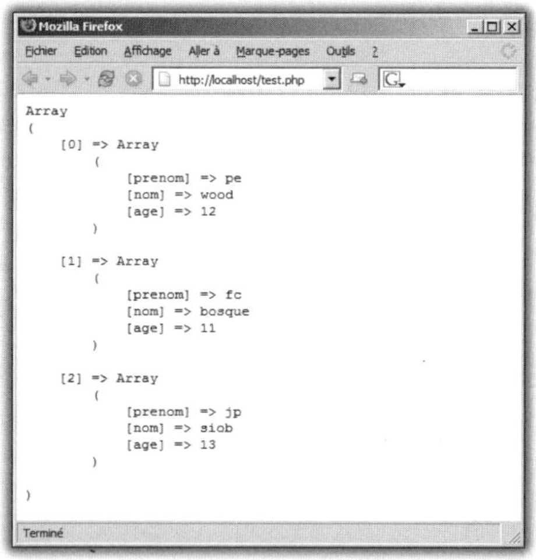

Figure 4.3 : *État du tableau multidimensionnel après l'ajout d'un nouvel individu*

Pour accéder au prénom du troisième individu, écrivez : `$tab[2]["nom"]`. N'oubliez pas en effet que le premier élément a pour index `0`.

ATTENTION

Affichage complexe

Faire référence à la cellule d'un tableau scalaire au sein d'une chaîne de caractères est tout à fait autorisé :

```
print("premier élément : $tab[0]");
```

Il en va tout autrement pour les tableaux scalaires et les tableaux multidimensionnels qui imposent une syntaxe dite « complexe ». Deux accolades viennent alors entourer la référence à la cellule :

```
print("élément nom : {$tab['nom']}");
print("élément nom : {$tab[2]["nom"]}");
```

La solution alternative consistant à utiliser l'opérateur de concaténation est bien évidemment toujours autorisée :

```
print("élément nom : " . $tab[2]['nom']);
```

4.2. Parcours d'un tableau

Diverses méthodes permettent de parcourir l'ensemble des valeurs d'un tableau.

Boucle foreach

PHP propose une catégorie de boucle `for` spécialement dédiée aux tableaux : la boucle `foreach`. Une boucle `foreach` pourrait être traduite de la manière suivante :

```
POUR chaque élément contenu dans le tableau FAIRE
```

La syntaxe suivante permet d'afficher l'ensemble des éléments d'un tableau :

Listing 4-10 : Affichage des éléments d'un tableau scalaire

```
$tab = array ("a", "b", "c", "d");
foreach ($tab as $val) {
  print("$val<br/>");
}
```

À chaque itération de la boucle, `foreach` associe la valeur de l'élément du tableau en cours à la variable `$val` puis déplace son pointeur interne sur l'élément suivant. Le nom de la variable est bien évidemment libre.

S'il s'agit d'un tableau associatif, la syntaxe est légèrement différente afin de permettre la récupération de la clé associée.

Listing 4-11 : Affichage des éléments d'un tableau associatif

```
$tab = array("prenom" => "paul", "nom" => "dupont");
foreach ($tab as $cle => $valeur) {
  print("$cle = $valeur<br/>");
}
```

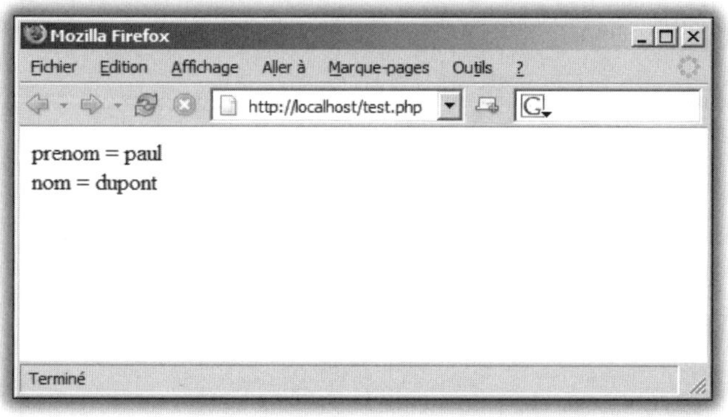

Figure 4.4 : *Boucle foreach*

REMARQUE

Écriture clé/valeur pour un tableau scalaire

L'écriture `foreach ($tab as $cle => $valeur)` est également possible pour les tableaux scalaires. La variable `$cle` contiendra alors l'indice (numérique) de l'élément.

L'utilisation d'une boucle `while` pour balayer un tableau est assez courante (surtout parmi les développeurs issus du langage C). L'idée est ici de parcourir le tableau tant qu'il contient un élément :

Listing 4-12 : Parcours d'un tableau à l'aide de la boucle while

```
$tab = array("a", "b", "c", "d");
$i = 0;
while ($tab[$i]) {
  print($tab[$i]."<br/>");
  $i++;
}
```

Cette méthode trouve cependant sa limite avec un tableau `$tab` qui contiendrait les valeurs suivantes : `"a", "b", false, "c"`.

Le `while` s'arrêtera en effet à la troisième cellule lorsque `$tab[$i]` contiendra la valeur `false`. Une boucle `foreach` en revanche afficherait bien les quatre éléments.

> REMARQUE
>
> `break` **et** `continue`
>
> Les instructions `break` et `continue` peuvent également être utilisées dans le cadre d'un `foreach`.

Utilisation du pointeur interne

En plus des éléments qu'il contient, un tableau dispose également d'un pointeur interne sur l'élément courant. Le pointeur est placé par défaut sur le premier élément du tableau et peut être déplacé à l'aide d'une multitude de fonctions.

Tableau 4.1 : *Fonctions permettant de manipuler le pointeur interne d'un tableau*

Fonction	Rôle
`reset()`	Place le pointeur au début du tableau et retourne la valeur du premier élément
`next()`	Déplace le pointeur sur l'élément suivant et retourne sa valeur
`prev()`	Déplace le pointeur sur l'élément précédent et retourne sa valeur
`key()`	Retourne la clé de l'élément courant
`each()`	Retourne un tableau contenant la paire clé/valeur de l'élément courant
`current()`	Retourne la valeur de l'élément courant
`end()`	Place le pointeur sur le dernier élément de la liste et retourne sa valeur

Listing 4-13 : Déplacement du pointeur interne d'un tableau

```
$tab = array("rouge","vert","bleu","jaune");
echo end($tab)."<br/>";
echo prev($tab)."<br/>";
echo key($tab)."<br/>";
echo reset($tab)."<br/>";
echo current($tab)."<br/>";
print_r(each($tab))."<br/>";
```

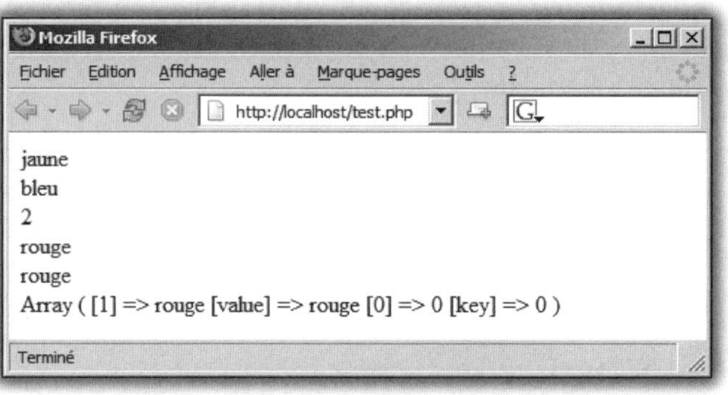

Figure 4.5 : *Exemple de déplacement de pointeur*

ATTENTION

Fonction `end()`

Cette fonction peut retourner la valeur `null` si le pointeur interne est déjà au bout du tableau ou si le dernier élément contient lui-même la valeur `null`. La boucle `foreach` reste donc le meilleur moyen de parcourir un tableau de façon sûre.

Utilisation des références

L'assignation d'une variable à une autre variable ne signifie en aucun cas que les deux variables soient identiques mais bien que leurs valeur,s à un instant *t*, sont les mêmes.

Listing 4-14 : Assignation simple, les deux variables sont indépendantes

```
$a = 2;
$b = $a; // $a et $b contiennent 2
$a = 1; // $a contient 1 et $b contient toujours 2
```

PHP dispose toutefois d'une syntaxe permettant de lier de façon forte deux variables. Il s'agit de la notion de référence. L'opérateur `&` situé devant le nom d'une variable permet de donner accès, non pas à sa valeur, mais à une référence de cette variable. Toute modification d'une variable modifiera l'autre.

Listing 4-15 : $b est un alias de $a

```
$a = 2;
$b = &$a; // $b n'est qu'une référence à $a
$a = 1; // $a contient 1 et $b contient également 1
```

Cette syntaxe est particulièrement intéressante dans le cadre d'un `foreach` pour pouvoir modifier, une à une, toutes les valeurs d'un tableau. Chaque itération de la boucle donne accès, non pas à la valeur de l'élément, mais à une référence à cet élément permettant ainsi de modifier sa valeur.

Listing 4-16 : Chaque itération donne accès à une référence

```
$tab = array("bleu", "blanc", "rouge");
foreach ($tab as &$value) {
  $value = "{".$value."}";
}
```

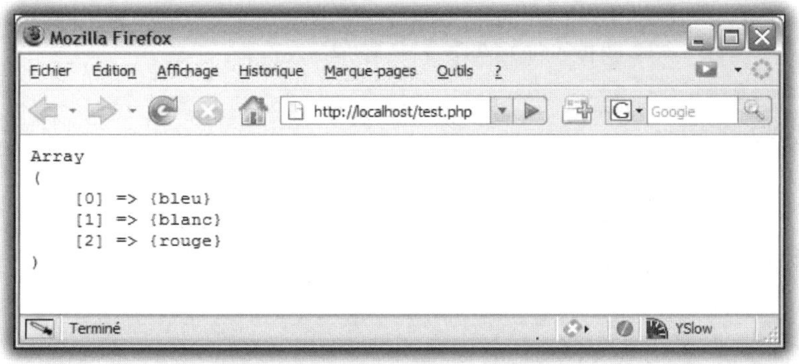

Figure 4.6 : *Tous les éléments du tableau ont bien été modifiés*

4.3. Les fonctions

Plus de 70 fonctions consacrées aux tableaux sont mises à la disposition du programmeur PHP. Ces fonctions, aussi souples que puissantes, sont sans conteste une des grandes forces de ce langage.

Suppression d'une cellule

La fonction `unset()` utilisée pour supprimer une variable sert également à supprimer des cellules d'un tableau.

Listing 4-17 : Suppression de la deuxième cellule du tableau

```
$tab = array("a","b","c");
unset($tab[1]);
```

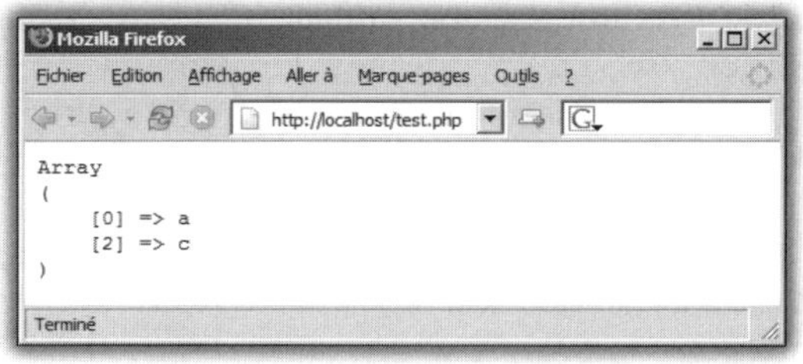

Figure 4.7 : *État du tableau après la suppression*

La logique est exactement la même pour des tableaux multidimensionnels.

Listing 4-18 : Suppression du prénom associé à Mr Wood

```
$tab = array(
  0 => array("prenom"=>"pe", "nom"=>"wood","age"=>12),
  1 => array("prenom"=>"fc", "nom"=>"bosque","age"=>11)
  );
unset($tab[0]['prenom']);
```

Figure 4.8 : *Seul le prénom du premier individu a été supprimé*

Affichage d'un tableau

La fonction `print_r()` permet d'afficher un tableau d'une manière lisible. Créons un tableau complexe afin de visualiser l'intérêt de cette fonction :

Listing 4-19 : Affichage d'un tableau complexe

```
$tab = array(
  0 => array("a","b",array("d","e","f")),
  1 => "i",
  2 => array("j","k"=>array("l"=>array("m","o"),"p"))
  );
print_r($tab);
```

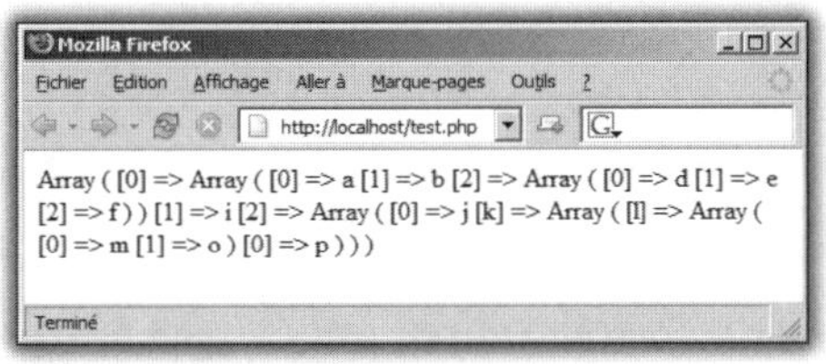

Figure 4.9 : *Utilisation de print_r() pour afficher le contenu de $tab*

Nous constatons que cet affichage révèle le contenu du tableau sans faciliter réellement la lecture du tableau. Notre erreur est ici de ne pas entourer le `print_r()` des balises <pre> et </pre>. Ces balises permettent en effet de conserver l'affichage des retours chariots et des espaces au sein d'un contenu HTML.

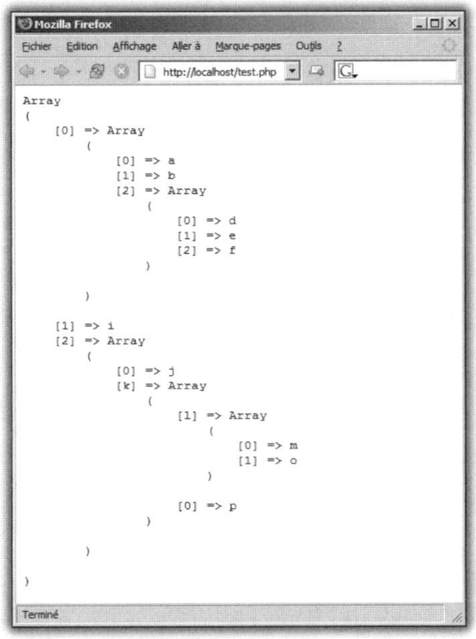

Figure 4.10 : *Amélioration de l'affichage du print_r() à l'aide des balises <pre> et </pre>*

Listing 4-20 : Balises <pre> et </pre> autour de la fonction print_r()

```
$tab = array(
  0 => array("a","b",array("d","e","f")),
  1 => "i",
  2 => array("j","k"=>array("l"=>array("m","o"),"p"))
  );

print("<pre>");
print_r($tab);
print("</pre>");
```

Taille d'un tableau

La taille d'un tableau peut être obtenue avec la fonction `count()`. Cette taille correspond au nombre d'éléments qu'un tableau contient, qu'il soit scalaire ou associatif.

```
$tab = array();
$n = count($tab);
print($n); // affiche : 0

$tab = array(1,2);
$n = count($tab);
print($n); // affiche : 2

$tab = array("a"=>"b");
$n = count($tab);
print($n); // affiche : 1

$tab = array("a"=>array(1,2,3),"b"=>array(4,5,6));
$n = count($tab);
print($n); // affiche : 2
```

La fonction `count()` peut également retourner la taille d'un tableau multidimensionnel si la valeur 1 est passée en second paramètre.

```
$tab = array("a"=>"b");
$n = count($tab,1);
print($n); // affiche : 1

$tab = array("a"=>array(1,2,3),"b"=>array(4,5,6));
$n = count($tab,1);
print($n); // affiche : 8
```

Le dernier exemple affiche 8 car il s'agit d'un tableau contenant 2 cellules qui elles-mêmes contiennent chacune trois cellules : 2+3+3 = 8.

REMARQUE

Fonction `sizeof()`

La fonction `sizeof()` peut également être utilisée pour obtenir la taille d'un tableau. Cette fonction ne correspond cependant qu'à un alias de la fonction `count()` qui est, de ce fait, recommandée.

Conversion chaînes / tableaux

Une liste d'éléments est régulièrement représentée en informatique par une chaîne de caractères contenant ces mêmes éléments séparés par une virgule, un point-virgule, une tabulation ou tout autre caractère de séparation.

Listing 4-21 : Variable contenant une liste de prénoms

```
$liste = "patrick,pascal,veronique,benedicte,gonzague,olivier";
```

Ce type de représentation est extrêmement pratique pour stocker une liste dans un fichier de configuration ou lors d'une transmission de donnée mais se révèle très peu manipulable au sein d'un script PHP. Dans une telle situation, la représentation en tableau est largement préférable. La fonction `explode()` permet de convertir une liste représentée par une chaîne de caractères en un tableau. Le premier argument de la fonction correspond au caractère de séparation et le second à la chaîne elle-même. L'élément de séparation est souvent constitué par un caractère unique mais peut également correspondre à une chaîne de caractères telle que : `",,"`, `"##"`, etc.

Figure 4.11 : Représentation d'une liste sous la forme d'une chaîne puis d'un tableau

Listing 4-22 : Conversion d'une chaîne en un tableau

```
$liste = "patrick,pascal,veronique,benedicte,gonzague,olivier";
print($liste);

$tab = explode(",",$liste);
print("<pre>");
print_r($tab);
print("</pre>");
```

La situation consistant à devoir assigner à différentes variables les valeurs d'un tableau retourné par `explode()` est assez courante.

Listing 4-23 : Association d'éléments d'un tableau à des variables

```
$date = "2004/10/23";
$tab = explode("/", $date);
$annee = $tab[0];
$mois = $tab[1];
$jour = $tab[2];
```

PHP permet de réduire cette syntaxe avec la fonction `list()`. Cette dernière se charge, en une seule ligne, d'assigner les valeurs d'un tableau à plusieurs variables.

Listing 4-24 : Assignation de trois variables en une seule ligne

```
$date = "2004/10/23";
list($annee, $mois, $jour) = explode("/", $date);
```

ATTENTION

Abus de langage

`list()` n'est pas véritablement une fonction; il s'agit plus exactement d'un élément constitutif du langage PHP.

L'opération inverse d'`explode()` permettant de passer d'un tableau à une chaîne est réalisée par la fonction `implode()` dont les deux arguments sont le caractère d'union et le tableau.

Listing 4-25 : Conversion d'un tableau en chaîne de caractères

```
$tab = array("patrick","pascal","veronique","benedicte",
  "gonzague","olivier");
print("<pre>");
print_r($tab);
print("</pre>");

$liste = implode(" ; ",$tab);
print($liste);
```

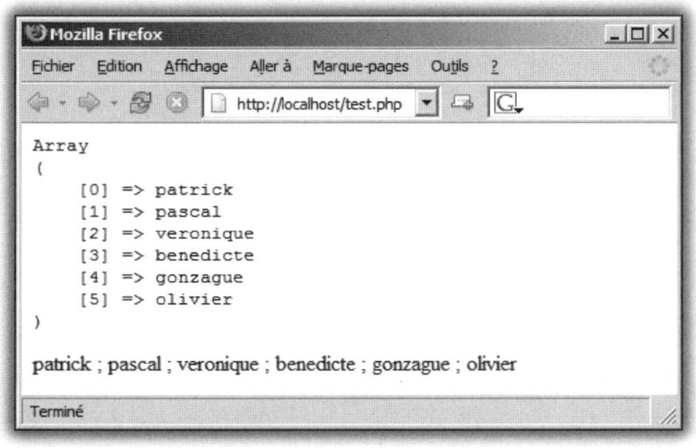

Figure 4.12 : *Trois caractères sont ici utilisés pour unir les éléments du tableau au sein de la chaîne*

Adjonction, soustraction d'éléments

Certaines fonctions permettent d'ajouter ou d'enlever des éléments en début ou fin de tableau.

Tableau 4.2 : *Fonctions permettant d'ajouter et d'enlever des éléments d'un tableau*

Nom de la fonction	Rôle
`array_shift()`	Retourne le premier élément du tableau et le supprime
`array_pop()`	Retourne le dernier élément du tableau et le supprime
`array_unshift()`	Ajoute un ou plusieurs éléments au début du tableau
`array_push()`	Ajoute un ou plusieurs éléments à la fin du tableau

Illustrons ces différentes fonctions à l'aide d'un exemple :

Listing 4-26 : Evolution du contenu d'un tableau

```
$tab = array("rouge","jaune","vert");

print("<pre>");
print("<b>Tableau initial :</b><br/>");
print_r($tab);
```

```
$elem = array_shift($tab);
print("<br/><b>Après array_shift() :</b><br/>");
print_r($tab);

$elem = array_pop($tab);
print("<br/><b>Après array_pop() :</b><br/>");
print_r($tab);

array_unshift($tab,"orange");
print("<br/><b>Après array_unshift() :</b><br/>");
print_r($tab);

array_push($tab,"marron","gris");
print("<br/><b>Après array_push() :</b><br/>");
print_r($tab);
print("</pre>");
```

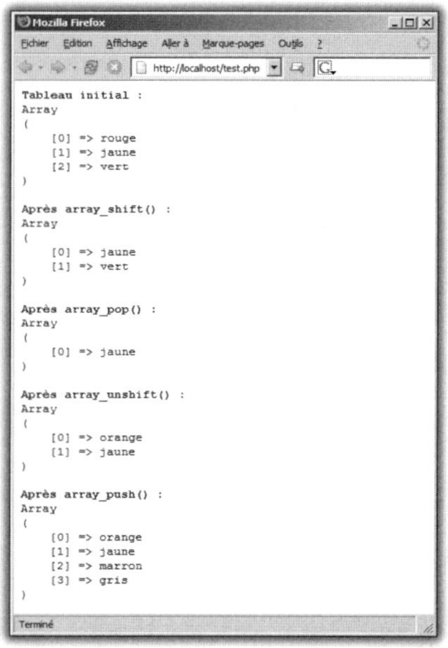

Figure 4.13 :
Affichage du contenu du tableau pour chaque étape

Tri

Les fonctions de tri sont nombreuses et permettent de prendre en compte la quasi-totalité des situations dans lesquelles vous pouvez vous trouver.

sort()

Cette fonction permet de trier un tableau en fonction de ses valeurs.

```
$tab = array("vert","bleu","jaune");
sort($tab);
```

Figure 4.14 : *Tri du tableau $tab*

Si le tableau est associatif, les clés sont alors supprimées.

```
$tab = array("nom"=>"dupont","age"=>"21","prenom"=>"alexandre");
sort($tab);
```

Figure 4.15 : *Le tableau est trié mais les clés ont disparu*

asort()

Cette fonction permet de conserver l'association clé/valeur à l'issue du tri. Le tri porte sur les valeurs du tableau.

```
$tab = array("nom"=>"dupont","age"=>"21","prenom"=>"alexandre");
asort($tab);
```

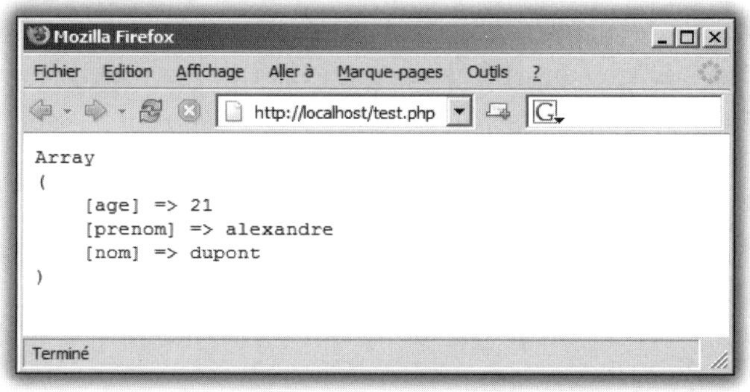

Figure 4.16 : *Les clés restent associées à leur valeur*

ksort()

Le tri s'effectue cette fois sur les clés, tout en maintenant l'association avec les valeurs.

```
$tab = array("nom"=>"dupont","age"=>"21","prenom"=>"alexandre");
ksort($tab);
```

Figure 4.17 : *Tri sur les clés*

natsort()

Les comparaisons sur les chaînes de caractères sont réalisées caractère par caractère. Ainsi la chaîne `"ab"` est plus « petite » que `"ac"` car le caractère `b` est plus petit que `c`. De la même manière, `"ab"` est plus petit que `"aaa"` car la première chaîne ne dispose pas de troisième caractère.

Ce mode de classement peut poser problème pour des valeurs contenant des chiffres. Dans un tel cas en effet, la chaîne `"fichier10.jpg"` devient inférieure à `"fichier2.jpg"`. La fonction `natsort()` est prévue pour ce type de situation et réalise un tri dit « naturel ».

```
$tab1 = $tab2 = array("fichier100.jpg","fichier2.jpg",
                      "fichier21.jpg","fichier1.jpg");

sort($tab1);
print("<b>SORT</b><hr/>");
print("<pre>");
print_r($tab1);
print("</pre>");

natsort($tab2);
print("<br/><b>NATSORT</b><hr/>");
print("<pre>");
print_r($tab2);
print("</pre>");
```

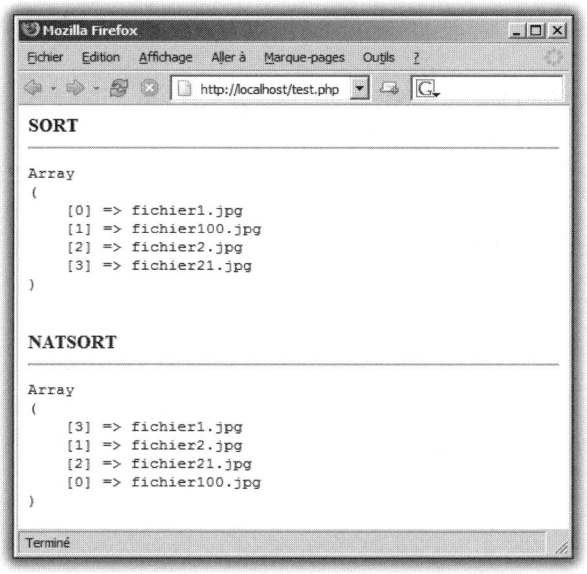

Figure 4.18 : *Différence entre un tri standard et un tri naturel*

Tri en ordre inverse

La plupart des fonctions présentées ci-dessus disposent d'une fonction « cousine » permettant de réaliser un tri en ordre inverse. Ces fonctions contiennent un caractère `r` supplémentaire dans leur nom : `arsort()`, `krsort()`, `rsort()`.

Présence d'une valeur dans un tableau

La fonction `in_array()` permet de vérifier qu'une valeur donnée est bien présente au sein d'un tableau. Le premier argument de la fonction correspond à la valeur recherchée et le second au tableau dans lequel la recherche est réalisée.

Listing 4-27 : Vérification de la présence d'une valeur dans un tableau

```
$tab = array("paul-louis","bourdin");

if (in_array("paul-louis",$tab)) {
  print("Le prénom Paul-louis a été trouvé");
}
else {
  print("Le prénom Paul-louis n'a pas été trouvé");
}
```

Une fonction existe également pour vérifier la présence d'une clé au sein d'un tableau associatif `array_key_exists()`.

```
$tab = array("prenom"=>"paul-louis","nom"=>"bourdin");

if (array_key_exists("nom",$tab)) {
  print("Le nom est défini");
}
else {
  print("Le nom n'est pas défini");
}
```

La fonction `isset()` peut également être utilisée dans ce cas.

```
$tab = array("prenom"=>"paul-louis","nom"=>"bourdin");

if (isset($tab["nom"])) {
  print("Le nom est défini");
}
else {
  print("Le nom n'est pas défini");
}
```

Sérialisation

La sérialisation est une opération permettant de passer de la représentation binaire d'une donnée à une représentation textuelle. La fonction `serialize()` prend en argument un tableau et retourne une chaîne de caractères le représentant dans sa version sérialisée.

Listing 4-28 : Exemple d'utilisation de serialize()

```
$tableau = array("couleur" => array("rouge", "jaune"),
                 1 => 2);

print("<b>Affichage avec print_r()</b> :<br/>");
print("<pre>");
print_r($tableau);
print("</pre>");

print("<hr/>");

$tableau_s = serialize($tableau);
print("<b>Version sérialisée</b> :<br/><br/>".$tableau_s);
```

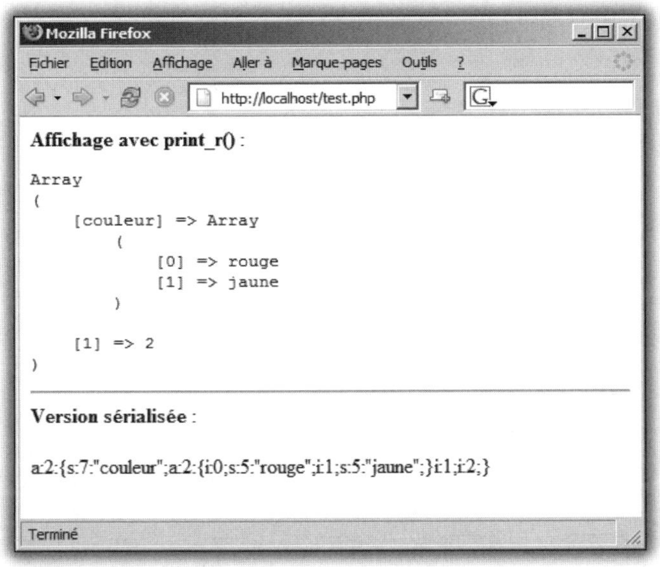

Figure 4.19 : *Deux représentations du tableau $tableau*

L'objectif, ici, n'est certainement pas d'analyser la syntaxe de la version sérialisée mais plutôt de comprendre que cette représentation peut tout à fait être placée au sein d'un fichier texte ou d'une base de données. Au lieu d'une présentation textuelle bancale de type CSV pour enregistrer le contenu d'un tableau, la représentation sérialisée possède le triple avantage d'être normée, optimisée et de disposer d'une fonction de conversion inverse : `unserialize()`.

L'exemple suivant illustre l'opération de désérialisation. La donnée contenue dans la variable `$str` pourrait tout à fait provenir du contenu d'un fichier ou d'une requête SQL sur une base de donnée.

Listing 4-29 : Illustration de la fonction unserialize()

```
$str = 'a:2:{i:0;s:1:"a";i:1;s:1:"b";}';

$tableau = unserialize($str);

print("<pre>");
print_r($tableau);
print("</pre>");
```

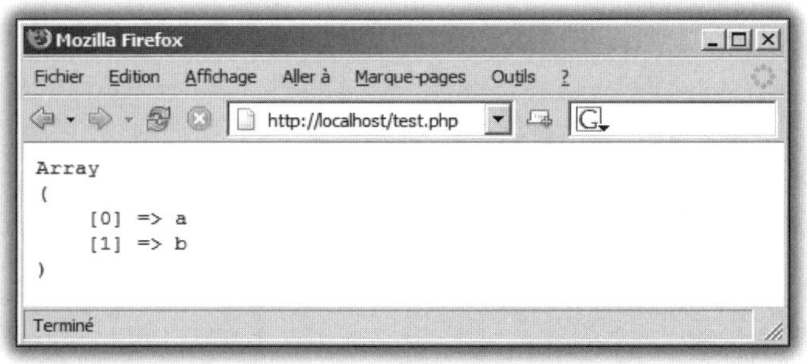

Figure 4.20 : *Opération de désérialisation*

4.4. Les opérateurs sur les tableaux

Bien qu'extrêmement puissants, les opérateurs sur les tableaux sont assez peu connus.

Tableau 4.3 : *Opérateurs sur les tableaux*	
Opérateur	**Résultat**
`$a + $b`	Union de `$a` et de `$b`
`$a == $b`	Renvoie `true` si `$a` et `$b` sont composés des mêmes paires clé/valeur ; les tableaux sont alors dits égaux

Tableau 4.3 : Opérateurs sur les tableaux	
Opérateur	**Résultat**
`$a === $b`	Comme ==, avec des vérifications supplémentaires sur l'ordre et le type des données ; les tableaux sont alors dits identiques
`$a != $b`	Renvoie `true` si `$a` et `$b` ne sont pas égaux
`$a <> $b`	Renvoie `true` si `$a` et `$b` ne sont pas égaux
`$a !== $b`	Renvoie `true` si `$a` et `$b` ne sont pas identiques

Illustrons ces opérateurs de quelques exemples et commençons par l'opérateur d'union.

L'opérateur d'union possède ceci de spécial que les clés qui seraient présentes dans `$a` et `$b` ne sont pas réécrites.

```
$a = array("couleur1"=>"rouge","couleur2"=>"vert");
$b = array("couleur1"=>"jaune","noir","vert");
print_r($a+$b);
```

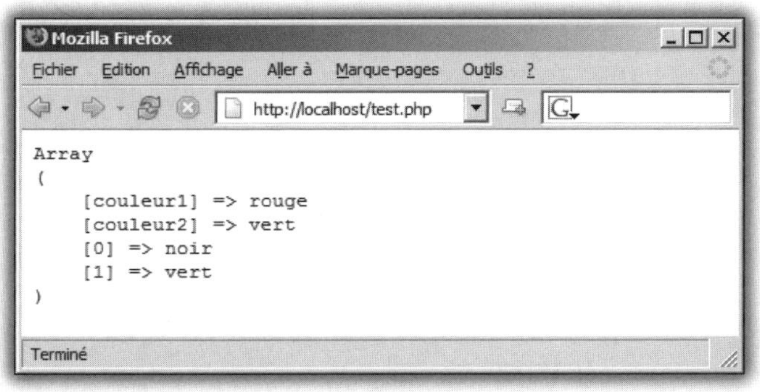

Figure 4.21 : *Union de $a et $b*

Arrêtons-nous maintenant sur les opérateurs de comparaisons afin de mieux comprendre les différences entre identiques et égaux.

Tableau 4.4 : Différents tests de comparaison de tableaux			
Tableau 1	**Tableau 2**	**Égaux ?**	**Identiques ?**
`array(1,2)`	`array(1,2,3)`	NON	NON
`array(1,2)`	`array('1','2')`	OUI	NON

***Tableau 4.4** : Différents tests de comparaison de tableaux*			
Tableau 1	**Tableau 2**	**Égaux ?**	**Identiques ?**
`array(1,2)`	`array(0=>1,1=>1)`	OUI	OUI
`array(1,2)`	`array(3=>1,4=>1)`	NON	NON
`array(1,2)`	`array(2,1)`	NON	NON

4.5. Check-list

- Le type associé aux tableaux est `array`.
- Les tableaux scalaires et associatifs correspondent aux deux grandes familles de tableaux.
- PHP est un des langages les plus souples pour la gestion des tableaux : il n'est pas demandé de préciser un nombre de cellules à la création, chaque cellule peut contenir des données de types différents.

Chapitre 5

Dates et heures

Les chapitres précédents ont permis de présenter les principaux types de données intégrés de façon native à PHP à savoir : les chaînes de caractères (`String`), les entiers (`Integer`), les nombres flottants (`Float`), les booléens (`Boolean`) ainsi que les tableaux (`Array`).

N'étant pas un langage purement objet, PHP n'intègre pas un type spécifique pour le traitement des dates. Le développeur dispose en revanche d'une quantité importante de fonctions permettant de réaliser les opérations les plus diverses.

5.1. La notion de timestamp

Un timestamp correspond à une représentation numérique d'une date. Il s'agit du nombre de secondes écoulées entre cette date et le premier janvier 1970.

La fonction `time()` retourne le timestamp actuel.

Listing 5-1 : Affichage du timestamp actuel

```
echo time()
    ." secondes se sont écoulées depuis"
    ." le 1er janvier 1970";
```

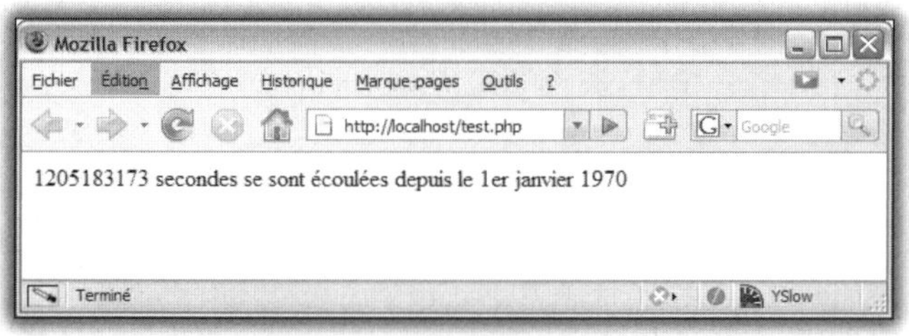

Figure 5.1 : *Affichage d'un timestamp*

L'actualisation de la page permet de constater que cette valeur est bien mise à jour toutes les secondes.

ATTENTION

Timestamp et MySQL

Un timestamp MySQL est différent de son homologue PHP. MySQL propose cependant la méthode `UNIX_TIMESTAMP()` pour obtenir un timestamp « compatible » PHP.

Création d'un timestamp

L'obtention d'un timestamp autre que celui courant repose sur le fonction `mktime()`. Cette fonction prend 6 arguments au format numérique :

1 heure,
2 minute,
3 seconde,
4 mois,
5 jour,
6 année.

Le timestamp du 12 janvier 2008 peut être calculé avec l'instruction `mktime(0, 0, 0, 1, 12, 2008).`

Une particularité bien pratique de `mktime()` réside dans sa faculté à accepter la valeur `0` pour le jour. La valeur retournée représente alors le timestamp du dernier jour du mois précédent. Cette ruse permet de ne pas avoir à se préoccuper du fait que le mois contienne 28, 29, 30 ou 31 jours.

Listing 5-2 : Deux écritures équivalentes pour le 31 janvier 2008

```
echo mktime(0, 0, 0, 2, 0, 2008)."<br/>";
echo mktime(0, 0, 0, 1, 31, 2008);
```

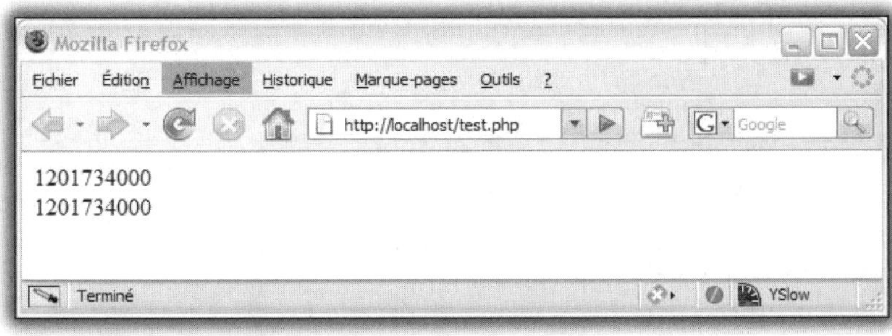

Figure 5.2 : *Les valeurs sont bien identiques*

Un timestamp correspondant à une quantité de secondes, l'opération consistant à ajouter le nombre de secondes dans une journée à un timestamp permet d'obtenir le timestamp du lendemain.

Listing 5-3 : Deux écritures équivalentes pour le 10 octobre 2008

```
echo mktime(0, 0, 0, 10, 10, 2008)."<br/>";
echo mktime(0, 0, 0, 10, 9, 2008) + (60 * 60 * 24);
```

Figure 5.3 : *Le 10 octobre correspond bien au 9 octobre plus une journée*

Conversion

Qu'elle provienne d'un formulaire ou d'une base de données, un paramètre représentant une date sera le plus souvent transmis à un script sous la forme d'une chaîne de caractères. Le standard de notation le plus répandu correspond à la notation anglo-saxonne de la forme : `yyyy/mm/dd`. Le 12 janvier 2008 est noté `"2008/01/12"`.

Plutôt que de passer par un découpage fastidieux avec `explode()`, PHP propose la fonction magique `strtotime()`. Cette dernière prend en argument une chaîne de caractères représentant la date et retourne le timestamp équivalent.

Listing 5-4 : Utilisation de strtotime()

```
echo "timestamp correspondant au 12 Janvier 2008 : "
    .strtotime("2008/01/12");
```

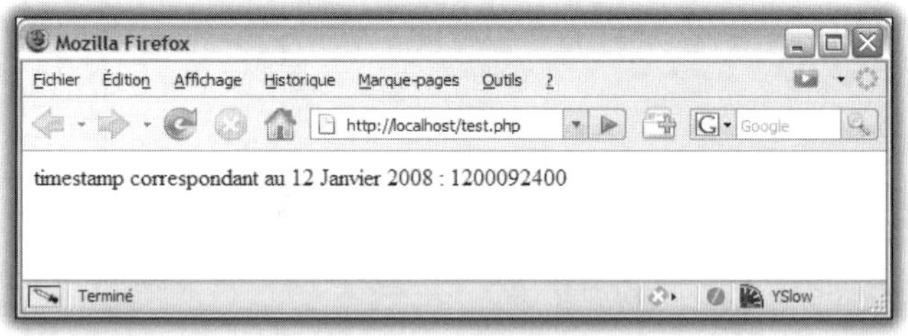

Figure 5.4 : *Utilisation de strtotime()*

La date peut être complétée avec une dimension horaire en utilisant la représentation suivante : `"yyyy/mm/dd hh:mm:ss"`. Minuit et une minute le 12 janvier 2008 est représentée par la chaîne `"2008/01/12`

`00:001:00`". La fonction `strtotime()` accepte également ce format en argument.

Listing 5-5 : Présence d'un horaire

```
echo "timestamp correspondant à minuit et une minute"
    ." le 12 Janvier 2008 : ";
echo strtotime("2008/01/12 00:01:00");
```

Nous constatons que 60 secondes séparent bien le timestamp du `"2008/12/01 00:00:00"` et celui du `"2008/12/01 00:01:00"`/

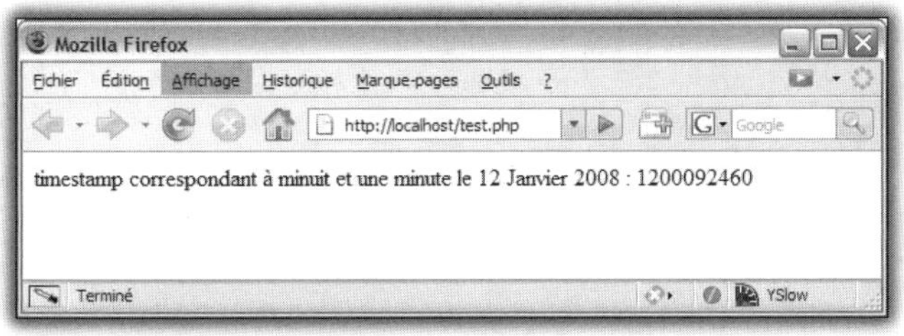

Figure 5.5 : *60 secondes de plus*

La fonction `strtotime()` accepte également des dates formatées en anglais courant.

Listing 5-6 : Deux écritures équivalentes

```
echo strtotime("2008/03/16")."<br/>";
echo strtotime("16 march 2008")."<br/>";
```

Plus intéressant encore, `strtotime()` peut interpréter certaines expressions complexes telles que : .

- `"+7 days"` : timestamp dans 7 jours,
- `"+1 week"` : timestamp dans une semaine,
- `"+6 days 24 hours"` : timestamp dans 6 jours et 24 heures.

Listing 5-7 : Utilisation d'expressions complexes avec strtotime()

```
echo strtotime("+7 days")."<br/>";
echo strtotime("+1 week")."<br/>";
echo strtotime("+6 days 24 hours ")."<br/>";
```

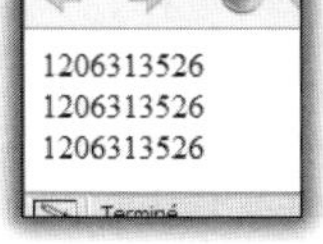

Figure 5.6 : *Les 3 expressions sont bien identiques*

Comparaison de dates

La représentation timestamp est essentielle pour pouvoir réaliser une comparaison entre deux dates. L'exemple suivant illustre le danger de comparer directement deux dates de la forme "2008/2/7" et "2008/12/7".

Listing 5-8 : Comparaison directe entre deux dates au format chaîne de caractères

```
$date1 = "2008/3/7";
$date2 = "2008/12/7";
if ($date1 < $date2) {
  print("Le ".$date1." précéde le ".$date2);
}
else {
  print("Le ".$date1." succède au ".$date2);
}
```

Figure 5.7 :
Résultat erroné

PHP indique donc que le 7 mars 2008 succède au 7 décembre 2008 ! Le code ASCII du caractère '3' (51) étant supérieur à celui du caractère '1' (49), ce résultat est par conséquent tout à fait cohérent du point de vue logique informatique.

Une solution à ce problème consiste à écrire les dates de façons complètes afin de comparer le caractère '1' avec '0' (48).

Listing 5-9 : Nouvelle comparaison

```
$date1 = "2008/03/07";
$date2 = "2008/12/07";
if ($date1 < $date2) {
  print("Le ".$date1." précéde le ".$date2);
}
else {
  print("Le ".$date1." succède au ".$date2);
}
```

Figure 5.8 :
Résultat désormais valide

Cette solution n'est cependant pas optimale dans la mesure où nul ne peut garantir que les dates reçues au sein du script seront au bon format.

La véritable solution consiste à comparer non pas des chaînes de caractères mais des timestamps.

Listing 5-10 : Comparaison de timestamps

```
$date1 = "2008/3/7";
$date2 = "2008/12/7";
if (strtotime($date1) < strtotime($date2)) {
  print("Le ".$date1." précéde le ".$date2);
}
else {
  print("Le ".$date1." succède au ".$date2);
}
```

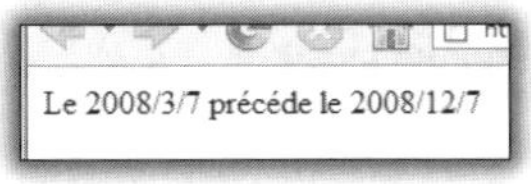

Figure 5.9 : *Résultat désormais valide avec une comparaison de timestamps*

5.2. Formatage d'une date

La fonction `date()` permet d'obtenir une multitude de représentations d'un timestamp. Le premier argument de cette fonction correspond à un format d'affichage et le second à un timestamp.

Le timestamp actuel est utilisé en cas d'absence d'un second argument.

Le format est une simple chaîne de caractères pouvant inclure certaines lettres qui seront automatiquement remplacées par une valeur associée. La lettre `N` par exemple représente le numéro du jour de la semaine (entre `1` et `7`).

Listing 5-11 : Affichage du nom du jour actuel

```
$jours = array("lundi", "mardi", "mercredi",
               "jeudi", "vendredi", "samedi",
               "dimanche");
$numero_jour = date("N");
echo "nous sommes un ".$jours[$numero_jour - 1];
```

Associée à `mktime()`, la fonction `date()` permet de savoir quel jour tombait le 1er janvier 2000.

Listing 5-12 : Le 1er janvier 2000

```
$jours = array("lundi", "mardi", "mercredi",
               "jeudi", "vendredi", "samedi",
               "dimanche");
```

```
$ts = mktime(0, 0, 0, 1, 1, 2000);
$numero_jour = date("N", $ts);
echo "le 1er janvier 2000 tombait un ".$jours[$numero_jour - 1];
```

Figure 5.10 :
Il s'agissait d'un samedi

Le format peut contenir plusieurs caractères de substitution. Le format `"Ymd"` permet par exemple d'obtenir le trinôme année, mois, jour sans caractère d'espacement.

Listing 5-13 : Plusieurs caractères de substitution au sein d'un même format

```
echo date("Ymd");
// affiche 20080311
```

Les lettres non reconnues (telles que `/`) au sein du format sont affichées telles quelles.

Listing 5-14 : Le caractère / n'est pas substitué

```
echo date("Y/m/d");
// affiche 2008/03/11
```

***Tableau 5.1 :** Caractères de substitution*

Caractère	Description	Exemple/Valeur
`a`	matinée ou après midi	`"am"` ou `"pm"`
`A`	matin ou après midi (majuscule)	`"AM"` ou `"PM"`
`B`	heure « Internet Swatch »	De `000` à `999`
`c`	date au format ISO 8601	`"2004-02-12T15:19:21+00:00"`
`d`	jour du mois, sur deux chiffres (éventuellement avec un zéro)	`"01"` à `"31"`
`D`	jour de la semaine, en trois lettres (et en anglais)	`"Fri"` (pour vendredi)
`e`	identifiant du fuseau horaire	`"UTC"`, `"GMT"` etc.
`F`	mois, textuel, version longue, en anglais	`"January"` (pour janvier)
`g`	heure, sur 12 heures, sans les zéros initiaux	`"1"` à `"12"`

Tableau 5.1 : *Caractères de substitution*

Caractère	Description	Exemple/Valeur
`G`	heure, sur 24 heures, sans les zéros initiaux	`"0"` à `"23"`
`h`	heure, au format 12 h	`"01"` à `"12"`
`H`	heure, au format 24 h	`"00"` à `"23"`
`i`	minutes	`"00"` à `"59"`
`I` (`i` majuscule)	indique si l'heure d'été est activée	`"0"` ou `"1"`
`j`	jour du mois sans les zéros initiaux	`"1"` à `"31"`
`l` (`L` minuscule)	jour de la semaine en anglais (version longue)	`"Friday"` (pour vendredi)
`L`	indique si l'année est bissextile	`"0"` ou `"1"`
`m`	mois	`"01"` à `"12"`
`M`	mois, en trois lettres et en anglais	`"Apr"` (pour avril)
`n`	mois sans les zéros initiaux	`"1"` à `"12"`
`O`	différence d'heures avec Greenwich (en heures)	`+0200`
`r`	format de date RFC 822	`"Thu, 21 Dec 2000 16:01:07 +0200"`
`s`	secondes	`"00"` à `"59"`
`S`	suffixe ordinal d'un nombre, en anglais, sur deux lettres	`"th"`, `"nd"`
`t`	nombre de jours dans le mois donné	`"28"` à `"31"`
`T`	fuseau horaire de la machine	`"MET"`
`u`	millisecondes	
`U`	secondes depuis l'époque Unix (1er Janvier 1970)	
`w`	jour de la semaine, numérique	`"0"` (dimanche) à `"6"` (samedi)
`W`	numéro de la semaine dans l'année	`"1"` à `"52"`

Tableau 5.1 : Caractères de substitution		
Caractère	**Description**	**Exemple/Valeur**
`Y`	année à quatre chiffres	`"1999"`
`y`	année à deux chiffres	`"99"`
`z`	jour de l'année	`"0"` à `"366"`
`Z`	décalage horaire en secondes (décalage à l'ouest est négatif, à l'est, positif)	`"– 43200"` à `"43200"`

Échappement de caractères

Les caractères composant le format peuvent être "échappés" afin d'empêcher la substitution.

Listing 5-15 : Affichage sans échappement

```
echo date("date : c");
```

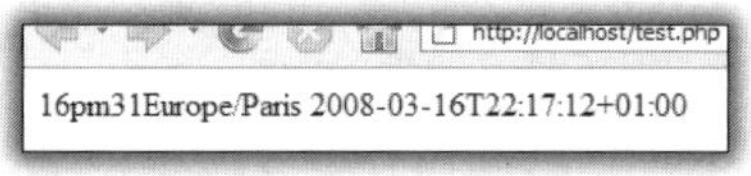

Figure 5.11 : *Toutes les lettres ont été substituées*

Listing 5-16 : Echappement des caractères ne devant pas être substitués

```
echo date("\d\a\t\e : c");
```

Figure 5.12 : *Les lettres échappées apparaissent (presque) bien*

Toutes les lettres échappées apparaissent bien à l'exception de la lettre `t`. Ce comportement est cohérent avec le chapitre consacré aux chaînes de caractères; la séquence `\t` constitue en effet un caractère spécial au sein d'une chaîne entre doubles guillemets. La fonction `date()` ne reçoit pas les caractères `\` et `t` mais un caractère de tabulation.

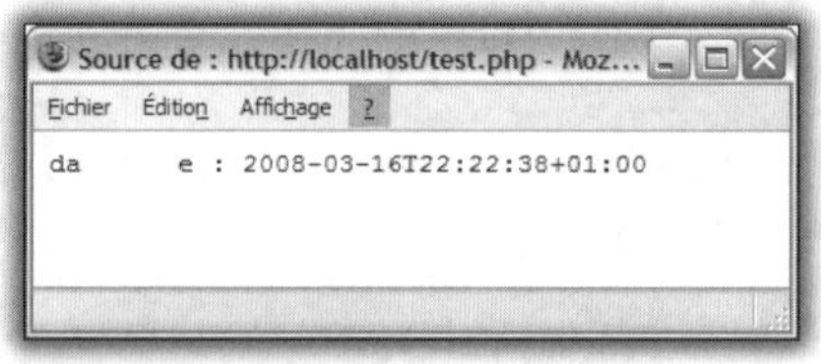

Figure 5.13 : *La séquence \t est bien substituée par une tabulation*

La solution à ce problème consiste simplement à utiliser la prime pour définir le format et éviter ainsi les substitutions de haut niveau réalisées par l'interpréteur.

Listing 5-17 : Utilisation de la prime

```
echo date('\d\a\t\e : c');
```

Figure 5.14 :
L'affichage est désormais fidèle au format

Constantes

Certains formats standard de date sont prédéfinis dans le cadre de constantes.

Listing 5-18 : Formats standards proposés par PHP

```
echo "DATE_ATOM ".date(DATE_ATOM)."<br/>";
echo "DATE_COOKIE ".date(DATE_COOKIE)."<br/>";
echo "DATE_ISO8601 ".date(DATE_ISO8601)."<br/>";
echo "DATE_RFC822 ".date(DATE_RFC822)."<br/>";
echo "DATE_RFC850 ".date(DATE_RFC850)."<br/>";
echo "DATE_RFC1036 ".date(DATE_RFC1036)."<br/>";
echo "DATE_RFC1123 ".date(DATE_RFC1123)."<br/>";
echo "DATE_RFC2822 ".date(DATE_RFC2822)."<br/>";
echo "DATE_RFC3339 ".date(DATE_RFC3339)."<br/>";
echo "DATE_RSS ".date(DATE_RSS)."<br/>";
echo "DATE_W3C ".date(DATE_W3C)."<br/>";
```

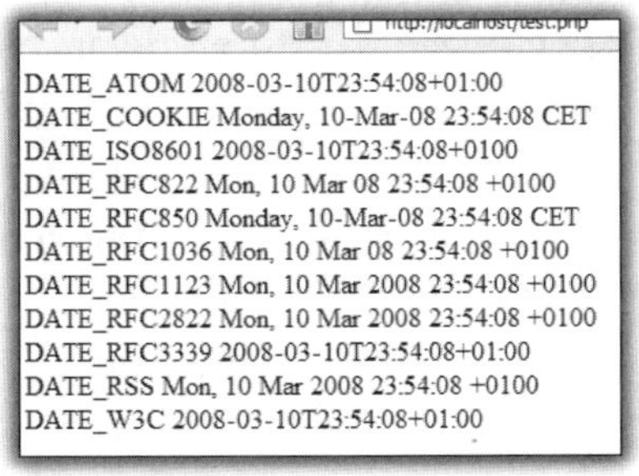

Figure 5.15 :
Différents formats de date

Ces constantes correspondent très simplement à des chaînes de caractères contenant des caractères substituables dans le cadre de la fonction `date()`.

Listing 5-19 : Contenu des constantes

```
echo "DATE_ATOM : ".DATE_ATOM."<br/>";
echo "DATE_COOKIE : ".DATE_COOKIE."<br/>";
echo "DATE_ISO8601 : ".DATE_ISO8601."<br/>";
echo "DATE_RFC822 : ".DATE_RFC822."<br/>";
echo "DATE_RFC850 : ".DATE_RFC850."<br/>";
echo "DATE_RFC1036 : ".DATE_RFC1036."<br/>";
echo "DATE_RFC1123 : ".DATE_RFC1123."<br/>";
echo "DATE_RFC2822 : ".DATE_RFC2822."<br/>";
echo "DATE_RFC3339 : ".DATE_RFC3339."<br/>";
echo "DATE_RSS : ".DATE_RSS."<br/>";
echo "DATE_W3C : ".DATE_W3C."<br/>";
```

Figure 5.16 :
Détail des formats

5.3. Contrôle de validité d'une date

Le contrôle de validité d'une date est un problème courant sur le web dans la mesure où les internautes ont en général la possibilité de renseigner directement ce type d'information. Détecter que le 2003/12/32 (32 décembre 2003) est invalide n'est pas un problème très compliqué pour un développeur sachant utilisé la fonction `explode()`. Savoir que le 2007/02/29 (29 février 2007) n'existe pas est en revanche un problème beaucoup plus subtil. La question revient en effet à savoir si l'année 2007 est elle bissextile.

La première solution au problème consiste à utiliser la fonction `strtotime()` pour obtenir un timestamp et ensuite la fonction `date()` pour réaliser l'opération inverse.

Listing 5-20 : Double conversion

```
echo date("Y/m/d", strtotime("2007/02/29"));
```

Figure 5.17 :
2007/02/29 est converti en 2007/03/01

La fonction `strtotime()` a automatiquement converti le 29 février 2007 en 1er mars 2007.

Une simple comparaison permet ainsi de vérifier si la date est valide ou non.

Listing 5-21 : Définition d'une fonction de vérification de date

```
function verif_date($date) {
  $s = date("Y/m/d", strtotime($date));
  return $date == $s ? 1 : 0;
}

echo "2007/02/29 : ".verif_date("2007/02/29")."<br/>\n";
echo "2008/02/29 : ".verif_date("2008/02/29")."<br/>\n";
echo "2008/01/34 : ".verif_date("2008/01/34")."<br/>\n";
```

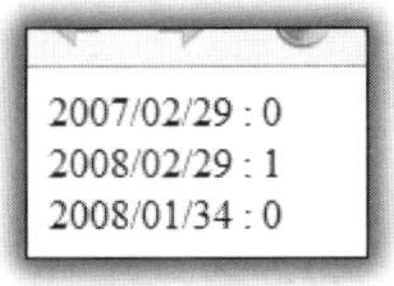

Figure 5.18 : *Les dates invalides sont bien détectées*

Cette méthode a l'inconvénient de reposer sur une comparaison de chaînes de caractères et expose à des erreurs telles que celles vues plus haut.

La véritable solution à ce problème consiste à utiliser la fonction `checkdate()` dont le rôle est précisément de vérifier si une date est valide ou pas. Cette fonction prend trois arguments : le mois, le jour et l'année. La fonction `verif_date()` peut ainsi être réécrite de la manière suivante:

Listing 5-22 : Utilisation de la fonction checkdate()

```
function verif_date($date) {
  list($annee, $mois, $jour) = explode("/", $date);
  return checkdate($mois, $jour, $annee);
}
```

5.4. Check-list

- Le timestamp correspond au nombre de secondes depuis le 1er janvier 1970.
- Une représentation de type timestamp est toujours préférable pour réaliser des opérations au sein d'un code.

Chapitre 6

Les formulaires et transmissions de données

Nous nous intéresserons, dans le cadre de ce chapitre, aux formulaires HTML. Cette notion est absolument primordiale lors du développement d'un applicatif sur le Web. Ce sont en effet ces formulaires qui vont permettre aux internautes de vous transmettre des informations.

Vous étudierez donc la technique permettant de récupérer et de traiter au sein d'un script PHP des données issues d'un formulaire.

Nous nous arrêterons sur tous les types d'éléments qui peuvent composer de tels formulaires : zones de texte, cases à choix multiples, menus déroulants, etc.

6.1. Qu'est-ce qu'un formulaire ?

Un formulaire peut être envisagé comme un questionnaire permettant aux internautes de transmettre de l'information.

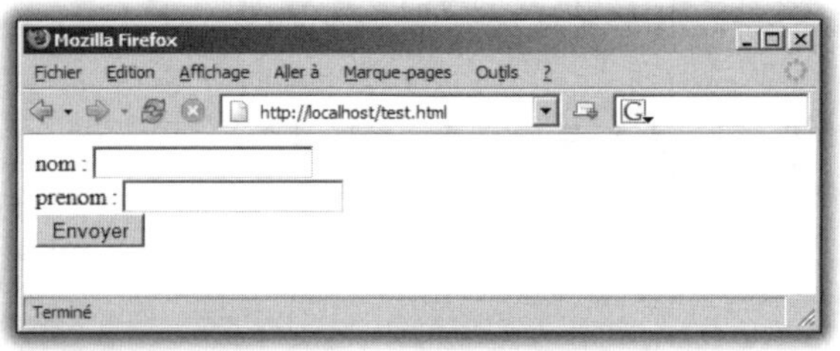

Figure 6.1 : *Exemple de formulaire*

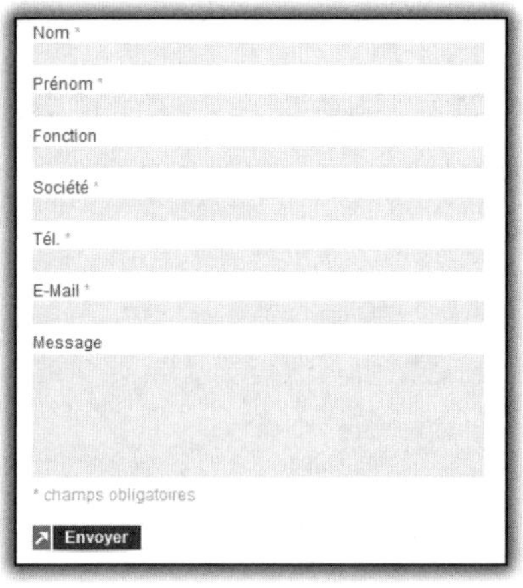

Figure 6.2 : *Formulaire plus complet et stylisé*

Après la validation du formulaire, les données renseignées par l'internaute sont transmises à un script cible. Ce dernier peut aussi bien être écrit en PHP qu'en ASP, en Perl, en Python, etc. Le traitement des données au sein du script pourra alors consister en un envoi de courriel, un enregistrement dans une base de données, la suppression d'un fichier, l'affichage d'une nouvelle page ou toute autre action pouvant être réalisée par le script.

Au niveau structurel, un formulaire est composé de champs. Le premier exemple vous propose un formulaire contenant deux champs : *nom* et *prenom*.

Au niveau HTML, un formulaire se construit ainsi :

- ouverture du formulaire avec la balise `<form>` ;
- définition des champs rattachés à ce formulaire (champs textes, menus, cases à cocher, etc.) ;
- fermeture du formulaire avec la balise `</form>`.

Il est bien sûr possible de proposer plusieurs formulaires par page en multipliant les couples `<form> </form>`.

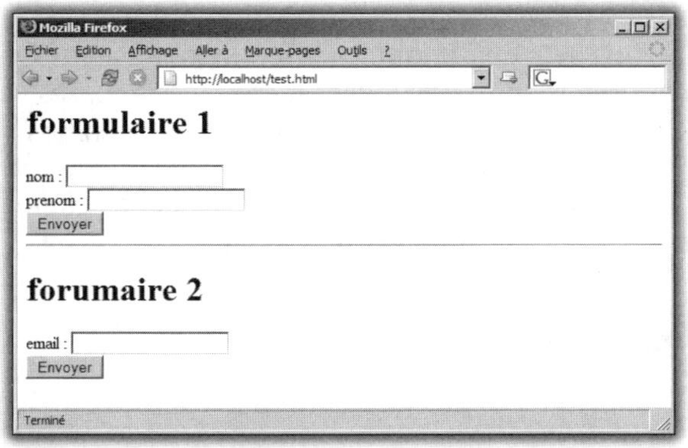

Figure 6.3 : *Deux formulaires*

Le code HTML correspondant à ce dernier formulaire est le suivant :

Listing 6-1 : Deux formulaires sur la même page

```
<html>
<body>

<h1>formulaire 1</h1>
```

```
<form>
 <label>nom :</label> <input type="text" /><br/>
 <label>prenom :<label> <input type="text" /><br/>
 <input type="submit" />
</form>

<hr/>

<h1>formulaire 2</h1>

<form>
 <label>email :<label> <input type="text" /><br/>
 <input type="submit" />
</form>

</body>
</html>
```

Seuls les éléments directement liés à un formulaire sont transmis par le bouton **Envoyer** du formulaire en question. En validant le deuxième formulaire, seul le champ `email` serait transmis au serveur.

6.2. Les différents champs

Les champs d'un formulaire peuvent prendre différentes formes. On trouve par exemple des zones de texte, des menus, des cases à cocher, etc. En terme technique, ces champs sont appelés des *champs*.

Un champ permet de transmettre une information. Chaque champ possède pour cela un nom auquel est associée une valeur.

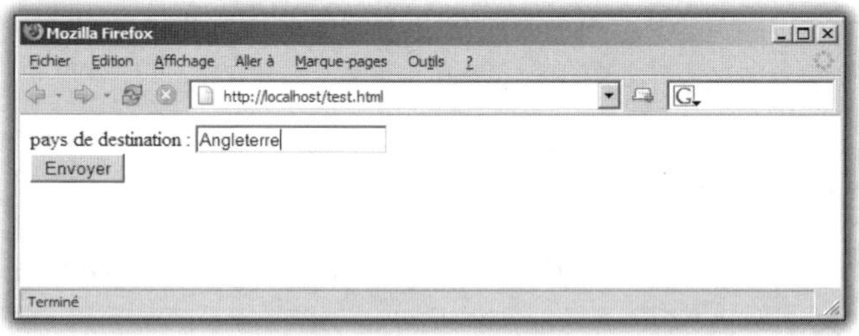

Figure 6.4 : *Le champ texte*

Le code correspondant au champ texte est le suivant :

```
<input type="text" name="pays" />
```

Une fois le formulaire validé par l'internaute, le script cible reçoit une variable `pays` contenant la valeur `Angleterre`.

Arrêtons-nous sur les différents champs qui peuvent composer un formulaire.

INPUT TEXT

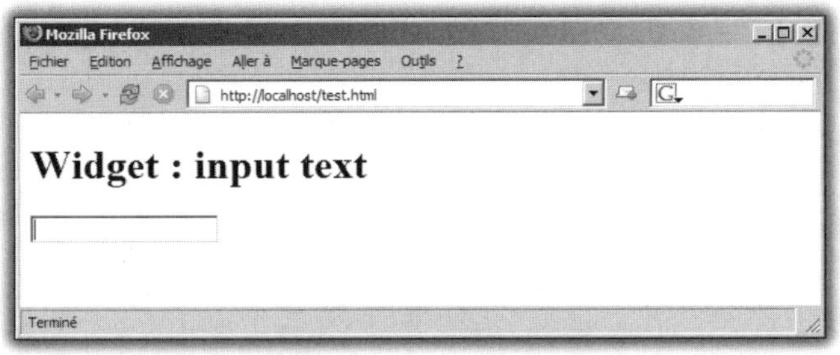

Figure 6.5 : *Champ text*

```
<input type="text" name="nom" />
```

Un champ peut être accompagné d'un certain nombre d'attributs le plus souvent facultatifs. L'attribut `value` par exemple vous permet d'initialiser le champ texte à une valeur donnée.

```
<input type="text" name="nom" value="Dupont" />
```

La dimension

Il est possible de forcer la dimension du champ avec l'attribut `size`.

```
<input type="text" size="50" />
```

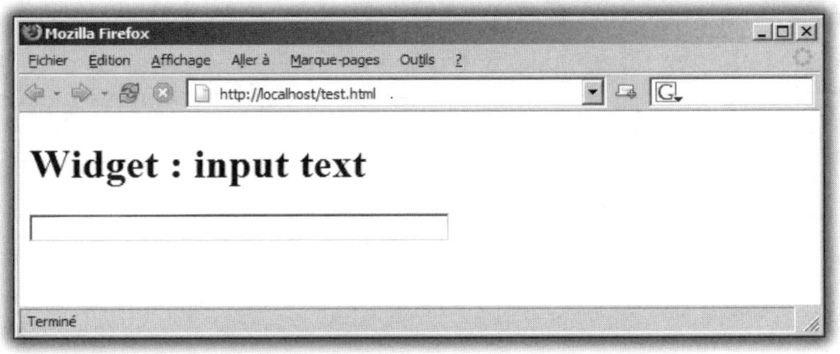

Figure 6.6 : *Champ text de taille 50*

La taille maximale

L'attribut `maxlength` permet de limiter le nombre de caractères qui peuvent être renseignés.

```
<input type="text" maxlength="4" />
```

Figure 6.7 : *Avec une taille maximale de 4, il est impossible de taper "angleterre"*

Cet attribut peut être intéressant pour interdire par exemple des identifiants de plus de n caractères.

La lecture seule

L'attribut `readonly` permet d'interdire la modification du contenu du champ.

```
<input type="text" value="donnée protégée" readonly="true" />
```

Cette propriété est disponible pour l'ensemble des champs présentés ci-après.

Le mot de passe : password

Quand vous souhaitez faire taper un mot de passe à un internaute, il vaut mieux préférer le type `password` au type `text` car les données tapées n'apparaissent pas en clair.

```
<input type="password" name="motdepasse" />
```

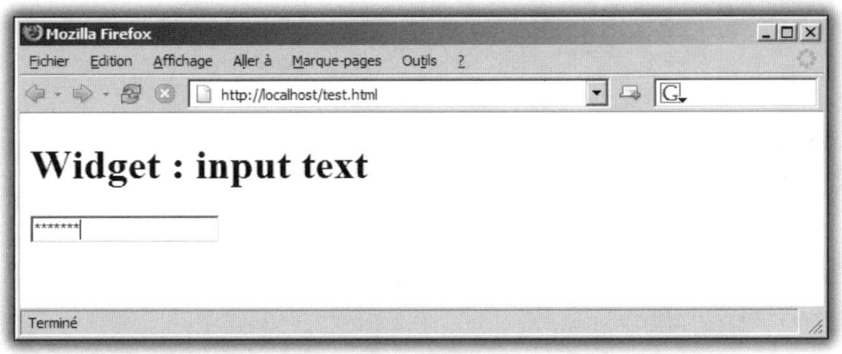

Figure 6.8 : *Avec le type "password", les données sont cachées*

> REMARQUE
>
> **XHTML**
>
> En HTML standard, les deux lignes suivantes sont équivalentes :
>
> ```
> <input type="text">
> ```
>
> ```
> <input type=text>
> ```
>
> Cependant, la première est compatible avec le format XHTML qui risque de devenir le nouveau standard du Web. Il peut donc être bon, dès maintenant, de prendre de bonnes habitudes. Une autre obligation du XHTML est de fermer les balises « orphelines » :
>
> ```
> <br /> <img src="pict.gif" /> <input type="text" />
> ```
>
> Cela ne demande pas beaucoup de travail, ne change rien à l'apparence de votre site et vous assure une compatibilité avec les futurs navigateurs.

TEXTAREA

```
<textarea name="nom"></texarea>
```

Le champ `textarea` correspond à une zone de texte multiligne. Les données transmises par ce champ sont contenues entre les deux balises : `<textarea>` et `</textarea>`.

```
<textarea name="test">ligne 1
ligne 2
</textarea>
```

Figure 6.9 : *Textarea*

Les attributs rows et cols

Le premier permet de fixer le nombre de lignes et le second le nombre de colonnes.

Voici un `textarea` de 8 lignes sur 50 colonnes.

```
<textarea name="test" rows="8" cols="50"></textarea>
```

L'attribut wrap

L'attribut `wrap` permet de définir le comportement d'un `textarea` lorsqu'une phrase est trop longue pour tenir en entier dans le champ.

- Avec `wrap="off"`, un ascenseur horizontal apparaît et il est nécessaire de le faire défiler pour voir la fin de la phrase.
- Avec `wrap="soft"`, la phrase tient sur plusieurs lignes.

Figure 6.10 : *Textarea avec et sans wrap*

SELECT

```
<select name="test">
 <option value="1">-- premier choix --</option>
 <option value="2">-- deuxième choix --</option>
</select>
```

Figure 6.11 : *Le menu déroulant*

Le champ `select` permet de construire des menus déroulants. Le nom de la donnée est contenu dans la balise `<select>` et la valeur dans `<option>`. Seule la valeur sélectionnée sera transmise.

La présélection

Il est possible d'initialiser le menu sur un autre choix que le premier. Il faut alors ajouter le mot-clé `selected` dans l'option souhaitée :

```
<select name="test">
 <option value="1">-- premier choix --</option>
 <option value="2"
  selected="true">-- deuxième choix --</option>
</select>
```

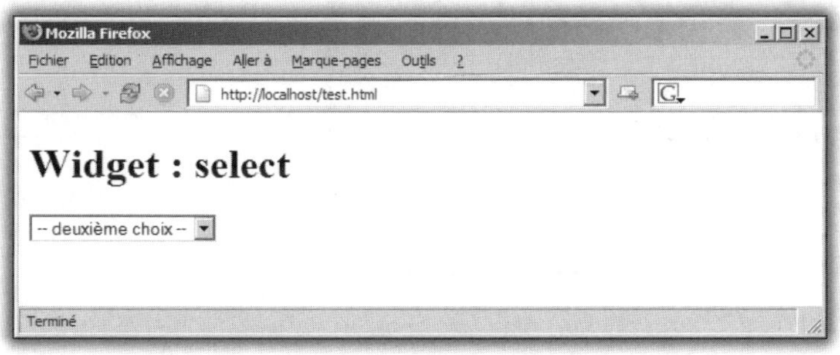

Figure 6.12 : *Le menu est initialisé sur le deuxième choix*

Le menu à choix multiples

Le mot-clé `multiple` permet de transformer le menu déroulant en menu à choix multiples. L'attribut associé `size` permet de définir la hauteur du `select`.

```
<select name="test[]" multiple="true" size="3">
 <option value="1">-- premier choix --</option>
 <option value="2">-- deuxième choix --</option>
 <option value="3">-- troisième choix --</option>
</select>
```

Figure 6.13 : *Menu à choix multiple*

La encore il est possible d'utiliser `selected` pour présélectionner plusieurs valeurs.

INPUT CHECKBOX

```
<input type="checkbox" name="nom" value="val" />
```

Ce champ permet de réaliser des cases à choix multiples.

```
choix 1 <input type="checkbox" name="choix[]" value="1" /> -
choix 2 <input type="checkbox" name="choix[]" value="2" /> -
choix 3 <input type="checkbox" name="choix[]" value="3" />
```

Figure 6.14 : *Les cases à cocher*

Seules les valeurs des cases cochées seront transmises.

Il est possible d'initialiser la case avec le mot-clé checked.

```
choix 1 <input type="checkbox" name="choix[]" value="1" /> -
choix 2 <input type="checkbox" name="choix[]"
        value="2" checked="true" /> -
choix 3 <input type="checkbox" name="choix[]" value="3" />
```

INPUT RADIO

```
<input type="checkbox" name="nom" value="val" />
```

À la différence des *checkboxes*, les cases de l'attribut input radio sont à choix unique :

```
choix 1 <input type="radio" name="choix[]" value="1" /> -
choix 2 <input type="radio" name="choix[]" value="2" /> -
choix 3 <input type="radio" name="choix[]" value="3" />
```

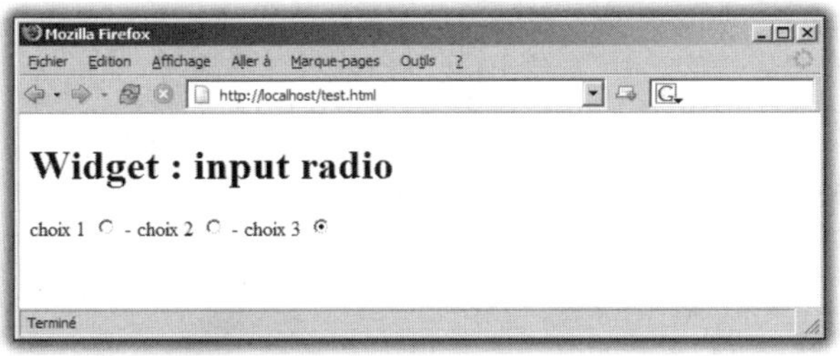

Figure 6.15 : *Les boutons radios*

Pour en faire des cases à choix unique, il convient de faire attention à bien spécifier le même nom pour tous les attributs input. Avec des noms différents, il devient possible de toutes les sélectionner.

```
choix 1 <input type="radio" name="choix1" value="1" /> -
choix 2 <input type="radio" name="choix2" value="2" /> -
choix 3 <input type="radio" name="choix3" value="3" />
```

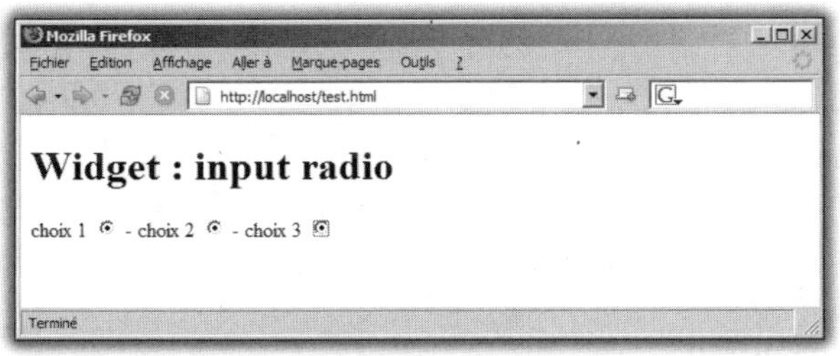

Figure 6.16 : *Des attributs input avec des noms différents ne s'excluent pas*

Le mot-clé checked est aussi valide avec ce champ.

INPUT BUTTON

```
<input type="button" name="nom" value="val" />
```

Il s'agit du champ "bouton". L'intitulé du bouton est contenu dans `value` :

```
<input type="button" name="test" value="ceci est un bouton" />
```

Figure 6.17 : *Le bouton*

Il existe deux « boutons » spéciaux.

- `submit` : c'est en cliquant sur un bouton de ce type que vous déclenchez l'envoi du formulaire.

  ```
  <input type="submit" value="envoyer le formulaire" />
  ```

- `reset` : ce bouton permet d'effacer toutes les informations contenues dans le formulaire.

  ```
  <input type="reset" value="effacer les informations" />
  ```

ASTUCE

Une image comme bouton d'envoi

Il est possible de remplacer un bouton `submit` par une image. La syntaxe est alors :

```
<input type="image" src="image.gif" />.
```

INPUT HIDDEN

```
<input type="hidden" name="nom" value="val" />
```

Il s'agit d'un champ invisible. L'intérêt, me demanderez-vous ? Stocker une information que vous voulez transmettre avec le formulaire, mais qui n'a pas lieu d'être présentée à l'internaute.

Balises FIELDSET et LEGEND

La balise HTML `FIELDSET` permet de regrouper visuellement les différents éléments d'un formulaire. Aucune donnée n'est attachée à cette balise qui n'a véritablement qu'un rôle de présentation.

La balise complémentaire `LEGEND` permet quant à elle d'associer un libellé au formulaire.

```
<form>
  <fieldset>
    <legend>Authentification</legend>
    <label>Identifiant</label>
    <input type="text" name="login" /><br/>
    <label>Mot de passe<label>
    <input type="text" name="password" /><br/>
    <input type="submit" value="se connecter" />
  </fieldset>
</form>
```

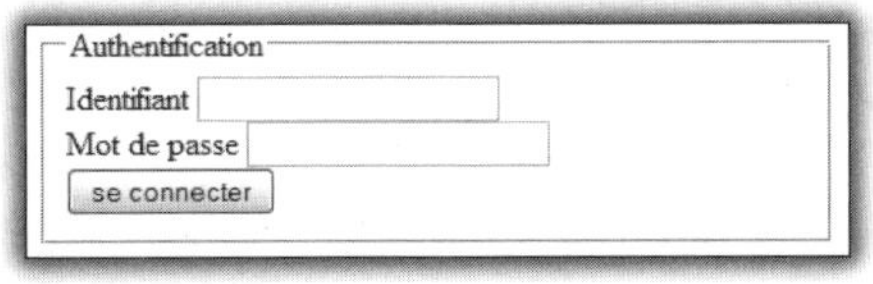

Figure 6.18 : *Utilisation d'un FIELDSET pour regrouper les champs d'un formulaire*

6.3. Passer des paramètres à un script PHP

Maintenant que vous êtes en mesure de construire vos propres formulaires, découvrez les différents moyens de transmettre ces informations à un script PHP qui pourra alors les traiter.

La variable $_GET

La balise `<form>` dispose également d'un certain nombre d'attributs optionnels. Le premier que vous allez étudier est `action`. Il permet de préciser quel script sera appelé une fois le bouton `submit` du formulaire validé.

Si vous souhaitez transmettre les informations du formulaire au script *script.php*, vous devez écrire :

```
<form action="script.php">
```

REMARQUE

`form` sans action

Si vous ne précisez pas la propriété `action`, le formulaire s'envoie les informations à lui-même. Vous verrez plus loin qu'il peut être intéressant de regrouper à la fois le formulaire et le traitement du formulaire au sein d'un même fichier.

Un script situé sur un autre site peut également être appelé via cet attribut `action`. L'exemple suivant appelle le moteur de recherche Google en lui transmettant le mot-clé correspondant à votre recherche :

Listing 6-2 : Appel direct du moteur de recherche Google

```
<form action="http://www.google.fr/search">
 <input type="text" name="q" />
 <input type="submit" value="nouvelle recherche" />
</form>
```

Figure 6.19 : Formulaire permettant d'appeler le moteur de recherche Google

En validant le formulaire avec le mot-clé `"PHP"`, vous basculez sur le site de Google et vous obtenez le résultat de la recherche :

Figure 6.20 : Résultat de la recherche

ATTENTION

Utilisation de ressources

Le Web est de plus en plus réglementé. Les grandes heures d'Internet libre sont derrière nous. Le fait d'utiliser des ressources d'un autre serveur, comme vous venez de le faire, n'est pas toujours très apprécié.

Créez maintenant deux fichiers en y plaçant un formulaire (*form.html*) et un script PHP (*script.php*) et faites pointer le formulaire sur le script :

Listing 6-3 : form.html

```
<form action="script.php">
 <input type="text" name="x" />
 <input type="submit" value="envoyer" />
</form>
```

Listing 6-4 : script.php

```
<?php
print("valeur de x : ");
?>
```

En validant votre formulaire, le script affiche le message `"bonjour monde"`. C'est certes sympathique, mais vous ne prenez pas en compte l'information qui a été transmise.

PHP rend la récupération des paramètres transmis extrêmement simple. Le principe consiste à passer par la variable prédéfinie `$_GET` qui contient un tableau associatif dont chaque mot-clé correspond au nom (attribut `name`) du champ. Dans le cas présent, `$_GET['x']` contient la valeur de votre champ texte.

Listing 6-5 : Votre script affiche maintenant la valeur qui lui a été transmise

```
print("valeur de x : "+$_GET['x']);
```

La variable `$_GET` est d'un type particulier qui lui permet d'être directement accessible au sein de fonctions sans passer par `global`. Le terme utilisé pour la qualifier est *super-global* .

Listing 6-6 : script.php

```
<?php

function affiche_param()
{
  print("valeur de x : "+$_GET['x']);
}
```

```
affiche_param();

?>
```

Le principe est le même, qu'il y ait un ou plusieurs champs et quel que soit le type du champ. Réalisez un formulaire plus complexe permettant de travailler avec différents champs :

Listing 6-7 : Un formulaire plus complet

```
<html>
<body>

<form action="script.php">

<label>Titre du film</label>
<input type="text" name="titre" /><br/>

<label>Genre</label>
<select name="genre">
 <option value="policier">POLICIER</option>
 <option value="sf">SCIENCE FICTION</option>
</select><br/>

<label>Description</label>
<textarea name="description"></textarea><br/>

<label>Film en couleur</label>
<input type="radio" name="couleur" value="1" /> oui -
<input type="radio" name="couleur" value="non" /> non <br/>

<br/>
<input type="submit" value="envoyer" />

</form>

</body>
</html>
```

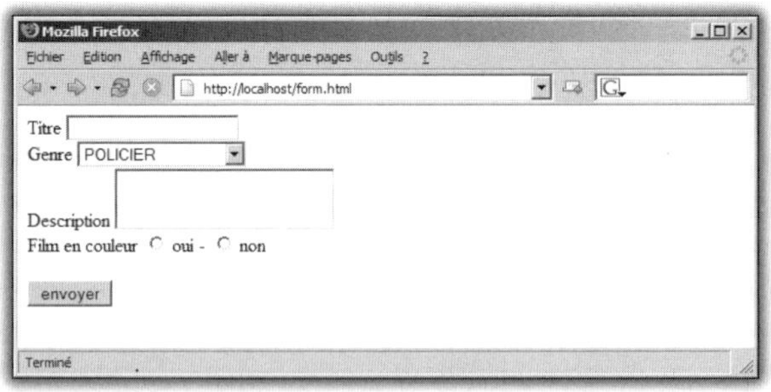

Figure 6.21 : *Formulaire complet*

Modifiez le script *script.php* afin d'afficher toutes les données transmises par votre formulaire :

Listing 6-8 : script.php

```
<?php

print("<b>Titre</b> : ".$_GET['titre']."<br/>");
print("<b>Genre</b> : ".$_GET['genre']."<br/>");
print("<b>Description</b> : ".$_GET['description']."<br/>");
print("<b>Couleur ?</b> : ".$_GET['couleur']."<br/>");

?>
```

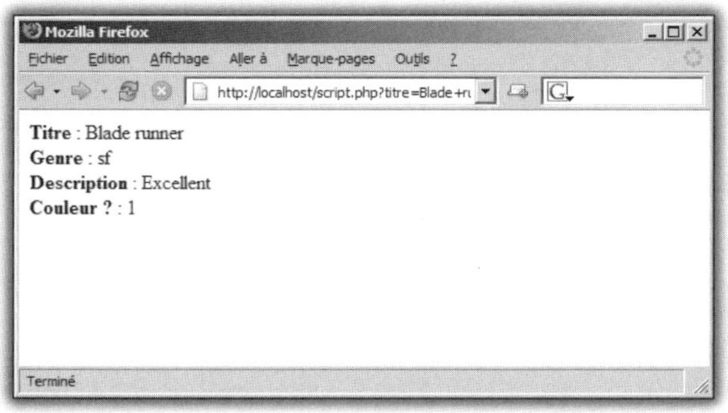

Figure 6.22 : *Affichage des données*

ASTUCE

Ouverture dans une autre fenêtre

Il est possible en HTML d'ouvrir un lien dans une autre fenêtre avec l'attribut `target` :

```
<a href="http://www.google.fr"
target="_blank">google</a>.
```

Cela fonctionne de la même manière avec les formulaires :

```
<form action="script.php" target="_blank">.
```

Votre formulaire n'est composé pour l'instant que de champs à choix unique. Vous avez cependant pu lire plus haut qu'il existe des champs permettant de sélectionner plusieurs valeurs : les attributs multilignes `checkbox` et `select`. L'association une variable/plusieurs valeurs vous conduit naturellement aux tableaux ! La technique permettant d'indiquer à PHP d'initialiser un tableau plutôt qu'une variable simple consiste à mettre des crochets au sein de l'attribut `name` : vous écrirez `name="val[]"` plutôt que `name="val"`.

Modifiez *form.html* afin d'y intégrer des champs à choix multiples.

Listing 6-9 : Formulaire avec des champs à choix multiples

```
<html>
<body>

<form action="script.php">

<label>Titre du film</label>
<input type="text" name="titre" /><br/>

<label>Genre</label>
<select name="genre[]"multiple="yes" size="3">
 <option value="policier">POLICIER</option>
 <option value="sf">SCIENCE FICTION</option>
 <option value="culte">CULTE</option>
</select><br/>


<label>Description</label>
<textarea name="description"></textarea><br/>

<label>Film en couleur</label>
<input type="radio" name="couleur" value="1" /> oui -
<input type="radio" name="couleur" value="non" /> non <br/>

<label>Pays</label>
<select name="pays">
 <option value="fr">FRANCE</option>
 <option value="us">USA</option>
 <option value="gb">ANGLETERRE</option>
</select><br/>

<label>Sous titre</label>
<input type="checkbox" name="soustitre[]" value="fr" />
français -
<input type="checkbox" name="soustitre[]" value="gb" />
anglais -
<input type="checkbox" name="soustitre[]" value="es" />
espagnol <br/>
<br/>
<input type="submit" value="envoyer" />

</form>

</body>
</html>
```

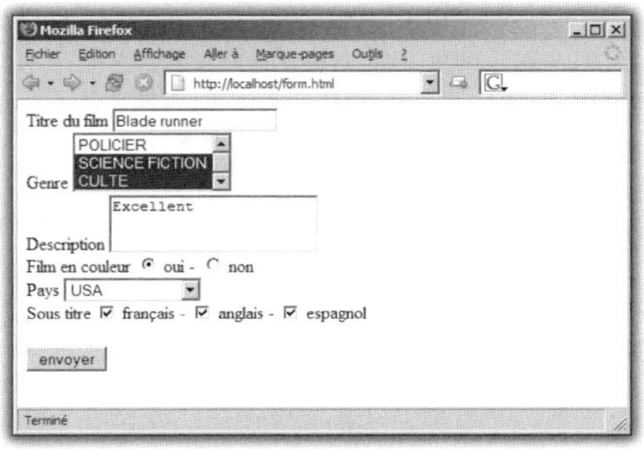

Figure 6.23 :
Formulaire avec des champs à choix multiples

Affichez le contenu de la variable `$_GET` afin de comprendre comment PHP organise la réception des données. Utilisez pour cela la fonction `print_r()` qui, comme vous l'avez vu précédemment, permet d'afficher le contenu d'un tableau.

Listing 6-10 : Affichage de $_GET

```
<pre>
<?php
print_r($_GET);
?>
</pre>
```

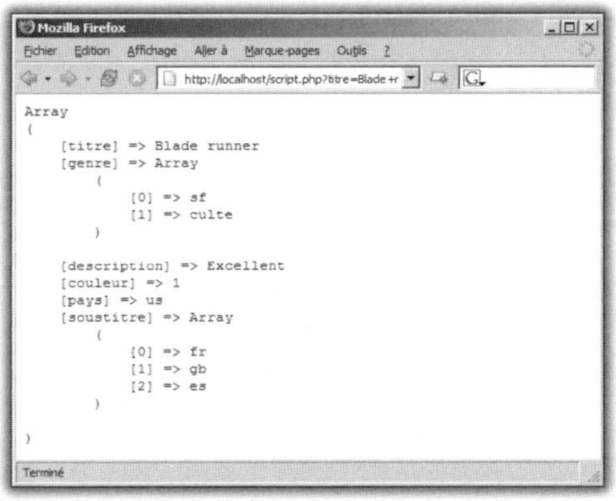

Figure 6.24 :
Contenu de la variable $_GET

REMARQUE

Balise `<pre>`

Le texte placé entre les balises `<pre>` et `</pre>` est affiché en tant que texte brut. Cela permet, dans le cadre de la fonction `print_r()`, de conserver les sauts de ligne et l'indentation.

Vous obtenez la confirmation que les éléments `$_GET['genre']` et `$_GET['soustitre']` contiennent bien des tableaux. Il convient donc de trouver un moyen de les afficher au sein de votre script *script.php*. La fonction `join()` qui convertit un tableau en chaîne de caractères pourrait tout à fait convenir. Rappelons en effet son utilisation à l'aide d'un exemple :

```
$ar = array('a','b','c');
$str = join(',',$ar);
print($str);
```

Ce morceau de code affichera : `a,b,c`. Votre script devient donc :

Listing 6-11 : Affichage des champs multivaleurs

```
<?php
print("<b>Titre</b> : ".$_GET['titre']."<br/>");
$str_genre = join(',',$_GET['genre']);
print("<b>Genre</b> : ".$str_genre."<br/>");
print("<b>Description</b> : ".$_GET['description']."<br/>");
print("<b>Couleur</b> : ".$_GET['couleur']."<br/>");
print("<b>Pays</b> : ".$_GET['pays']."<br/>");
$str_soustitre = join(',',$_GET['soustitre']);
print("<b>Sous titres</b> : ".$str_soustitre."<br/>");
?>
```

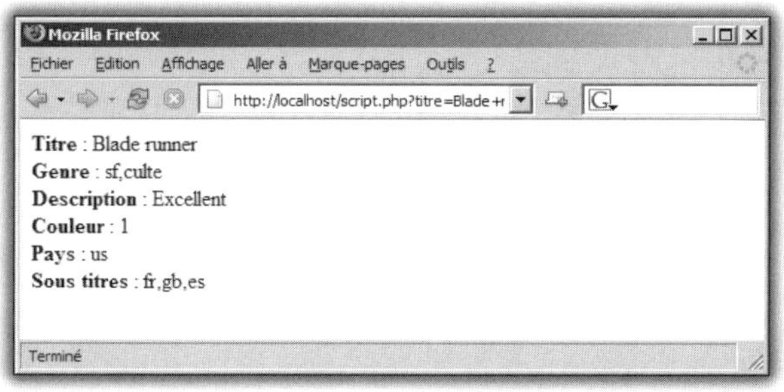

Figure 6.25 : *Affichage des valeurs*

Query String

Arrêtons-nous un instant sur l'adresse (URL) affichée en haut du navigateur dans la barre de navigation :

Figure 6.26 : *Affichage d'une URL*

Vous constatez que le formulaire appelle bien *script.php* et qu'il lui transmet en plus une longue chaîne de caractères assez étrange : `http://localhost/script.php?titre=Blade+runner&genre%5B%5D=sf&genre%5B%5D=culte&description=Excellent&couleur=1&pays=us&soustitre%5B%5D=fr&soustitre%5B%5D=gb&soustitre5B5D=es`.

La caractéristique principale de la méthode `GET` est précisément de transmettre les paramètres du formulaire au sein même de l'URL. Cette chaîne de paramètres (dont le nom technique est *Query String*) est séparée du nom du script par le caractère `?`. Le codage permettant de la composer se révèle assez facile :

```
nom1=valeur1&nom2=valeur2&nom3=valeur3…nomN=valeurN
```

où `nom` correspond à l'attribut `name` du champ et `valeur` correspond à la valeur renseignée, sélectionnée ou cochée par l'internaute.

L'URL suivante confirme la chose car vous y trouvez bien `description=Excellent`. En revanche, le caractère + dans `titre=Blade+runner` montre que les valeurs subissent elles-mêmes un autre codage. Il s'agit de l'URL d'encodage qui transforme par exemple les espaces en signes `+`, les crochets (`[`) en `%5B`, les signes = en `%3D`, les `é` en `%E9`, etc. La fonction PHP `urlencode()` se charge de cette opération fastidieuse en retournant une chaîne `urlencode` à partir d'une chaîne « en clair ».

```
$str = urlencode("a = é & 123");
// $str contient a+%3D+%E9+%26+123
```

ATTENTION

URL encodage de l'attribut

À la fois les noms et les valeurs doivent être encodés dans l'URL !

Vous comprenez qu'il est maintenant possible de transmettre des données à votre script sans passer par le formulaire. Imaginez que vous vouliez transmettre le film suivant :

Tableau 6.1 : *Film Manhattan*

Caractéristiques	Valeur
Titre	`Manhattan`
Genre	`culte`

Tableau 6.1 : *Film Manhattan*

Caractéristiques	Valeur
Description	`magnifique`
Couleur	`0`
Pays	`us`
Sous titres	`fr, gb`

Écrivez maintenant le script *url.php* chargé de construire un lien permettant de transmettre à *script.php* les données liées au film *Manhattan*.

Listing 6-12 : Transmission de données au sein de l'URL

```
<?php
$url  = 'http://localhost/script.php?';
$url .= urlencode("titre").'='.urlencode("Manhattan").'&';
$url .= urlencode("genre[]").'='.urlencode("culte").'&';
$url .= urlencode("description").'='.urlencode("magnifique").'&';
$url .= urlencode("couleur").'='.urlencode("0").'&';
$url .= urlencode("pays").'='.urlencode("us").'&';
$url .= urlencode("soustitre[]").'='.urlencode("fr").'&';
$url .= urlencode("soustitre[]").'='.urlencode("gb");
print("<a href='".$url."'>Film Manhattan</a>");
?>
```

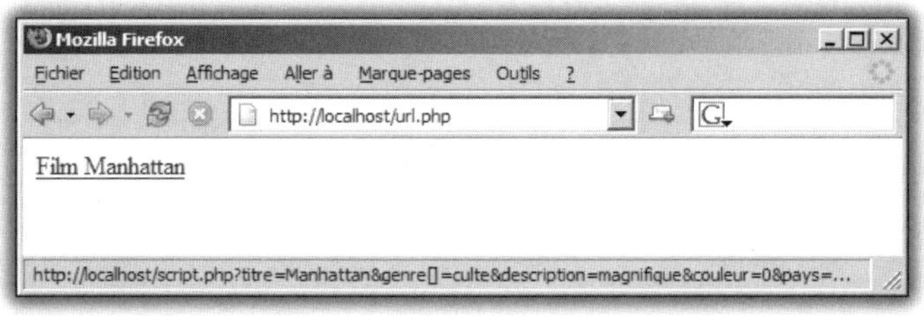

Figure 6.27 : *La barre d'état montre que l'URL a bien été construite*

Cliquez maintenant sur le lien, et vous obtenez le film attendu :

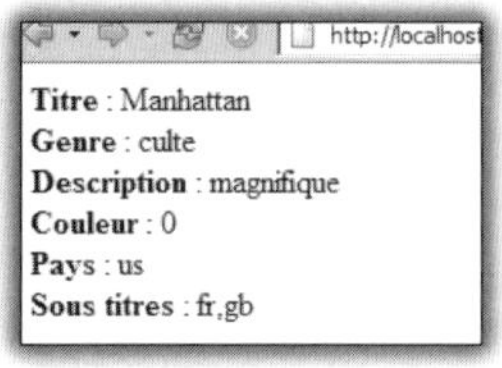

Figure 6.28 : *Affichage des résultats*

> REMARQUE
>
> **Transmission simple**
>
> Si les noms et les valeurs à transmettre ne contiennent que des caractères alphanumériques, l'étape d'encodage URL devient superficielle. Pour x = 2 et y = "toto", le lien suivant peut directement être écrit : <a href="fichier.php?x=2&y=toto">transmission simple</a>.

Ce type de transmission par URL se révèle très pratique en programmation web car elle évite de mettre systématiquement en œuvre un formulaire pour transmettre une donnée.

La méthode POST

La méthode GET entraîne donc l'affichage en clair dans la barre de navigation des données renseignées par l'internaute. Vous comprenez donc la limitation d'une telle méthode dans le cas de la transmission d'un mot de passe.

Listing 6-13 : Formulaire d'identification

```
<form action="auth.php">
 <label>identifiant</label>
 <input type="text" name="id" /><br/>
 <label>mot de passe</label>
 <input type="password" name="pass" /><br/>
 <br/><input type="submit" value="identification">
</form>
```

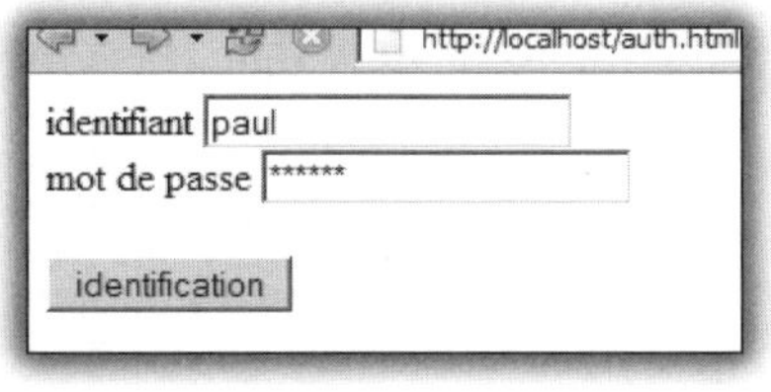

Figure 6.29 : *Formulaire d'identification disposant d'un champ password*

Listing 6-14 : auth.php

```
<?php
print("<b>Identifiant</b> : ".$_GET['id']."<br/>");
print("<b>Mot de passe</b> : ".$_GET['pass']."<br/>");
?>
```

En validant le bouton d'identification, vous basculez sur le script *auth.php* et vous aurez la surprise de voir dans la barre de navigation votre mot de passe en clair !

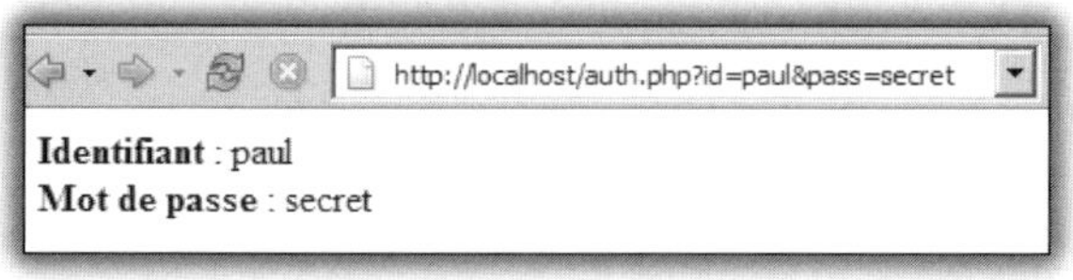

Figure 6.30 : *Il faut espérer qu'un collègue mal intentionné ne se trouve pas derrière !*

Heureusement, les formulaires peuvent également être envoyés avec la méthode `POST` !

Listing 6-15 : Le formulaire utilise désormais la méthode post

```
<form action="auth.php" method="post">
 <label>identifiant</label>
 <input type="text" name="id" /><br/>
 <label>mot de passe</label>
 <input type="password" name="pass" /><br/>
 <br/><input type="submit" value="identification">
</form>
```

En termes fonctionnels, cela ne change presque rien pour vous : la variable `$_POST` est utilisée plutôt que la variable `$_GET`.

```
<?php
print("<b>Identifiant</b> : ".$_POST['id']."<br/>");
print("<b>Mot de passe</b> : ".$_POST['pass']."<br/>");
?>
```

En revanche, les paramètres transmis n'apparaissent plus dans la barre de navigation.

Figure 6.31 : *Le mot de passe n'apparaît plus dans la barre de navigation*

REMARQUE

Comment choisir entre POST et GET

La méthode `POST` peut être préférée à la méthode `GET` lorsque vous devez transmettre une quantité importante de données (plusieurs mégaoctets). Inversement, il est conseillé de l'éviter si l'internaute est

REMARQUE

susceptible de revenir en arrière en utilisant l'icône de retour (*back*). Vous risquez en effet dans ce cas d'être confronté à des problématiques de *cache* et de *timeout*.

Plus généralement, la méthode `POST` est conseillée lorsque le script de destination modifie une donnée et que le rafraichissement de la page et la mise en cache de la requête ne sont pas souhaités.

Il est donc recommandé de mettre à jour un enregistrement d'une base de données en `POST` et de réaliser une recherche avec la méthode `GET`.

Vous constatez qu'un changement de méthode (`POST`, `GET`) au niveau de la balise `<form>` entraîne une modification du script. La variable `$_REQUEST` permet d'éviter cela dans la mesure où elle contient à la fois les variables transmises en `POST`, les variables transmises en `GET` ainsi que les cookies (que vous étudierez plus loin). Vous ferez donc le choix dans le reste de l'ouvrage de passer par cette variable.

Le mode register_globals on

Pour les versions plus anciennes de PHP, la récupération des variables était encore plus simple. Des variables portant le nom des champs étaient automatiquement initialisées. Vous auriez écrit *script.php* de la manière suivante :

Listing 6-16 : Ancienne méthode pour récupérer les paramètres

```
<?php
print("<b>Titre</b> : ".$titre."<br/>");
$str_genre = join(',',$genre[]);
print("<b>Genre</b> : ".$str_genre."<br/>");
print("<b>Description</b> : ".$description."<br/>");
print("<b>Couleur</b> : ".$couleur."<br/>");
print("<b>Pays</b> : ".$pays."<br/>");
$str_soustitre = join(',',$soustitre[]);
print("<b>Sous titres</b> : ".$str_soustitre."<br/>");
?>
```

Il est encore possible d'utiliser cette façon d'opérer en initialisant à `on` la directive de configuration `register_globals`. Nous vous le déconseillons cependant vivement afin de limiter au maximum les failles de sécurité que cela entraîne bien souvent.

REMARQUE

La fonction `ini_get()`

La fonction `ini_get()` vous permet de récupérer la valeur d'une directive de configuration PHP et ainsi de savoir si vous êtes en `register_globals on` ou `off` :

```
<?php
if (ini_get("register_globals")==1) {
 print("Vous êtes en register_globals=on");
}
else {
 print("Vous êtes en register_globals=off");
}
?>
```

6.4. Check-list

- Les formulaires permettent de récupérer de l'information auprès des internautes et de les transmettre à un script PHP cible.
- Seuls les champs situés entre `<form>` et `</form>` sont transmis au moment de la validation du formulaire.
- L'attribut `action` du `FORM` permet de spécifier l'emplacement du script cible.
- Deux modes de transmission sont possibles pour les formulaires : `GET` et `POST`. Le mode est précisé à l'aide de l'attribut `method`.
- Un formulaire est composé d'un certain nombre de champs. Ces derniers peuvent prendre différentes formes : champ texte, champ texte multiligne, menu déroulant, cases à cocher, etc.
- Des paramètres peuvent également être transmis directement dans l'URL. On parle alors de *Query String*.
- Au sein du script, les paramètres peuvent être récupérés avec la variable `$_REQUEST[]`.

Chapitre 7

En tête HTTP et authentification

Le web repose sur le protocole HTTP. Ce dernier permet à un navigateur comme Firefox de communiquer avec un serveur tel qu'Apache. Cet échange est bien évidemment normé et codifié.

Ce chapitre vise à mieux appréhender ces échanges et à démontrer qu'une bonne connaissance de ce protocole permet de tirer partie de fonctionnalités avancées du couple navigateur/serveur.

7.1. Requêtes et réponses

La demande faite par un navigateur à un serveur web est appelée une requête (`HTTP Request`). Une requête typique consiste à demander le contenu d'un page ou d'une image. Suite à cette requête, le serveur retourne une réponse (`HTTP Response`). Requêtes et réponses sont composées d'une multitude d'instructions formant une en tête.

Extension LiveHTTPHeaders

L'extension de Firefox LiveHTTPHeaders permet de visualiser précisément les échanges HTTP entre un client et un serveur. Elle peut être téléchargée gratuitement sur le site **http://livehttpheaders.mozdev.org**. en utilisant les liens *Installation* puis *Install version 0.X of LiveHTTPHeaders now*. Firefox vous propose alors d'ajouter ce site à sa liste de sites auxquels il peut faire confiance.

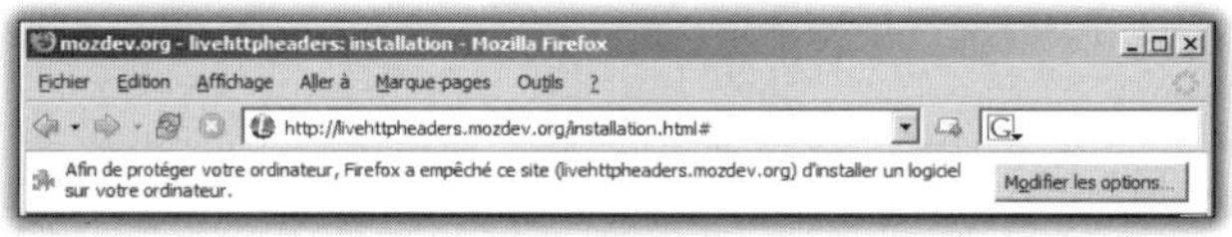

Figure 7.1 : *Utilisez le bouton "Modifier les options"*

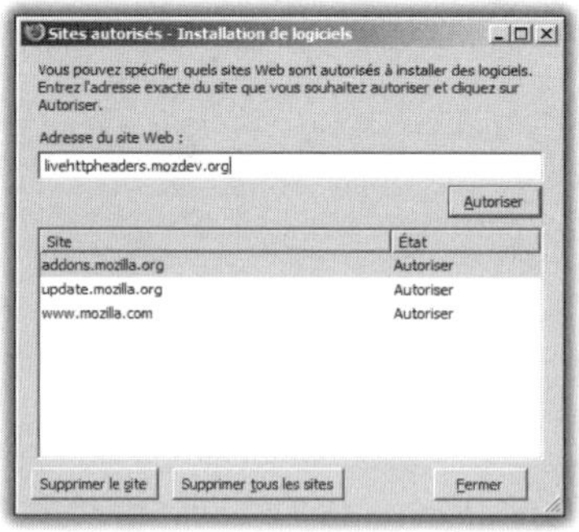

Figure 7.2 : *Utilisez le bouton "Autoriser"*

Une fois ce domaine ajouté, cliquez à nouveau sur le lien *Install version 0.XX of LiveHTTPHeaders now* pour installer véritablement l'extension.

Figure 7.3 : *Utilisez le bouton "Installer" une fois le décompte terminé*

Le navigateur doit ensuite être fermé puis ré-ouvert pour prendre en compte cette nouvelle extension.

La première utilisation de cet outil va permettre d'espionner l'échange suivant : le navigateur appelle l'URL **http://localhost/test.php**, et le serveur retourne le résultat de l'interprétation du script qui suit :

```
<?php
print("ok");
?>
```

L'extension peut être lancée en passant par le menu *Outils / En têtes HTTP en direct*.

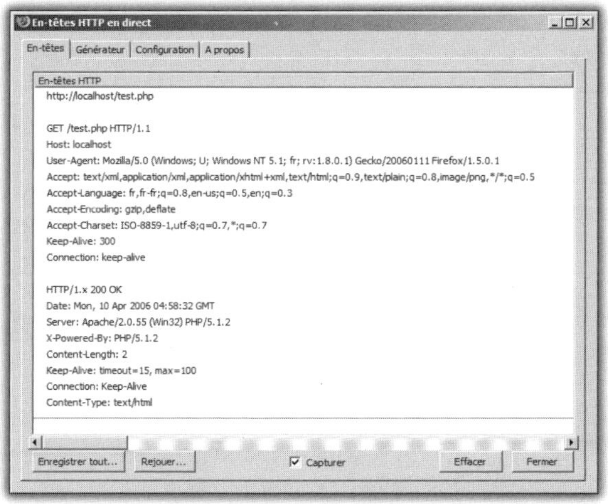

Figure 7.4 : *Visualisation d'un échange requête / réponse*

La requête

Trois catégories de données sont incluses dans l'en tête de la requête :

- des informations sur la page cible et la version du protocole

```
GET /test.php HTTP/1.1
Host: localhost
```

- des précisions sur le navigateur

```
User-Agent: Mozilla/5.0 (Windows; U; Windows NT 5.1;
fr; rv:1.8.0.1) Gecko/20060111 Firefox/1.5.0.1
Accept: text/xml,application/xml,application/xhtml+xml,
text/html;q=0.9,text/plain;q=0.8,image/png,*/*;q=0.5
Accept-Language: fr,fr-fr;q=0.8,en-us;q=0.5,en;q=0.3
Accept-Encoding: gzip,deflate
Accept-Charset: ISO-8859-1,utf-8;q=0.7,*;q=0.7
```

- le type de la connexion

```
Keep-Alive: 300
Connection: keep-alive
```

Ces informations peuvent être récupérées au sein du script à l'aide de la fonction `getallheaders()` qui retourne un tableau contenant l'ensemble de informations présentes dans l'en tête.

Ces informations permettent au script d'ajuster son comportement en fonction : du type du navigateur (`User-Agent`), des formats des fichiers acceptés (`Accept`), de la langue (`Accept-Language`). L'exemple suivant affiche un message de reconnaissance de votre navigateur.

Listing 7-1 : Détection du navigateur

```
$header = getallheaders();

if (strpos($header["User-Agent"], "Firefox") > 0) {
  print("Vous utilisez Firefox");
}
elseif (strpos($header["User-Agent"],"MSIE") > 0) {
  print("Vous utilisez Internet Explorer");
}
else {
  print("Navigateur non reconnu");
}

print("<br/><br/><i>".$header["User-Agent"]."</i>");
```

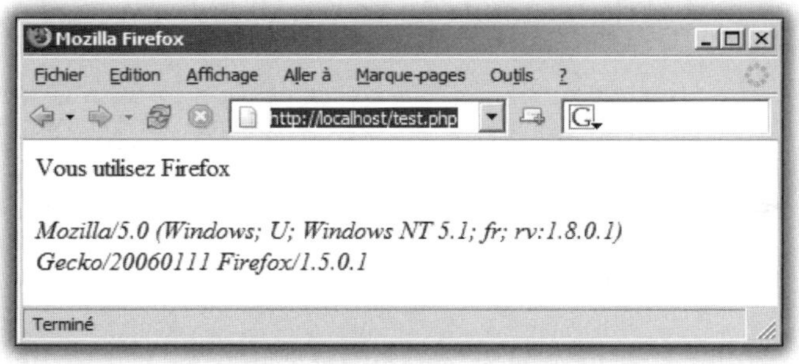

Figure 7.5 : *Détection de Firefox*

Figure 7.6 : *Détection d'Internet Explorer*

La réponse

L'en tête de la réponse donne des informations sur :

- le code réponse ;

```
HTTP/1.x 200 OK
```

- le serveur distant ;

```
Date: Mon, 10 Apr 2006 04:58:32 GMT
Server: Apache/2.0.55 (Win32) PHP/5.1.2
X-Powered-By: PHP/5.1.2
```

- le contenu ;

```
Content-Length: 2
Content-Type: text/html
```

- la connexion.

```
Keep-Alive: timeout=15, max=100
Connection: Keep-Alive
```

Le contenu à proprement parler fait suite à l'en tête dans le message de réponse retourné par le serveur web.

La fonction `apache_response_headers()` retourne un tableau associatif contenant tous les éléments de l'en-tête de réponse.

7.2. Fonction header()

PHP permet de modifier l'en-tête de la réponse à l'aide de la fonction `header()`. L'emplacement de cette fonction au sein d'un script est extrêmement important : la fonction `header()` doit absolument être placée avant le premier affichage de la page.

Les deux scripts suivants affichent le message « Bonjour » avant de faire appel à `header()`. Ils provoquent par conséquent l'affichage d'une erreur.

Listing 7-2 : Affichage provoquant une erreur

```
Bonjour
<?php
header("Text: coucou");
?>
```

Listing 7-3 : Autre syntaxe provoquant une erreur

```
<?php
print("Bonjour");
header("Text: coucou");
?>
```

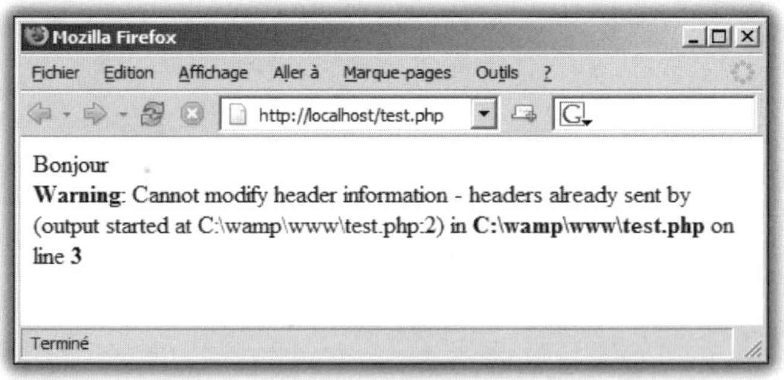

Figure 7.7 : *Erreur générée suite à un mauvais placement de la fonction header()*

ATTENTION

Prudence

Un simple retour à la ligne ou un espace situé avant la balise `<?php` conduiraient également à une erreur ! La fonction `header()` impose une grande précision.

En déplaçant l'affichage derrière la fonction `header()`, l'erreur disparaît et vous constatez que l'en-tête a bien été mise à jour.

Listing 7-4 : Exemple valide

```
<?php
header("Text: coucou");
print("Bonjour");
?>
```

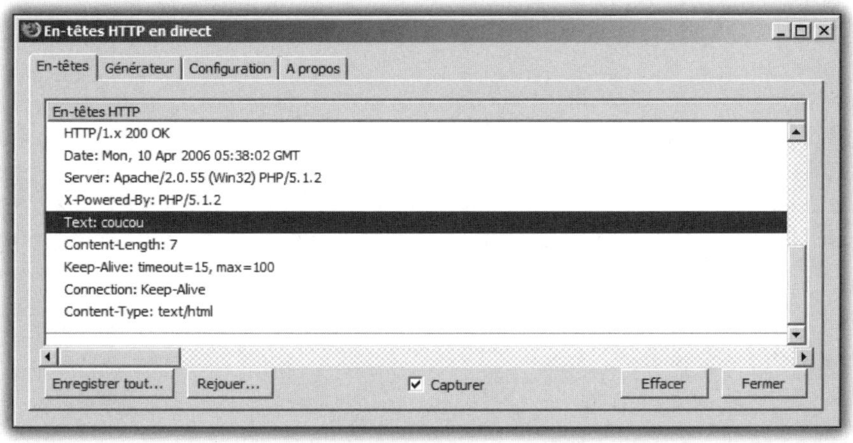

Figure 7.8 : *L'en tête a bien été modifiée*

Il est également possible de modifier le contenu des instructions en les écrasant :

Listing 7-5 : Modification de l'instruction X-Powered-By

```
<?php
print("Bonjour");
header("X-Powered-By: PHP/8 !!!");
?>
```

Plus utile, la fonction `header()` permet également de donner des instructions telle qu'une demande de redirection avec l'instruction `Location`.

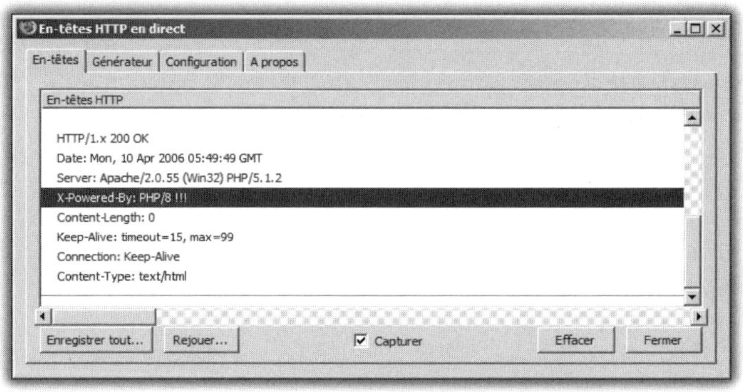

Figure 7.9 : *Modification de l'instruction*

Listing 7-6 : Demande de redirection vers une autre page

```
<?php
header("Location: http://www.google.com");
?>
```

7.3. Page d'erreur

Le code retour `200` présent dans l'en tête de réponse (`HTTP/1.x 200 OK`) signifie que le navigateur n'a rencontré aucun problème pour traiter la requête.

En réalisant une requête sur une page n'existant pas sur le serveur, le code d'erreur passe à `404`.

Figure 7.10 : *Page d'erreur affichée par le client*

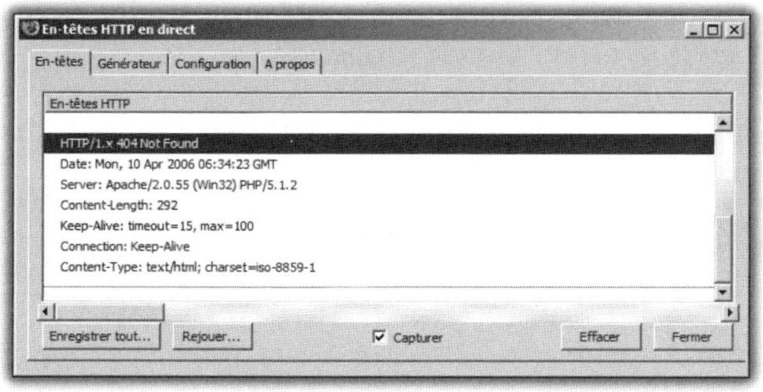

Figure 7.11 : *En tête d'erreur*

Le protocole HTTP prévoit un certain nombre de codes d'erreur tous commençant par `4xx`.

Tableau 7.1 : *Codes d'erreur client*

Code d'erreur	Signification
400	Erreur de syntaxe dans l'adresse du document
401	Pas d'autorisation d'accès au document
402	Accès au document soumis au paiement
403	Pas d'autorisation d'accès au serveur
404	La page demandée n'existe pas
405	Méthode de requête du formulaire non autorisée
406	Requête non acceptée par le serveur
407	Autorisation du proxy nécessaire
408	Temps d'accès à la page demandée expiré
409	L'utilisateur doit soumettre à nouveau avec plus d'informations
410	Cette ressource n'est plus disponible
411	Le serveur a refusé la requête car elle n'a pas de longueur
412	La pré-condition donnée dans la requête a échoué
413	L'entité de la requête était trop grande
414	L'URI de la requête était trop longue
415	Type de média non géré

Vous pouvez vous-même déclencher les erreurs que vous souhaitez en retournant la valeur du code d'erreur avec la fonction `header()`.

L'exemple suivant indique que la page n'existe pas uniquement aux visiteurs utilisant Firefox :

Listing 7-7 : Détection du navigateur en PHP

```
$header = getallheaders();

if (strpos($header["User-Agent"], "Firefox") > 0) {
  header("HTTP/1.0 404 Not Found");
  print("La page n'existe pas");
}
else print("Hello IE");
```

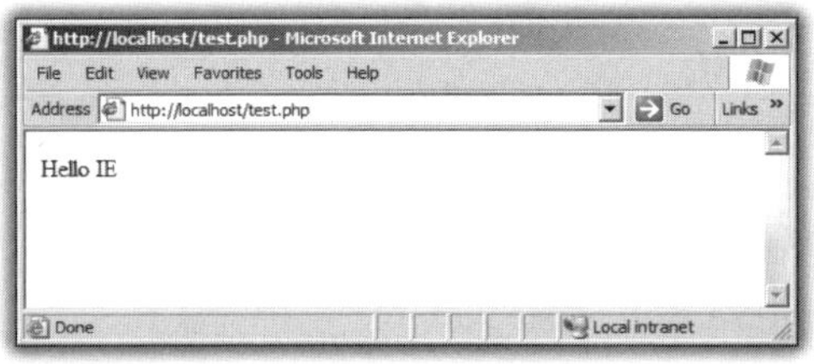

Figure 7.12 : *La page sans erreur avec Internet Explorer*

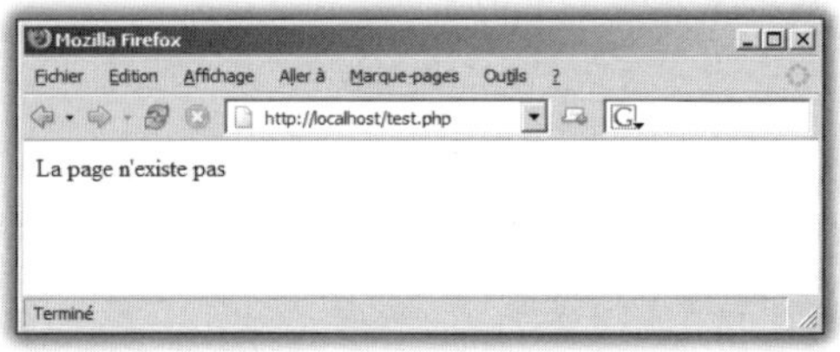

Figure 7.13 : *L'utilisation de Firefox en revanche déclenche l'apparition d'un message d'erreur*

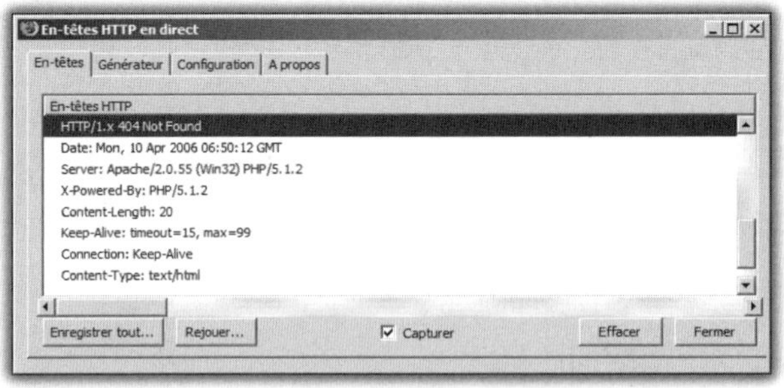

Figure 7.14 : *L'en-tête indique bien que la page n'existe pas*

7.4. Authentification

Le protocole HTTP inclut une gestion d'authentification. Cette authentification met en œuvre le code retour 401. En recevant ce code retour le navigateur sait qu'il doit ouvrir une petite fenêtre afin de permettre à l'utilisateur de renseigner son identifiant et son mot de passe. En plus du code d'erreur, le serveur doit également préciser le nom de l'espace (realm) à protéger avec l'instruction WWW-Authenticate.

Une demande d'authentification peut donc être codée de la manière suivante :

Listing 7-8 : Demande d'authentification

```
header('WWW-Authenticate: Basic realm="Zone protégée"');
header("HTTP/1.0 401 Unauthorized");
```

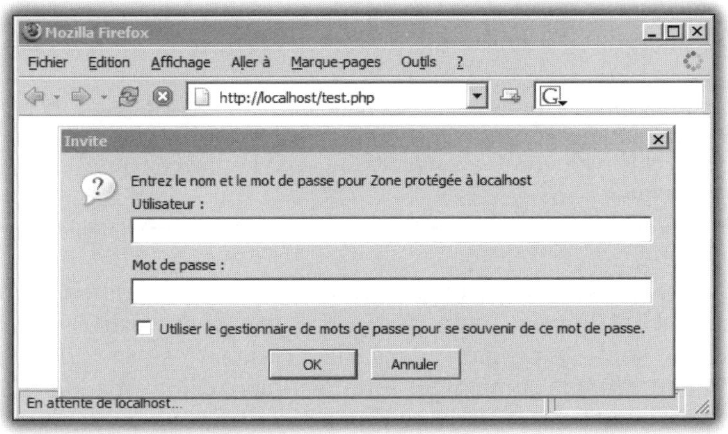

***Figure 7.15 :** Firefox propose de vous authentifier dans la "zone protégée"*

Une fois le bouton OK validé, Firefox transmet une requête contenant vos informations d'indentification. Cela se traduit par l'ajout au sein de l'en tête d'une instruction Authorization correspondant l'encodage en base 64 de votre identifiant suivi de votre mot de passe :

```
identifiant:mot de passe
```

Vous pouvez vérifier qu'il s'agit bien d'un encodage en base 64 en utilisant la fonction base64_decode() sur la valeur associée à Authorization.

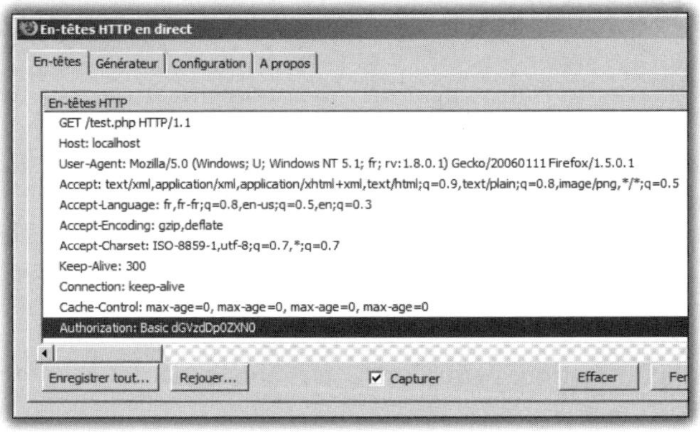

Figure 7.16 : *Transmission encodée de votre identifiant et de votre mot de passe*

Listing 7-9 : Cette instruction affiche bien la chaîne "test:test"

```
echo base64_decode("dGVzdDp 0ZXN0");
```

ATTENTION

Syntaxe

Veillez à bien utiliser un `B` majuscule pour `Basic` et des doubles guillemets pour entourer la valeur associée à `realm`. Dans le cas contraire des problématiques d'incompatibilité avec les navigateurs pourraient survenir.

L'étape suivante consiste à pouvoir vérifier si l'authentification s'est bien déroulée. Les données dont vous disposez pour réaliser cette authentification sont contenues dans la variable super globale `$_SERVER`. Cette variable contient un certain nombre d'informations sur la requête, le script appelé et le serveur web.

Dans le cas d'une authentification, `$_SERVER` dispose de deux éléments en plus, `$_SERVER["PHP_AUTH_USER"]` et `$_SERVER["PHP_AUTH_PW"]` qui contiennent respectivement les valeurs que vous avez précisées pour l'identifiant et le mot de passe.

Le principe consiste maintenant à utiliser ces deux valeurs pour vérifier si elles sont correctes. Deux cas apparaissent alors :

- la vérification a échoué et vous proposez à nouveau la demande d'authentification,
- la vérification a réussi et la suite du script est proposée.

Listing 7-10 : Script d'authentification

```
if ($_SERVER["PHP_AUTH_USER"]!="test" ||
    $_SERVER["PHP_AUTH_PW"]!="test") {
  header('WWW-Authenticate: Basic realm="Zone protégée"');
  header("HTTP/1.0 401 Unauthorized");
  exit(0);
}
print("Bienvenue dans la zone sécurisée");
```

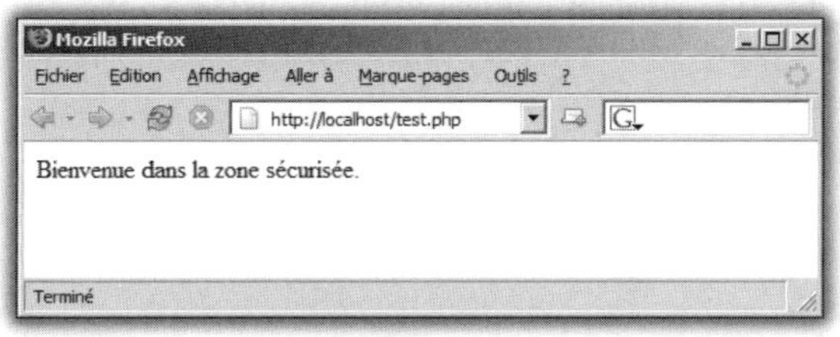

Figure 7.17 : *Message affiché en cas de succès*

En cas de succès les différentes requêtes réalisées avec la même fenêtre de navigateur contiendront l'instruction `Authorization`. Libre à vous de vérifier pour toutes les pages du site que l'internaute est authentifié (en utilisant `$_SERVER["PHP_AUTH_USER"]` et `$_SERVER["PHP_AUTH_PW"]`). Il s'agit d'ailleurs d'une manière classique de protéger l'ensemble des scripts d'un site.

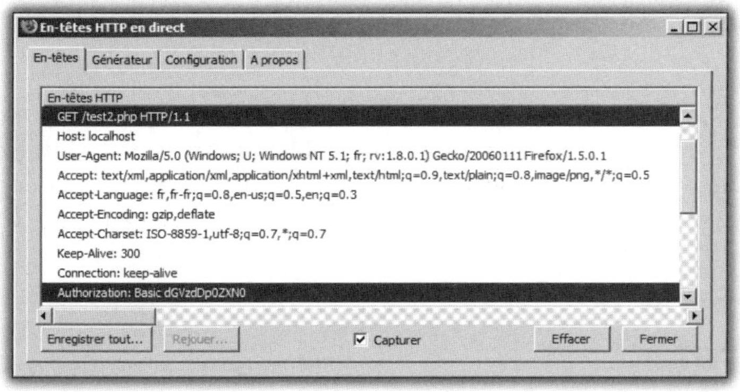

Figure 7.18 : *La requête sur le script test2.php contient bien notre indentification*

Un internaute ne parvenant pas à s'authentifier peut à tout moment cliquer sur le bouton **Annuler** et obtenir un message d'aide. Ce dernier doit suivre l'envoi du code d'erreur 401.

Listing 7-11 : Précision d'un message d'aide

```
header('WWW-Authenticate: Basic realm="Zone protégée"');
header("HTTP/1.0 401 Unauthorized");
print("Veuillez contacter votre administrateur système ");
print("pour obtenir vos identifiants.");
```

L'internaute reste identifié tant que la fenêtre est ouverte. Une porte de sortie doit donc être prévue pour lui permettre de se déconnecter. La technique pour y parvenir consiste à renvoyer un code d'erreur `401`. L'exemple suivant propose un lien vers un script *quitter.php* chargé de réaliser cette déconnexion.

Listing 7-12 : test.php

```
<?php
if ($_SERVER["PHP_AUTH_USER"]!="test" ||
    $_SERVER["PHP_AUTH_PW"]!="test") {
  header('WWW-Authenticate: Basic realm="Zone protégée"');
  header("HTTP/1.0 401 Unauthorized");
  exit (0);
}
print("Bienvenue dans la zone sécurisée<br/><br/>");
print("<a href='quitter.php'>quitter l'application</a>");
?>
```

Listing 7-13 : quitter.php

```
<?php
header('WWW-Authenticate: Basic realm="Zone protégée"');
header("HTTP/1.0 401 Unauthorized");
?>
```

Une fois identifié, cliquez sur le lien pour basculer sur *quitter.php* et constater que la fenêtre d'authentification est bien proposée. Modifiez maintenant l'url dans la barre de navigation afin d'indiquer `http://localhost/test.php`. Vous constatez à nouveau que la déconnexion a bien fonctionné.

7.5. En bref

- PHP permet de récupérer et de modifier les informations liées aux en-têtes HTTP.
- La fonction `header()` permet d'intervenir sur l'en-tête à la condition expresse de précéder les affichages du script.
- Les codes d'erreur envoyés par les réponses permettent la gestion des pages d'erreurs et de l'authentification.

Chapitre 8

JavaScript, contrôle de formulaires et AJAX

Vous êtes désormais en mesure d'obtenir des informations auprès des internautes et de les transmettre à un script chargé de leur traitement.

L'étape suivante consiste à vérifier que les données du formulaire sont conformes à vos attentes, que tous les champs obligatoires ont été remplis et qu'ils contiennent bien le type de valeur que vous attendez. Suivant la technique utilisée, ces contrôles pourront avoir lieu à la fois au niveau du navigateur (JavaScript) ou du serveur (PHP), avec ou sans rechargement de page.

8.1. Présentation de JavaScript

Le langage JavaScript a été créé en 1995 par Brendan Eich (aujourd'hui employé par Firefox) pour le compte de la société Netscape. Face au succès croissant du Web, Microsoft s'inspira bien vite du concept pour son nouveau navigateur (Internet Explorer) et créa le Jscript en s'éloignant bien évidemment du langage initial. Le besoin évident d'un standard conduisit néanmoins les principaux acteurs à définir une norme : l'ECMAScript.

La situation actuelle est heureusement bien meilleure qu'il y a quelques années. En dehors de Microsoft et de sa mauvaise volonté coutumière, les principaux navigateurs du marché (Firefox, Safari, Chrome, Opera) tendent à suivre scrupuleusement la norme et permettent d'écrire un code extrêmement portable. Face à ce mouvement, à la croissance rapide de Firefox, et à la grogne générale des développeurs, Microsoft tend cependant à rentrer davantage dans les rangs avec Internet Explorer 7 et 8.

En ce qui concerne les nouveautés, JavaScript est un langage qui continue d'évoluer et qui a vu un accroissement rapide de sa popularité avec l'avènement du concept Ajax.

La grande compétition entre navigateurs a cependant plutôt lieu ces dernières années dans les domaines de la performance et de la rapidité. Tous les navigateurs se sont en effet mis à incorporer des techniques avancées d'optimisation au sein de leur moteur JavaScript et ont ainsi vu les performances littéralement exploser.

REMARQUE

Moteurs JavaScript

Les moteurs les plus connus sont : V8 pour Chrome, TraceMonkey pour Firefox, et SquirrelFish pour Safari (WebKit).

L'objet de ce chapitre n'est certainement pas de rentrer dans les détails du langage. Il s'agit au contraire de présenter quelques fonctionnalités qui pourront se révéler utiles lors de la conception d'applications web. La syntaxe du langage ressemblant énormément à celle du PHP, nous ne nous étendrons pas sur le sujet.

Les fonctions

Comme vous l'avez compris dans le premier chapitre, JavaScript est un langage interprété qui s'exécute au niveau du navigateur. Un code JavaScript se déclare entre les balises `<script type="text/javascript">` et `</script>`. Il se situe le plus souvent dans l'en-tête de la page HTML (entre les balises `<head>` et `</head>`).

REMARQUE

Syntaxe alternative

La syntaxe `<script language="javascript">` peut également être trouvée mais appartient désormais au passé.

Un code JavaScript est généralement organisé en fonctions.

Listing 8-1 : Définition de deux fonctions JavaScript : message() et popup()

```
<html>
<head>
<script type="text/javascript">
function message(str)
{
  document.write(str);
}

function popup(str)
{
  alert(str);
}
</script>
</head>
<body>
...
```

Plutôt que placer tout le code JavaScript au niveau de l'en-tête (*header*), vous pouvez le centraliser dans un fichier extérieur.

Listing 8-2 : Fichier fonctions.js contenant la déclaration des deux fonctions

```
function message(str)
{
  document.write(str);
}

function popup(str)
{
  alert(str);
}
```

Ce dernier est ensuite inclus dans le fichier HTML de la manière suivante :

Listing 8-3 : Le code JavaScript est inclus depuis un fichier externe

```
<html>
<head>
<script type="text/javascript" src="fonctions.js"></script>
</head>
<body>
...
```

Une fois les fonctions créées et associées à votre page, elles peuvent être appelées de différentes manières : soit directement dans le contenu de la page, soit en les liant à un événement.

REMARQUE

Similarités et différences entre PHP et JavaScript

Comme vous le constatez, PHP et JavaScript utilisent la même syntaxe pour déclarer des fonctions. D'autres éléments du langage sont également très proches : les structures de contrôle (`if`, `while`, `for`, etc.), les opérateurs de contrôle (==, >=, etc.), le caractère non typé des variables. Parmi les différences, nous pouvons tout de même citer :

- l'absence du `$` devant les variables ;
- la nécessité de déclarer les variables avant de les utiliser pour la première fois (par exemple, `var n;`) ;
- des noms de fonctions différents (par exemple, `print()` devient `document.write()`) ;
- le signe plus (+) plutôt que le point (`.`) comme opérateur de concaténation de chaînes de caractères.

L'appel direct

Dans le corps de la page (<body>), ouvrez un deuxième bloc de code JavaScript qui vous permet de faire appel directement aux fonctions définies plus haut :

Listing 8-4 : exécution de la fonction message() par appel dans le corps de la page

```
<html>
<head>
<script type="text/javascript">
function message(str)
{
  document.write(str);
}
</script>
</head>
<body>
<script type="text/javascript">
message("message généré par une fonction JavaScript");
</script>
</body>
</html>
```

Comme en PHP, les éléments (fonctions, variables) définis dans les différents blocs de code sont accessibles à partir des autres blocs.

Dans le cas présent, vous auriez pu définir les fonctions juste au-dessus de leur appel :

Listing 8-5 : Déclaration de la fonction et son appel dans le même bloc

```
<html>
<head>
<body>
<script type="text/javascript">
function message(str)
{
  document.write(str);
}
message("message généré par une fonction JavaScript");
</script>
</body>
</html>
```

Afin de faciliter la relecture, l'usage veut cependant de les laisser dans l'en-tête de la page.

Les événements

La nature des événements liés à une page web est assez variée. Un événement peut être lié à la page elle-même (ouverture, fermeture) ou à un widget (clic sur un lien, sur un bouton, focus sur un champ de texte, choix d'une option dans un menu déroulant).

L'exemple ci-dessous ouvre une petite fenêtre (à l'aide de la fonction `alert()`) une fois la page chargée, et une autre quand vous fermez le navigateur. Les deux événements utilisés sont `onLoad()` et `onUnload()` liés à la balise `<body>`.

Listing 8-6 : Exécution de la fonction popup() à l'ouverture et à la fermeture de la page avec des paramètres différents

```
<html>
<head>
<script type="text/javascript">
function popup(str)
{
  alert(str);
}
</script>
</head>
<body onLoad="popup('ouverture de la page')"
      onUnload="popup('fermeture de la page')">
événements JavaScript
</body>
</html>
```

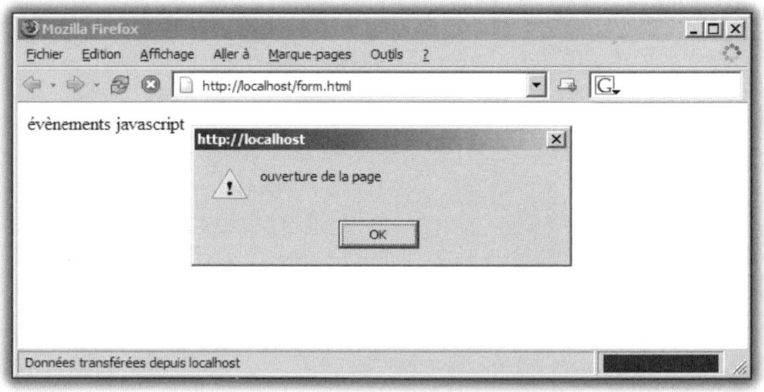

Figure 8.1 : *Apparition de la fenêtre pop-up une fois la page chargée*

Vous allez maintenant déclencher la fonction `popup()` en cliquant sur un bouton :

Listing 8-7 : La fonction popup() est associé au clic sur le bouton

```
<html>
<head>
<script type="text/javascript">
function popup(str)
{
  alert(str);
}
</script>
</head>
<body>
<form>
<input type="button" value="cliquer ici"
       onClick="popup('événement associé au clic')" />
</form>
</body>
</html>
```

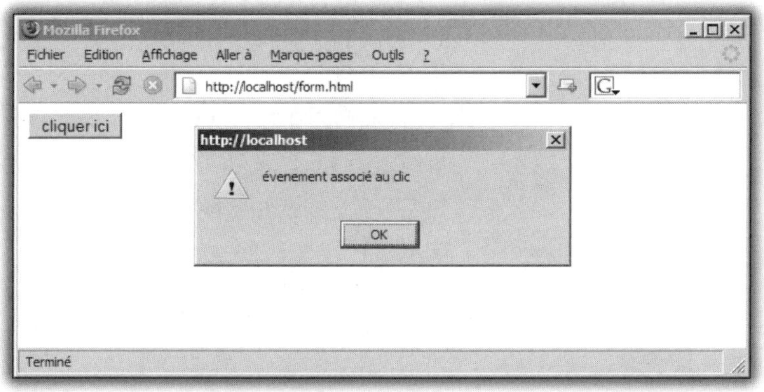

Figure 8.2 : *La fenêtre apparaît à la suite d'un clic sur le bouton*

Plutôt que de créer des fonctions dans l'en-tête, il est préférable, quand celles-ci sont simples, de mettre le code directement au niveau de l'événement.

Listing 8-8 : Le code responsable de l'ouverture de la fenêtre pop-up est directement placé au niveau de l'événement

```
<html>
<body>
<form>
<input type="button" value="cliquer ici"
       onClick="alert('événement associé au clic')" />
</form>
</body>
</html>
```

L'exemple suivant ouvre une fenêtre lorsque vous survolez (événement `onMouseOver()`) un lien :

Listing 8-9 : Affichage d'une fenêtre lorsque le pointeur de la souris passe au-dessus du lien

```
<html>
<body>
<a href="#" onMouseOver="alert('coucou')">lien</a>
</body>
</html>
```

Tableau 8.1 : *Événements JavaScript*

Événement	Gestionnaire d'événement	Signification
`abort`	`onAbort`	Le chargement d'une image a échoué
`blur`	`onBlur`	Perte du focus d'un élément
`change`	`onChange`	Changement de valeur d'un élément
`click`	`onClick`	Simple clic sur un élément
`dblclick`	`onDblClick`	Double clic sur un élément
`error`	`onError`	Erreur lors du chargement d'une image
`focus`	`onFocus`	Un élément obtient le focus
`keydown`	`onKeyDown`	Une touche du clavier est pressée
`keypress`	`onKeyPress`	Suit le `keydown`
`keyup`	`onKeyUp`	Une touche du clavier est relâchée
`load`	`onLoad`	Lorsque la page est intégralement chargée
`mousedown`	`onMouseDown`	Le bouton de la souris est pressé
`mousemove`	`onMouseMove`	La souris est déplacée
`mouseout`	`onMouseOut`	Le curseur de la souris quitte l'élément
`mouseover`	`onMouseOver`	Le curseur de la souris passe sur l'élément
`mouseup`	`onMouseUp`	Le bouton de la souris est relâché
`reset`	`onReset`	Le formulaire est réinitialisé

Tableau 8.1 : *Événements JavaScript*

Événement	Gestionnaire d'événement	Signification
`resize`	`onResize`	L'élément est redimensionné
`select`	`onSelect`	Le texte est sélectionné
`submit`	`onSubmit`	Lors de la soumission d'un formulaire
`unload`	`onUnload`	Lorsque l'utilisateur quitte la page

L'interaction avec les widgets

JavaScript permet d'interagir avec tous les éléments d'un formulaire. Tout champ peut être initialisé, modifié et contrôlé. Les techniques permettant d'accéder aux valeurs des widgets ont largement évolué depuis 1995. Nous présenterons ici la méthode la plus récente et la plus répandue aujourd'hui.

JavaScript dispose d'une fonction qui vous permet d'accéder à tout élément de la page : `document.getElementById()`. Cette fonction prend en argument l'identifiant de l'élément auquel vous souhaitez accéder. Tout élément d'une page HTML peut être identifié en lui assignant un attribut `id`. La seule contrainte est de choisir un identifiant unique au sein de la page.

Listing 8-10 : Ce champ text est désormais identifié en tant que nom

```
<input type="text" id="nom" />
```

ATTENTION

Les attributs `name` et `id`

L'attribut `id` ne se substitue en aucun cas à l'attribut `name`. Lors de la soumission d'un formulaire, seul l'attribut `name` est pris en compte pour la transmission des données.

La fonction `document.getElementById()` permet d'accéder à l'ensemble des attributs d'un élément : sa valeur (`value`), son nom (`name`), son identifiant unique (`id`), son type (`type`), etc.

Si vous souhaitez par exemple accéder à la valeur (value) d'un input text dont l'id est p, écrivez :

```
document.getElementById('p').value
```

L'accès aux autres attributs de l'élément suit le même principe :

Listing 8-11 : document.getElementById() permet d'accéder à l'ensemble des attributs du widget

```
<html>
<body>

<input type="text" name="prenom" id="p" value="paul" />
<br/><br/>
<input type="button" value="type"
       onClick="alert('type : '+
                document.getElementById('p').type)" />
<br/>
<input type="button" value="name"
       onClick="alert('name : '+
                document.getElementById('p').name)" />
<br/>
<input type="button" value="id"
       onClick="alert('id : '+
                document.getElementById('p').id)" />
<br/>
<input type="button" value="value"
       onClick="alert('value : '+
                document.getElementById('p').value)" />
<br/>

</body>
</html>
```

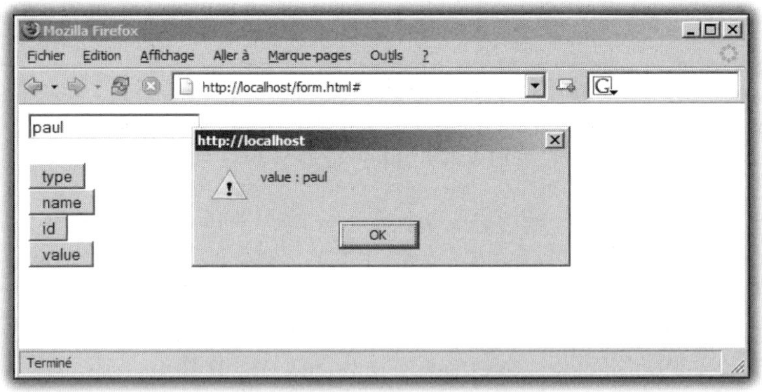

Figure 8.3 : *Chaque bouton permet d'accéder à un attribut*

Les méthodes associées aux éléments peuvent également être appelées. L'exemple suivant illustre l'utilisation de la méthode `select()` qui permet de sélectionner le contenu des `input text` et des `textarea`.

Listing 8-12 : Sélection du contenu de l'input text

```
<html>
<body>

<input type="text" name="prenom" id="p" value="paul" />
<br/><br/>
<input type="button" value="selection du contenu"
       onClick="document.getElementById('p').select()" />
<br/>

</body>
</html>
```

Figure 8.4 : *Sélection du contenu*

La balise `<form>` dispose elle-même d'un certain nombre de méthodes. L'appel direct à sa méthode `submit()` peut éviter de passer par un bouton `submit` pour valider le formulaire.

Listing 8-13 : Le lien situé en dehors du formulaire déclenche l'envoi du formulaire

```
<form id="form1">
...
</form>
<a href="#"
   onClick="document.getElementById('form1').submit()">
```

Présentons avant d'aller plus loin une fonction très utile du JavaScript : `confirm()`. L'appel à cette fonction déclenche l'apparition d'une petite fenêtre (similaire à celle de la fonction `alert()`) qui demande une confirmation (**OK**, **Annuler**) à l'internaute. Si le bouton **OK** est pressé, `confirm()` retourne le booléen `true`. Associée à une structure de contrôle comme `if`, cette fonction peut permettre d'exécuter différentes parties de code en fonction de la réponse de l'internaute.

Développez à l'aide de cette fonction un petit script qui demande une confirmation avant d'initialiser le contenu d'un champ texte :

Listing 8-14 : Utilisation de la commande confirm()

```
<html>
<header>
<script type="text/javascript">
function ma_fonction()
{
  if (confirm("Initialiser le champ text ?")) {
    document.getElementById('p').value='abcdef';
  }
}
</script>
</header>
<body>
<input type="text" id="p" /><br/><br/>
<input type="button" value="valider"
       onClick="ma_fonction()" /><br/>
</body>
</html>
```

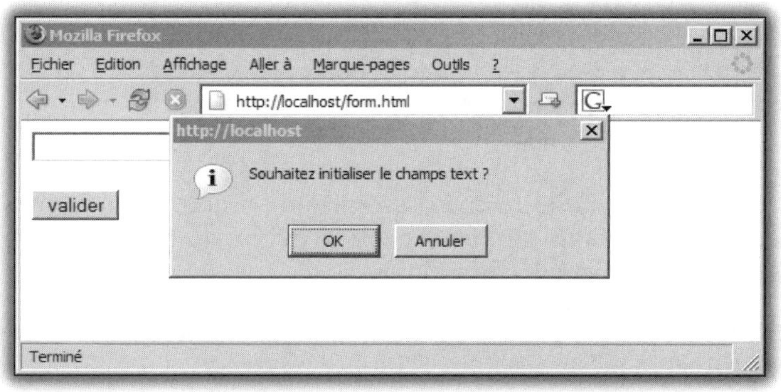

Figure 8.5 : *Utilisation de la fonction confirm*

La fonction `prompt()` permet, quant à elle, de demander durant l'exécution d'un JavaScript une donnée à l'internaute. Faites évoluer le script précédent en initialisant le champ `text` avec une donnée que la fonction `prompt()` aura transmise :

Listing 8-15 : Utilisation de la commande prompt()

```
<html>
<header>
<script type="text/javascript">
function ma_fonction()
{
  if (confirm("Vous souhaitez initialiser le champ text ?")) {
    var str = prompt("Avec quelle valeur ?");
    document.getElementById('p').value=str;
  }
}
</script>
</header>
<body>
<input type="text" id="p" /><br/><br/>
<input type="button" value="valider"
       onClick="ma_fonction()" /><br/>
</body>
</html>
```

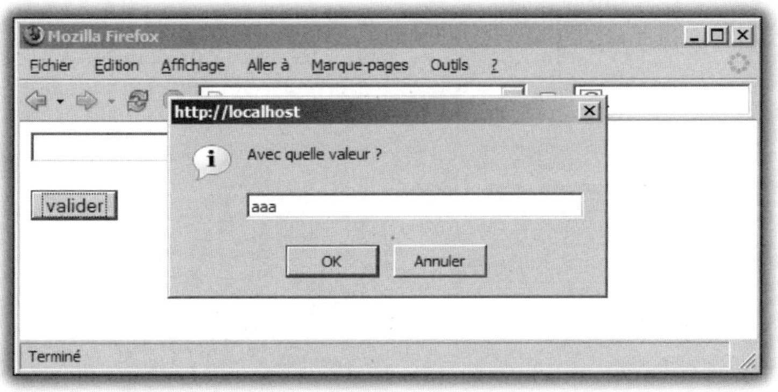

Figure 8.6 : *Utilisation de la fonction prompt*

Nous progressons maintenant vers le but de ce paragraphe : tester les champs d'un formulaire avant de déclencher la transmission.

Il se révèle très facile de tester la présence d'une donnée dans un champ `text`, compte tenu de ce que vous avez vu précédemment :

Listing 8-16 : Vérification du contenu d'un champ text

```
<html>
<header>
<script type="text/javascript">
function verif()
{
  if (document.getElementById('p').value=='') {
```

```
    alert("Erreur");
  }
  else {
    alert("ok");
  }
}
</script>
</header>
<body>
<input type="text" id="p" /><br/><br/>
<input type="button" value="valider"
      onClick="verif()" /><br/>
</body>
</html>
```

La ligne `alert('ok')` aurait pu être ici remplacée par l'appel de la méthode `submit()` du formulaire `monform`.

ASTUCE

Débogage JavaScript

Le navigateur Firefox propose un outil très pratique pour les développeurs web : la console JavaScript. Cette console, qui peut être ouverte depuis le menu **Outils**, liste toutes les erreurs qui sont survenues durant l'exécution de votre code et vous donne des indications sur leur origine.

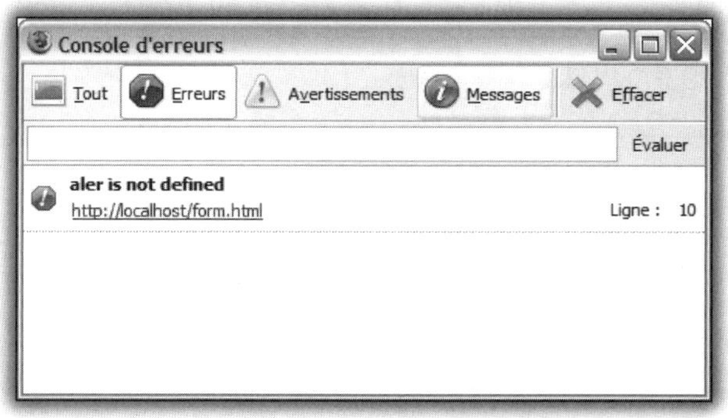

Figure 8.7 : *Une console JavaScript indiquant une mauvaise orthographe de la fonction alert()*

Cette fonctionnalité devrait séduire les développeurs web exaspérés par les messages d'erreur incompréhensibles fournis par Internet Explorer.

Bien que déjà très utile, cette fonctionnalité fait pâle figure face à l'extension Firebug téléchargeable sur le site : **www.getfirebug.com**. Véritable couteau suisse, cette extension permet de tracer les erreurs avec une facilité déconcertante.

ASTUCE

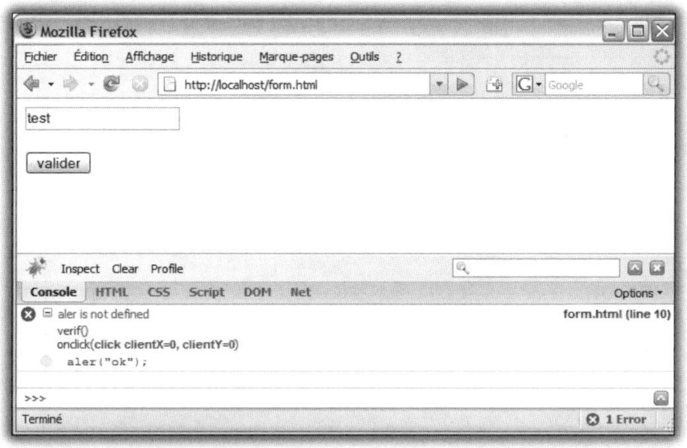

Figure 8.8 : *Affichage de la même erreur dans la console de Firebug*

Les éléments `select`, `input radio` et `input checkbox` doivent être testés différemment.

Les cases à cocher, qu'il s'agisse de `radio` ou de `checkbox`, ne dérogent pas à la règle d'unicité en ce qui concerne l'`id` qui leur est associé. La vérification de l'état « coché » repose sur la valeur (`true`/`false`) de l'attribut `checked`.

```
if (document.getElementById('c').checked==false)
  alert("Cette case n'est pas cochée");
```

Pour les éléments `select`, l'attribut qui nous intéresse est `selectedIndex` qui contient le numéro de l'option sélectionnée (la première a pour index `0`). Ce principe conduit souvent à avoir comme premier élément du `select` une option vide qui force l'internaute à en sélectionner véritablement une. Dans le cas d'un `select multiple`, `selectedIndex` peut avoir la valeur `-1` si aucune des options n'est sélectionnée.

Validez maintenant le formulaire mis en place dans le chapitre précédent. Vous en profiterez pour lui ajouter un champ `annee` que vous limiterez à quatre caractères. Votre objectif est d'afficher un message d'erreur précisant les champs qui n'ont pas été renseignés. Une fois le formulaire convenablement rempli, une demande de confirmation est faite avant la transmission du formulaire à *script.php* (voir Figure 8.9).

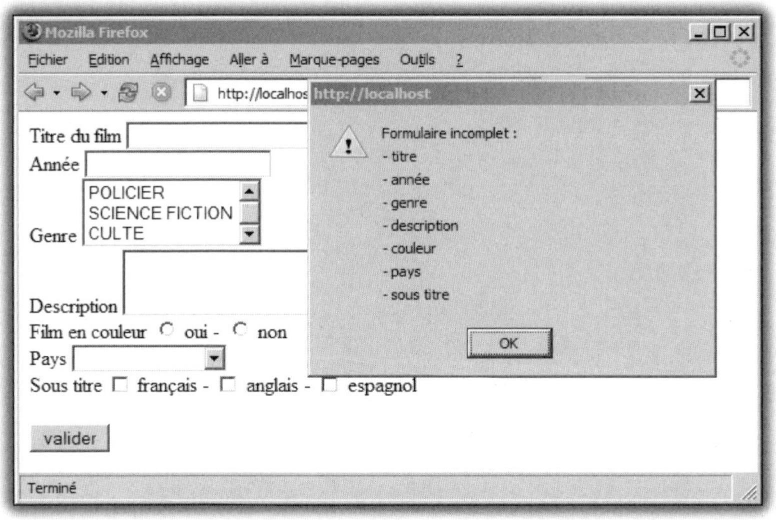

Figure 8.9 : *Validation des différents types de widget*

```
<html>

<head>
<script type="text/javascript">
function verif()
{
  var err = "";

  if (document.getElementById('idTitre').value=='')
    err = err+"- titre\n";

  if (document.getElementById('idAnnee').value=='')
    err = err+"- année\n";

  if (document.getElementById('idGenre').selectedIndex==-1)
    err = err+"- genre\n";

  if (document.getElementById('idDescript').value=='')
    err = err+"- description\n";

  if (document.getElementById('idCoulOui').checked==false &&
      document.getElementById('idCoulNon').checked==false)
        err = err+"- couleur\n";

  if (document.getElementById('idPays').selectedIndex==0)
    err = err+"- pays\n";

  if (document.getElementById('idStFr').checked==false &&
      document.getElementById('idStGb').checked==false &&
```

```
      document.getElementById('idStEs').checked==false)
        err = err+"- sous titre\n";

  if (err!="") {
    alert("Formulaire incomplet :\n"+err);
  }
  else if (confirm("Transmettre le formulaire ?")) {
    document.getElementById('monform').submit();
  }
}
</script>
</head>

<body>

<form action="script.php" id="monform">

<label>Titre du film</label>
<input type="text" name="titre" id="idTitre" /><br/>

<label>Année</label>
<input type="text" name="annee" id="idAnnee" maxlength="4" />
<br/>

<label>Genre</label>
<select name="genre[]"multiple="yes" size="3" id="idGenre">
 <option value="policier">POLICIER</option>
 <option value="sf">SCIENCE FICTION</option>
 <option value="culte">CULTE</option>
</select><br/>


<label>Description</label>
<textarea name="description" id="idDescript"></textarea><br/>

<label>Film en couleur</label>
<input type="radio" name="couleur" value="1"
       id="idCoulOui" /> oui -
<input type="radio" name="couleur" value="0"
       id="idCoulNon" /> non <br/>

<label>Pays</label>
<select name="pays" id="idPays">
 <option value=""></option>
 <option value="fr">FRANCE</option>
 <option value="us">USA</option>
 <option value="gb">ANGLETERRE</option>
</select><br/>

<label>Sous titre</label>
<input type="checkbox" name="soustitre[]" value="fr"
```

```
       id="idStFr" /> français -
<input type="checkbox" name="soustitre[]" value="gb"
       id="idStGb" /> anglais -
<input type="checkbox" name="soustitre[]" value="es"
       id="idStEs" /> espagnol <br/>
<br/>

<input type="button" value="valider" onClick="verif()" />

</form>

</body>
</html>
```

REMARQUE

Les accents

Le choix de l'identifiant `idAnnee` plutôt qu'`idAnnée` est volontaire. La gestion des accents est loin d'être parfaite dans la plupart des navigateurs, et cela risque d'être à l'origine d'erreurs.

La bibliothèque Prototype

Comme vous pouvez le constater, la syntaxe des fonctions JavaScript peut apparaître assez compliquée. Partant de ce constat, certains développeurs liés à la plateforme Ruby On Rails ont conçu une bibliothèque JavaScript visant à simplifier la vie des développeurs et à alléger leur code : Prototype. Cette bibliothèque peut être téléchargée sur le site **www.prototypejs.org**. Pour l'utiliser, placez-la par exemple dans un répertoire *js* contenant vos scripts JavaScript et incluez-la de la manière suivante :

Listing 8-17 : Inclusion de la bibliothèque Prototype

```
<html>
<head>
<script src="/js/prototype.js" type="text/javascript"></script>
</head>
<body>
...
```

Une fois incluse, cette bibliothèque vous permet de remplacer `document.getElementById('id_element')` par `$('id_element')` et `document.getElementById('id_element').value` par `$F('id_element')`. `$()` et `$F()` sont des extensions propres à Prototype vous permettant de rendre votre code beaucoup plus élégant et lisible.

Listing 8-18 : Version Prototype

```
<head>
<script src="/js/prototype.js"
        type="text/javascript"></script>
<script language="javascript">
function verif()
{
  var err = "";
  if ($F('idTitre')=='') err = err+"- titre\n";
  if ($F('idAnnee')=='') err = err+"- année\n";
  if ($('idGenre').selectedIndex==-1)
    err = err+"- genre\n";
  if ($F('idDescript')=='') err = err+"- description\n";
  if ($('idCoulOui').checked==false &&
      $('idCoulNon').checked==false)
        err = err+"- couleur\n";
  if ($('idPays').selectedIndex==0)
    err = err+"- pays\n";
  if ($('idStFr').checked==false &&
      $('idStGb').checked==false &&
      $('idStEs').checked==false)
        err = err+"- sous titre\n";
  if (err!="") {
    return alert("Formulaire incomplet :\n"+err);
  }
  if (confirm("Transmettre le formulaire ?")) {
    $('monform').submit();
  }
}
</script>
</head>
```

REMARQUE

Inconvénient de Prototype

L'inconvénient majeur de la bibliothèque Prototype est sa taille. La première fois qu'un internaute visite une page faisant appel à la bibliothèque Prototype, un fichier (*prototype.js*) de 70 Ko doit être téléchargé en plus de la page et des éventuelles images liées. Heureusement pour nous, les navigateurs web sont intelligents et ne téléchargeront pas à nouveau ce fichier à chaque consultation de la page (ou de toute autre page utilisant la bibliothèque). Le cache du navigateur sera en effet mis à contribution.

8.2. Des vérifications simples en PHP

Les tests JavaScript ne doivent en aucun cas être considérés comme un gage de sécurité absolu. Vous savez en effet qu'il est possible de composer soi-même un lien permettant de transmettre des données. En utilisant cette technique, l'utilisateur passe à travers les tests JavaScript et force la transmission des informations qui lui conviennent. Il est également important de savoir que la technologie JavaScript peut être désactivée au niveau du navigateur. Au bilan, vos vérifications JavaScript doivent plutôt être envisagées comme des avertissements. L'utilisateur est mis au courant que ses données risquent d'être refusées au niveau du script et qu'il lui faudra alors revenir en arrière afin de modifier les données du formulaire. Nous sommes donc ici plus dans une optique de confort, d'ergonomie et de gain de temps.

Commencez par étudier les différentes fonctions de contrôle que vous propose PHP et utilisez le formulaire présenté juste au-dessus pour vos exemples.

Tout d'abord, la fonction `empty()` est de loin la plus importante. Cette fonction retourne `true` si la variable que vous lui avez adressée en argument est vide ou inexistante.

Cette fonction peut être utilisée pour les champs `titre`, `année`, `description` et `pays`.

```
if (empty($_REQUEST['titre'])==true)
{
  print("ERREUR : le champ titre n'a pas été rempli");
  exit();
}
```

Vous savez qu'un `if` vérifie si l'expression est différente de `false`. Vous pouvez donc simplifier votre test et faciliter sa lecture :

```
if (empty($_REQUEST['titre']))
{
  print("ERREUR : le champ titre n'a pas été rempli");
  exit();
}
```

> ATTENTION
>
> **Allégement du code**
>
> Il convient de ne pas aller trop loin dans l'allégement de votre code. Une lisibilité accrue pour une relecture facile est largement plus importante qu'un code compact. De plus, n'allez surtout pas imaginer qu'en réduisant la taille de votre code, vous optimiserez sa performance : c'est faux !

La fonction `exit()` est utilisée pour interrompre et quitter définitivement le script. Vous pouvez aussi faire appel à la fonction `die()` qui quitte également le programme tout en affichant à l'écran la chaîne de caractères qui lui est adressée en paramètre.

```
if (empty($_REQUEST['titre']))
{
  die("ERREUR : le champ titre n'a pas été rempli");
}
```

REMARQUE

La commande `return()`

Vous pourrez trouver sur le Web des scripts qui utilisent la fonction `return()` plutôt que les fonctions `exit()` ou `die()`. Cette fonction est pourtant différente dans le sens où `return()` ne quitte que le script en cours. Vous verrez en effet par la suite qu'un script peut en inclure d'autres. Pour être sûr de quitter définitivement le script, il vaut donc mieux utiliser `exit()` ou `die()`.

Ce test n'est cependant pas très fiable car un titre ne contenant qu'un espace serait considéré comme valide. Cette remarque met en exergue l'importance de la préparation et du nettoyage préalables des données avant leur utilisation au sein d'un script. Dans la majorité des cas, il est conseillé de supprimer les caractères dits blancs (espaces, tabulations) situés aux extrémités d'un paramètre. La fonction `trim()` prévue à cet effet rend cette opération triviale.

```
$_REQUEST['titre'] = trim($_REQUEST['titre']);
if (empty($_REQUEST['titre']))
{
  die("ERREUR : le champ titre n'a pas été rempli");
}
```

Trois paramètres restent donc à tester : le genre, la couleur et le sous-titre.

Ces paramètres ont la particularité de ne pas être propagés par le formulaire si aucune valeur n'est cochée ou sélectionnée. Votre test ne porte donc plus sur le caractère vide ou non de la variable, mais sur son existence. La fonction `isset()` vous vient ici en aide en retournant `true` si une variable existe et `false` dans le cas contraire.

```
if (isset($_REQUEST['genre']))
{
  die("ERREUR : aucun genre n'a été sélectionné");
}
```

REMARQUE

Les fonctions `empty()` **et** `isset()`

Même si la fonction `isset()` peut la plupart du temps être remplacée par `empty()`, il est préférable d'être le plus précis possible dans le choix et l'utilisation de vos fonctions.

Vous êtes désormais en mesure de savoir si tous les champs ont été renseignés. Vous n'avez cependant aucune information sur la validité des paramètres reçus. Dans l'état actuel des choses, `$_REQUEST['genre']` pourrait contenir la chaîne de caractères `xx` et passer les tests.

Vous allez donc aller plus loin dans la validation des paramètres et contrôler les points suivants :

- `$_REQUEST['titre']` contient plus de deux caractères ;
- `$_REQUEST['annee']` comprise entre 1930 et 2007 ;
- `$_REQUEST['genre']` contient au moins une des valeurs suivantes : `policier`, `sf`, `culte` ;
- `$_REQUEST['description']` contient entre 10 et 500 caractères ;
- `$_REQUEST['couleur']` vaut `0` ou `1` ;
- `$_REQUEST['pays']` contient une des valeurs suivantes : `fr`, `us`, `gb` ;
- `$_REQUEST['soustitre']` contient au moins une des valeurs suivantes : `fr`, `gb`, `es`.

La fonction `strlen()` qui retourne la taille d'une chaîne de caractères est utilisée pour les tests 1 et 4.

Listing 8-19 : Validation du titre

```
if (strlen($_REQUEST['titre'])>2)
```

Listing 8-20 : Validation de la description

```
if( strlen($_REQUEST['description'])>10 &&
    strlen($_REQUEST['description'])<500)
```

Les tests 2 et 5 peuvent se résumer à des comparaisons de type numérique :

Listing 8-21 : Validation du champ année

```
if ($_REQUEST['annee']>=1930 && $_REQUEST['annee']<=2006)
```

Listing 8-22 : Validation de la couleur

```
if ($_REQUEST['couleur']==0 || $_REQUEST['couleur']==1)
```

Le test 6 se résume quant à lui à des comparaisons sur les chaînes de caractères :

Listing 8-23 : Validation du pays

```
if ($_REQUEST['pays']=='fr' || $_REQUEST['pays']=='us' ||
    $_REQUEST['pays']=='gb')
```

Le principe de ce dernier test est correct, mais pose le problème d'allonger et de complexifier énormément l'`if` dès que vous ajoutez une option. Une technique optimale consiste à déclarer un tableau contenant toutes les valeurs possibles et à vérifier que la valeur de `$_REQUEST['pays']` en fait bien partie. La fonction `in_array()` va vous permettre d'y parvenir. Son premier argument correspond à la valeur à tester et le second à un tableau contenant les valeurs de référence :

Listing 8-24 : Version plus élégante de la vérification du pays

```
$tableau_pays = array('fr','us','gb');
  if (in_array($_REQUEST['pays'],$tableau_pays)==false)
      $erreur .= "- le champ pays est mal rempli<br/>";
```

Les tests 3 et 7 diffèrent du test 6 dans la mesure où `$_REQUEST['genre']` et `$_REQUEST['soustitre']` peuvent contenir plusieurs valeurs qui doivent toutes être valides. La fonction `in_array()` va donc devoir être appliquée pour chacune de ces valeurs :

Listing 8-25 : Validation du genre

```
$tableau_genre = array('policier','sf','culte');
foreach ($_REQUEST['genre'] as $tmp) {
  if (in_array($tmp,$tableau_genre)==false)
      $erreur .= "- le genre $tmp n'est pas correct<br/>";
}
```

Listing 8-26 : Validation du sous-titre

```
$tableau_soustitre = array('fr','gb','es');
foreach ($_REQUEST['soustitre'] as $tmp) {
  if (in_array($tmp,$tableau_soustitre)==false)
      $erreur .= "- le sous-titre $tmp n'est pas correct<br/>";
}
```

Ces deux tests sont valides mais insuffisants car vous ne testez pas le fait que `$_REQUEST['genre']` et `$_REQUEST['soustitre']` sont bien des tableaux et qu'ils contiennent au moins un élément. Cette vérification est importante dans la mesure où `foreach()` génère une erreur lorsque la variable qui lui est adressée en paramètre n'est pas un tableau. Renforcez la vérification en utilisant la fonction `is_array()`, qui indique si la variable qui lui est transmise en paramètre est bien un tableau, et la fonction `count()` qui retourne le nombre d'éléments contenus dans un tableau.

Listing 8-27 : Version plus complète de la validation du genre

```
if (is_array($_REQUEST['genre'])==false ||
    count($_REQUEST['genre'])<=1) {
  $erreur .= "- le genre n'est pas correct<br/>";
}
else {
  $tableau_genre = array('policier','sf','culte');
  foreach ($_REQUEST['genre'] as $tmp) {
    if (in_array($tmp,$tableau_genre)==false)
        $erreur .= "- le genre $tmp n'est pas correct<br/>";
  }
}
```

L'ensemble de ces tests vous informe de la validité des paramètres. Adaptez-les afin de détecter désormais leur non-validité et regroupez-les au sein d'une fonction : `verif()`. Cette fonction retourne `true` si aucune erreur n'est détectée et `false` dans le cas contraire.

Listing 8-28 : Fonction verif() de vérification des paramètres

```
<?php

function verif()
{
  $erreur = "";

  if (strlen($_REQUEST['titre'])<=2)
      $erreur .= "- le champ titre est mal rempli<br/>";

  if( strlen($_REQUEST['description'])<=10 ||
      strlen($_REQUEST['description'])>=500)
      $erreur .= "- le champ description est mal rempli<br/>";

  if ($_REQUEST['annee']<1930 || $_REQUEST['annee']>2006)
      $erreur .= "- le champ année est mal rempli<br/>";

  if ($_REQUEST['couleur']!=0 && $_REQUEST['couleur']!=1)
      $erreur .= "- le champ couleur est mal rempli<br/>";
```

```
  $tableau_pays = array('fr','us','gb');
  if (in_array($_REQUEST['pays'],$tableau_pays)==false)
      $erreur .= "- le champ pays est mal rempli<br/>";

  if (is_array($_REQUEST['genre'])==false ||
      count($_REQUEST['genre'])<1) {
    $erreur .= "- le genre n'est pas correct<br/>";
  }
  else {
    $tableau_genre = array('policier','sf','culte');
    foreach ($_REQUEST['genre'] as $tmp) {
      if (in_array($tmp,$tableau_genre)==false)
          $erreur .= "- le genre $tmp n'est pas correct<br/>";
    }
  }

  if (is_array($_REQUEST['soustitre'])==false ||
      count($_REQUEST['soustitre'])<1) {
    $erreur .= "- le sous-titre n'est pas correct<br/>";
  }
  else {
    $tableau_soustitre = array('fr','gb','es');
    foreach ($_REQUEST['soustitre'] as $tmp) {
      if (in_array($tmp,$tableau_soustitre)==false)
          $erreur .= "- le sous-titre $tmp n'est pas correct<br/>";
      }
  }

  if (!empty($erreur)) {
      print($erreur);
      return false;
  }

  return true;

}

if (verif()==false) exit(0);

print("<b>Titre</b> : ".$_REQUEST['titre']."<br/>");
print("<b>Année</b> : ".$_REQUEST['annee']."<br/>");
$str_genre = join(',',$_REQUEST['genre']);
print("<b>Genre</b> : ".$str_genre."<br/>");
print("<b>Description</b> : ".$_REQUEST['description']."<br/>");
print("<b>Couleur</b> : ".$_REQUEST['couleur']."<br/>");
print("<b>Pays</b> : ".$_REQUEST['pays']."<br/>");
$str_soustitre = join(',',$_REQUEST['soustitre']);
print("<b>Sous titres</b> : ".$str_soustitre."<br/>");

?>
```

8.3. Les expressions régulières

Les expressions régulières (également appelées *regular expressions* ou *regexp*) permettent de réaliser des tests beaucoup plus fins et complexes. L'idée ici est d'utiliser la fonction `preg_match()` qui retournera `true` si la variable que vous lui adressez en second paramètre « correspond » à l'expression régulière que vous lui avez transmise en premier paramètre (que vous appellerez désormais *pattern*). En terme technique, vous vérifiez si ces deux arguments se correspondent. L'opération générale de recherche de correspondance est appelée le *pattern matching*.

REMARQUE

Et le français dans tout ça ?

Comme vous pouvez le constater, il est fait un usage intensif de barbarismes franglais dans cet ouvrage. Le but est avant tout de vous présenter les termes le plus souvent utilisés dans la littérature informatique.

Un pattern est une simple chaîne de caractères entourée par le caractère / qui va vous permettre de préciser très finement le motif que vous recherchez dans la variable à tester. Si vous souhaitez par exemple vérifier que la variable `$str` contient quelque part dans son contenu la chaîne `"http"`, écrivez :

Listing 8-29 : Première utilisation de la fonction preg_match()

```
if (preg_match("/http/", $str)) {
  print ("str contient http");
}
else {
  print ("str ne contient pas http");
}
```

Si `$str` contient `"blabla http blabla"`, la fonction `preg_match()` retourne `true`. En revanche, si vous lui adressez `bla ht-tp bla` ou `bla hTTp bla`, `preg_match()` retournera `false`. La fonction `preg_match()` fait en effet partie des fonctions sensibles à la casse (qui font la différence entre les majuscules et les minuscules).

L'option `i` placée derrière le deuxième `/` permet de réaliser une comparaison de type *case insensitive* (qui n'est pas sensible à la casse).

Listing 8-30 : Test insensible à la casse

```
if (preg_match("/a/i",$str)) {
  print("str contient  a ou A");
}
else {
  print("str ne contient pas a ou A");
}
```

Pour vérifier que `"http"` se trouve en début de chaîne, vous disposez de l'accent circonflexe (`^`) qui, dans le cadre d'une regexp, correspond à un début de ligne.

Listing 8-31 : Première utilisation de la fonction preg_match()

```
if (preg_match("/^http/",$str)) {
  print("str commence http");
}
else {
  print("str ne commence pas http");
}
```

Dans le même esprit, le caractère `$` correspond à une fin de ligne. Le pattern `^http$` permet par conséquent de vérifier que `$str` contient exactement la chaîne `"http"`. Dans un tel cas, le test `if ($str=="http")` reste cependant largement plus rapide et pertinent qu'`if (preg_match("/^http$/",$str))`.

REMARQUE

Expressions régulières et norme

Les expressions régulières sont aujourd'hui largement normalisées. Leur syntaxe est quasi la même qu'en C, Perl, etc.

Le point (`.`) a aussi un rôle spécial au sein d'un pattern, il correspond à un (et un seul) caractère, quel qu'il soit.

- `preg_match("/ht.tp/","htatp")` retourne `true` ;
- `preg_match("/ht.tp/","htap")` retourne `false`.

Le pattern `^..$` est donc un moyen de tester que `$str` contient deux caractères. Le test `if (strlen($str)==2)` est cependant plus optimisé pour ce type de vérification.

Pour vérifier que `$str` contient bien le point, vous devez le « protéger » avec la barre oblique inversée (`\`). Le pattern `www\.` permet de vérifier que `$str` contient `" www."` et non `" www#"`. La barre oblique inversée doit également être utilisée pour protéger les caractères suivants : ' / ^ [ ] $ ( ) | * { } + ? { \ '.

Ces caractères vont en effet permettre d'aller plus loin dans la construction des patterns. Les crochets par exemple permettent de regrouper un ensemble de caractères qui devront apparaître au moins une fois dans `$str`.

- `preg_match("[aeiouy]",$str)` vérifie que `$str` contient au moins une voyelle ;
- `preg_match("[aeiouy]r",$str)` vérifie que `$str` contient au moins une fois une voyelle suivie de la lettre *r* ;

Certains regroupements de caractères peuvent être simplifiés à l'aide des expressions spéciales :

- `\w` : pour des lettres, des chiffres ou le caractère _ ;
- `\d` : pour des chiffres ;
- `\s` : pour des caractères d'espacement : `\n, ,\t,`.

Le pattern `^\d\d\s\d\d\s\d\d\s\d\d\s\d\d$` peut être utilisé pour vérifier que `$str` correspond à un numéro de téléphone (ex: `01 53 98 73 40`).

Vous pouvez une nouvelle fois simplifier ce pattern en utilisant les expressions de fréquence suivantes :

- `"(to)?"` : la chaîne contient une fois au maximum la chaîne `"to"` ;
- `"(to)+"` : la chaîne contient une fois au minimum la chaîne `"to"` ;
- `"(to)*"` : la chaîne contient zéro ou plusieurs fois la chaîne `"to"` ;
- `"(to){2}"` : la chaîne contient deux chaînes `"to"` qui se suivent ;
- `"(to){2,5}"` : la chaîne contient entre deux et cinq chaînes `"to"` qui se suivent.

Votre pattern « téléphonique » devient donc `^(\d\d\s){4}(\d\d)$`.

Voyez quelques exemples :

- `"^\w+$"` pour vérifier que `$str` ne contient que des lettres ;
- `"^[\w\s,\.]+$"` pour vérifier que `$str` n'est composée que de lettres, de chiffres, de caractères blancs ou de points et de virgules.

Les crochets permettent également de définir des intervalles :

- `[a-z]` pour des lettres minuscules ;
- `[A-Z]` pour des lettres majuscules ;
- `[0-9]` pour des chiffres de 0 à 9 ;
- `[0-5]` pour des chiffres de 0 à 5 ;
- `[d-g]` pour des lettres minuscules de *d* à *g*.

Le caractère `|` au sein d'un pattern prend la signification d'un OU :

- `"(fr|gb|es)"` pour vérifier que la chaîne contient `fr` ou `gb` ou `es` ;
- `"^(fr|gb|es)$"` pour vérifier qu'elle est égale à `fr`, `gb` ou `es`.

Compilez maintenant vos connaissances afin de trouver le pattern qui vous permettra de tester qu'une chaîne est une adresse de courriel valide. Pour simplifier et ne pas vous perdre dans des détails, considérez qu'une adresse de courriel est construite de la manière suivante : le nom de l'utilisateur (caractères alphanumériques ainsi que les caractères – .), l'arobase (`@`), le nom de domaine (caractères alphanumériques ainsi que les caractères – .), un point et l'extension du domaine (de deux à trois caractères).

- étape 1 : `^[\w\.-]+` ;
- étape 2 : `@` ;
- étape 3 : `[\w\.-]+` ;
- étape 4 : `\.` ;
- étape 5 : `[a-z]{2,3}$^`.

Listing 8-32 : Validation d'une adresse de courriel

```
if (preg_match("/^[\w\.-]+@[\w\.-]+\.[a-z]{2,3}$/i",
               $str))
{
  print("Cette adresse e-mail est valide.");
}
```

REMARQUE

Et pourquoi pas `ereg()` ?

PHP propose effectivement une autre fonction permettant de manipuler les expressions régulières : `ereg()` (ou `eregi()` pour ignorer la casse). Quoique fonctionnant de façon satisfaisante, `ereg()` souffre de l'inconvénient majeur d'avoir une « espérance de vie » désormais assez courte. Les développeurs de PHP ont en effet décidé pour PHP6 de ne plus supporter `ereg()` et de reporter tous leurs efforts sur la famille des fonctions `preg`. Les fonctions `preg` étant également plus rapides et compatibles avec les données binaires, n'hésitez surtout pas à oublier `ereg` !

8.4. Ajax

Abréviation d'Asynchronous JavaScript and XML, Ajax englobe un certain nombre de technologies qui, pour schématiser, permettent de s'affranchir du schéma classique : une action implique un rechargement de page. L'objet JavaScript `XMLHttpRequest` qui est au cœur d'Ajax permet en effet de transmettre des données au serveur et de récupérer le résultat. En traitant ce résultat et en s'appuyant sur les technologies DHTML/CSS, des interfaces graphiques avancées peuvent être mises en œuvre pour le plus grand confort de l'internaute. L'outil cartographique de Google (**http://maps.google.com**) est un des plus beaux exemples d'environnement Ajax.

AJAX et Prototype

L'objet `XMLHttpRequest`, disponible maintenant dans tous les navigateurs, n'est hélas pas standardisé au niveau de son utilisation. Une nouvelle fois, la bibliothèque Prototype nous vient en aide en masquant toutes les difficultés liées aux différentes méthodes d'initialisation.

Notre premier exemple consiste à transmettre une opération au script *calculatrice.php* qui calculera le résultat et le renverra à notre script, tout ceci sans quitter la page !

Prototype rend cette opération extrêmement aisée avec la méthode `request()` qui étend les fonctionnalités d'un élément de type formulaire. Cette méthode prend en paramètre un objet dont le rôle est de définir les comportements de l'application en cas de succès ou d'échec.

Un objet JavaScript se construit de la façon suivante :

Listing 8-33 : Création et utilisation de l'objet rectangle

```
<script>
var rectangle = {
  longueur:3,
  largeur:2,
  surface:function () {
    return this.longueur * this.largeur;
  }
};
alert('surface='+rectangle.surface());
</script>
```

La méthode `request()` va automatiquement récupérer le script à appeler en allant lire la valeur de l'attribut `action` du formulaire. Les paramètres transmis correspondent aux champs du formulaire.

Listing 8-34 : Formulaire permettant de définir l'opération : calculatrice.html

```
<html>
<header>
<script src="/js/prototype.js" type="text/javascript">
</script>
<script type="text/javascript">
function calcule()
{
  if ($F('a').blank() || $F('b').blank()) {
    alert('Veuillez réviser les valeurs.');
    return;
  }
  $('calculatrice').request({
    onComplete: function(transport){
      alert(transport.responseText)
    }
  });
}
</script>
</header>
<body>
<form id="calculatrice" method="get"
      action="calculatrice.php">
  <input type="text" name="a" id="a" />
  <select name="operation">
    <option value="addition"> + </option>
    <option value="soustraction"> - </option>
    <option value="multiplication"> * </option>
    <option value="division"> / </option>
  </select>
  <input type="text" name="b" id="b" />
```

```
  <input type="button" value="calculer"
         onClick="calcule()" /><br/>
</form>
</body>
</html>
```

Pour retourner une valeur, le script PHP se contente d'écrire le résultat sur la sortie standard.

Listing 8-35 : Script calculant le résultat de l'opération : calculatrice.php

```
<?php

$a = $_REQUEST['a'];
$b = $_REQUEST['b'];

switch ($_REQUEST['operation']) {
  case 'addition':
    $resultat = $a + $b;
    break;
  case 'soustraction':
    $resultat = $a - $b;
    break;
  case 'multiplication':
    $resultat = $a * $b;
    break;
  case 'division':
    $resultat = $a / $b;
    break;
}

print ("Resultat : ".$resultat);
?>
```

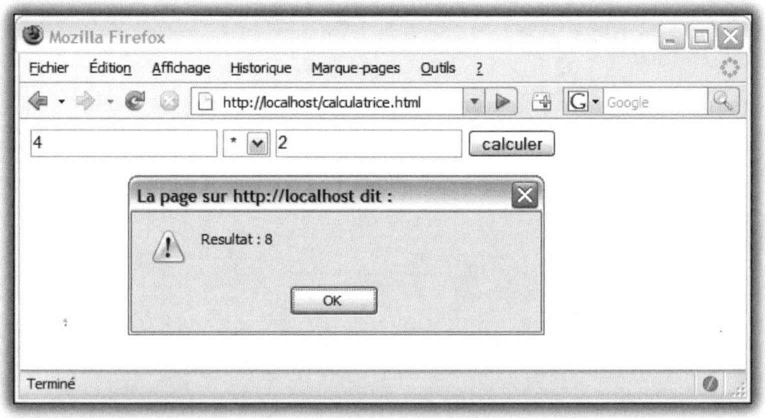

Figure 8.10 : *Le résultat apparaît sans rechargement de la page*

Échange de données au format JSON

Vous savez désormais échanger une donnée entre un script et le serveur. L'idéal serait cependant de pouvoir transmettre plusieurs informations dans le cadre d'une seule et même transaction. Il conviendrait pour cela que le script PHP puisse transmettre un tableau de valeurs à la fonction JavaScript. Par défaut cependant, un tableau PHP et un tableau JavaScript n'ont absolument rien à voir.

Heureusement pour nous, le format JSON rend possible l'échange de données complexes (tableaux, objets) entre JavaScript et PHP (et inversement). La *JavaScript Object Notation* a le triple avantage d'être légère, lisible et interprétable par un très grand nombre de langages de haut niveau (Ruby, Java, C#, Python, etc.).

Un échange JSON typique se déroule ainsi :

- une donnée PHP est convertie au format JSON ;
- cette chaîne de caractères représentant la donnée PHP est transmise au JavaScript ;
- le script décrypte la chaîne et la convertit en sa représentation JavaScript.

Une opération similaire pourrait tout à fait avoir lieu dans le sens inverse : de JavaScript vers PHP.

Les fonctions de manipulation de données au format JSON sont incluses à la fois dans PHP 5.2 et dans la bibliothèque Prototype (1.5).

Tableau 8.2 : *Gestion du format JSON*

	PHP (5.2)	JavaScript (Prototype)
Encodage d'une variable au format JSON	`json_encode ($variable)`	`Object.toJSON (var)`
Décodage d'une variable au format JSON	`json_decode ($json_string)`	`json_string .evalJSON()`

L'exemple suivant permet de valider un formulaire en restant sur la même page tout en passant par le serveur pour réaliser les vérifications.

En cliquant sur le bouton du formulaire, la fonction JavaScript `verifAJAX()` envoie une requête AJAX au script *verif.php* qui contrôle les champs et retourne un objet au format JSON dont chaque attribut correspond à un champ invalide. La fonction JavaScript `verifAJAX()` reçoit la chaîne de caractères correspondant à l'objet, le convertit en objet JavaScript et affiche un message d'erreur si l'objet contient des attributs, ou un message de félicitations dans le cas contraire.

Listing 8-36 : Formulaire

```
<html>
<head>
<script src="/js/prototype.js" type="text/javascript">
</script>
<script type="text/javascript">
function verifAJAX()
{
  $('monform').request({
    onComplete: function(transport){
      var errors = transport.responseText.evalJSON();
      var message = "";
      for (var id in errors) {
        message += "\n - "+errors[id];
      }
      if (message=="") {
        alert("Félicitations !");
      }
      else {
        alert("Veuillez vérifier les champs suivants : "+
              message);
      }
    }
  });
}
</script>
</head>
<body>

<form action="verif.php" id="monform">

<label>Titre du film</label>
<input type="text" name="titre" id="idTitre" /><br/>

<label>Année</label>
<input type="text" name="annee" id="idAnnee"
  maxlength="4" />
<br/>

<label>Genre</label>
<select name="genre[]"multiple="yes" size="3" id="idGenre">
```

```
  <option value="policier">POLICIER</option>
  <option value="sf">SCIENCE FICTION</option>
  <option value="culte">CULTE</option>
</select><br/>


<label>Description</label>
<textarea name="description" id="idDescript"></textarea>
<br/>

<label>Film en couleur</label>
<input type="radio" name="couleur" value="1"
       id="idCoulOui" /> oui -
<input type="radio" name="couleur" value="0"
       id="idCoulNon" /> non <br/>

<label>Pays</label>
<select name="pays" id="idPays">
 <option value=""></option>
 <option value="fr">FRANCE</option>
 <option value="us">USA</option>
 <option value="gb">ANGLETERRE</option>
</select><br/>

<label>Sous titre</label>
<input type="checkbox" name="soustitre[]" value="fr"
       id="idStFr" /> français -
<input type="checkbox" name="soustitre[]" value="gb"
       id="idStGb" /> anglais -
<input type="checkbox" name="soustitre[]" value="es"
       id="idStEs" /> espagnol <br/>
<br/>

<input type="button" value="valider"
       onClick="verifAJAX()" />

</form>

</body>
</html>
```

ATTENTION

Inclusion de la bibliothèque Prototype

N'oubliez pas d'inclure la bibliothèque Prototype avec la balise `script` située dans le *header* de la page.

Listing 8-37 : Script de validation

```
<?php

function verif()
{
  $ret_arr = array();

  if (strlen($_REQUEST['titre'])<=2) {
    $ret_arr[] = 'titre';
  }

  if( strlen($_REQUEST['description'])<=10 ||
      strlen($_REQUEST['description'])>=500) {
    $ret_arr[] = 'description';
  }

  if ($_REQUEST['annee']<1930 || $_REQUEST['annee']>2006) {
    $ret_arr[] = 'annee';
  }

  if (!array_key_exists('couleur', $_REQUEST)) {
    $ret_arr[] = 'couleur';
  }

  $tableau_pays = array('fr','us','gb');
  if (in_array($_REQUEST['pays'],$tableau_pays)==false) {
    $ret_arr[] = 'pays';
  }

  if (is_array($_REQUEST['genre'])==false ||
      count($_REQUEST['genre'])<1) {
    $ret_arr[] = 'genre';
  }
  else {
    $tableau_genre = array('policier','sf','culte');
    foreach ($_REQUEST['genre'] as $tmp) {
      if (in_array($tmp,$tableau_genre)==false) {
        $ret_arr[] = 'genre';
        break;
      }
    }
  }

  if (is_array($_REQUEST['soustitre'])==false ||
      count($_REQUEST['soustitre'])<1) {
    $ret_arr[] = 'soustitre';
  }
  else {
    $tableau_soustitre = array('fr','gb','es');
    foreach ($_REQUEST['soustitre'] as $tmp) {
```

```
      if (in_array($tmp,$tableau_soustitre)==false) {
        $ret_arr[] = 'soustitre';
        break;
      }
    }
  }

  return (object)$ret_arr;
}

print (json_encode(verif()));

?>
```

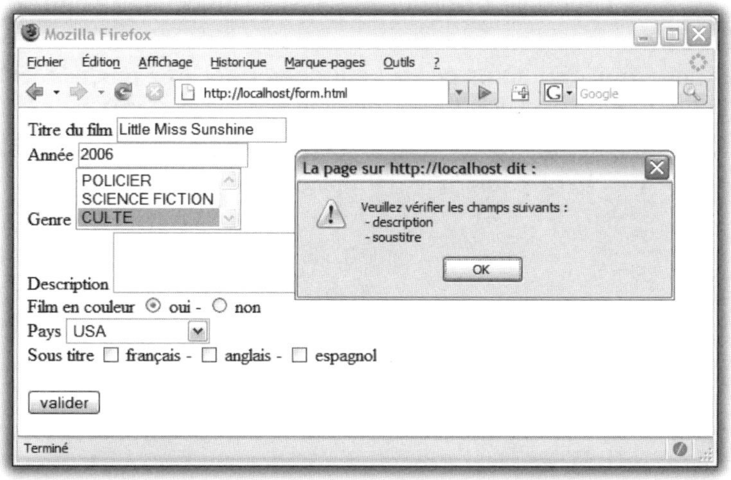

Figure 8.11 : *Les vérifications proviennent du serveur*

Ce mode de fonctionnement dispose des avantages suivants :

- vous ne dupliquez pas les tests à la fois en JavaScript et en PHP ;
- la validation au niveau serveur est à la fois plus sûre et plus aisée ;
- l'internaute ne quittant pas la page, le contenu du formulaire n'est pas perdu.

Dans une utilisation normale, le script PHP réaliserait une action supplémentaire dans le cas où aucune erreur ne serait détectée. Les données transmises pourraient être envoyées par mail ou insérées dans une base de données.

8.5. Check-list

- Les JavaScripts sont exécutés au niveau du navigateur.
- L'exécution d'un JavaScript fait suite à un événement sur la page web.
- Les JavaScripts permettent de vérifier si le formulaire a bien été rempli.
- Les données reçues par un script PHP doivent toujours être contrôlées avant d'être exploitées.
- Les contrôles JavaScript ne suffisent pas pour une validation sérieuse. Des contrôles PHP doivent systématiquement venir les compléter.
- Les expressions régulières permettent de vérifier très précisément qu'une variable correspond à un modèle donné (*pattern*).
- AJAX permet au navigateur web de communiquer avec le serveur sans avoir à recharger une nouvelle page.

Chapitre 9

L'envoi d'un formulaire par courriel

L'envoi par courriel d'informations en provenance d'un formulaire est certainement l'utilisation la plus répandue de PHP. Vous verrez dans ce chapitre que PHP vous facilite largement la tâche pour les envois les plus simples. Vous constaterez en revanche que les courriels mis en forme (HTML) nécessitent davantage de connaissances, notamment en ce qui concerne le standard MIME.

9.1. Configuration requise

Alors que l'envoi de courriel ne nécessite aucune configuration particulière si vos scripts sont exécutés chez un hébergeur, il en va tout autrement s'ils sont placés sur votre machine. Arrêtons-nous un instant sur les adaptations à apporter à votre environnement de travail pour le rendre compatible avec l'envoi de courriels.

ATTENTION

Hébergements gratuits

Certains hébergeurs gratuits interdisent l'usage de la commande `mail()` afin d'éviter les abus de type spam. N'hésitez donc pas, avant de choisir un hébergeur, à vous renseigner sur l'étendue des limitations au niveau des fonctionnalités du langage.

Si votre version de WampServer n'est pas suffisamment récente, vous pourrez découvrir, en parcourant le fichier *php.ini*, la section suivante :

Listing 9-1 : Section consacrée à l'envoi de courriels dans le fichier php.ini

```
[mail function]
; For Win32 only.
SMTP = localhost

; For Win32 only.
;sendmail_from = me@example.com
```

La ligne `SMTP = localhost` indique que PHP est paramétré pour utiliser votre propre machine (`localhost`) pour l'envoi des courriels. Il s'agit là de la directive de configuration par défaut qui est loin de convenir.

Le serveur que vous devez utiliser est celui qui est proposé par votre fournisseur d'accès. Il s'agit du serveur SMTP par lequel vous passez également dans votre gestionnaire de courriels (par exemple, Outlook Express, Thunderbird, etc.). Chez Free, le serveur SMTP a pour adresse `smtp.free.fr`. Cette norme est à peu près respectée par l'ensemble des

FAI (fournisseurs d'accès à Internet). Nous pouvons citer à titre d'exemple : `smtp.wanadoo.fr`, `smtp.noos.fr`, `smtp.club-internet.fr`, etc.

Intéressons-nous maintenant à la ligne `;sendmail_from = me@example.com`. Le point-virgule initial signifie qu'elle est commentée et qu'elle n'est donc pas prise en compte. Cette directive permet de préciser l'origine des courriels envoyés depuis votre machine. Cette directive est importante dans la mesure où les serveurs de courriels « relais » refuseront de faire suivre votre message si son origine n'est pas précisée. Veillez donc à supprimer le point-virgule et à renseigner votre adresse e-mail.

Une fois ces directives de configuration modifiées, le serveur Apache doit être redémarré.

ATTENTION

Accès restreints

Les FAI n'autorisent que leurs clients à utiliser leur serveur SMTP. Un client Wanadoo ne pourra en aucun cas passer par `smtp.free.fr`. Cette situation peut se révéler pénible si vous travaillez sur un portable et que le fournisseur d'accès change d'un lieu à un autre. Une solution consiste à passer par un serveur SMTP gratuit qui vous autorisera à transmettre des courriels quelle que soit votre connexion à Internet. Google propose désormais ce service à l'ensemble de ses clients Gmail (**www.gmail.com**).

9.2. Mail Texte

Comme vous l'avez vu en introduction, l'envoi de courriels en PHP est simple. Il suffit d'utiliser la fonction `mail()`.

Les arguments de cette fonction sont :

- l'adresse de destination ;
- le titre du message ;
- le contenu du message ;
- d'éventuelles options.

La fonction `mail()` est généralement appelée de la manière suivante :

```
mail($destinataire,$titre,$message);
```

- `$email` est l'e-mail de la personne qui va recevoir le courriel, par exemple `$destinataire = "bill@domaine.fr";`.

- `$titre` est le titre de l’e-mail, par exemple `$titre = "réponse au formulaire";`.
- `$message` est le corps du message qui va contenir toutes les informations.

La fonction `mail()` retourne un booléen qui indique si l’envoi s’est bien déroulé. Ce statut ne concerne que l’envoi, il n’indique en aucun cas le fait que le courriel est bien arrivé dans la boîte du destinataire.

Commencez par construire ce message :

Listing 9-2 : Construction du contenu du courriel

```
$message = "";
$message .= "Titre : ".$_REQUEST['titre']."\n";
$str_genre = join(',',$_REQUEST['genre']);
$message .= "Genre : ".$str_genre."\n");
$message .= "Description : ".$_REQUEST['description']."\n");
$message .= "Couleur : ".$_REQUEST['couleur']."\n");
$message .= "Pays : ".$_REQUEST['pays']."\n");
$str_soustitre = join(',',$_REQUEST['soustitre']);
$message .= "Sous titres : ".$str_soustitre."\n";
```

La première ligne initialise la variable (=), les suivantes ajoutent des informations à la fin de la variable (.=).

Vous remarquez l’usage systématique du caractère `\n` à la fin de chaque ligne. Il s’agit du caractère représentant un saut de ligne.

Jusqu’à maintenant, vous utilisiez la balise `<BR/>` pour effectuer des sauts de ligne car les informations générées par vos scripts s’affichaient dans un navigateur web. Or, en HTML, un saut de ligne est représenté par la balise `<BR/>`.

Dans le cas présent, c’est un lecteur de courriels (de type Thunderbird ou Outlook) qui va afficher l’information. Cette fois, les données sont considérées comme du texte brut. Le caractère de saut de ligne est alors représenté par un `\n` (ou `\r\n` sous Windows). Il existe d’autres caractères spéciaux qui peuvent être utilisés dans du texte brut, par exemple le `\t` qui correspond à une tabulation.

Votre script prend finalement la forme suivante :

```
<?php

function verif()
{
```

```
  $erreur = "";

  if (strlen($_REQUEST['titre'])<=2)
      $erreur .= "- le champ titre est mal rempli<br/>";

  if( strlen($_REQUEST['description'])<=10 ||
      strlen($_REQUEST['description'])>=500)
      $erreur .= "- le champ description est mal rempli<br/>";

  if ($_REQUEST['annee']<1930 || $_REQUEST['annee']>2006)
      $erreur .= "- le champ année est mal rempli<br/>";

  if ($_REQUEST['couleur']!=0 && $_REQUEST['couleur']!=1)
      $erreur .= "- le champ couleur est mal rempli<br/>";

  $tableau_pays = array('fr','us','gb');
  if (in_array($_REQUEST['pays'],$tableau_pays)==false)
      $erreur .= "- le champ pays est mal rempli<br/>";

  if (is_array($_REQUEST['genre'])==false ||
      count($_REQUEST['genre'])<1) {
    $erreur .= "- le genre n'est pas correct<br/>";
  }
  else {
    $tableau_genre = array('policier','sf','culte');
    foreach ($_REQUEST['genre'] as $tmp) {
      if (in_array($tmp,$tableau_genre)==false)
          $erreur .= "- le genre $tmp n'est pas correct<br/>";
    }
  }

  if (is_array($_REQUEST['soustitre'])==false ||
      count($_REQUEST['soustitre'])<1) {
    $erreur .= "- le sous-titre n'est pas correct<br/>";
  }
  else {
    $tableau_soustitre = array('fr','gb','es');
    foreach ($_REQUEST['soustitre'] as $tmp) {
      if (in_array($tmp,$tableau_soustitre)==false)
          $erreur .= "- le sous-titre $tmp n'est pas correct<br/>";
      }
  }

  if (!empty($erreur)) {
      print($erreur);
      return false;
  }

  return true;

}
```

```
if (verif()==false) exit(0);

print("<b>Titre</b> : ".$_REQUEST[’titre’]."<br/>");
print("<b>Année</b> : ".$_REQUEST[’annee’]."<br/>");
$str_genre = join(’,’,$_REQUEST[’genre’]);
print("<b>Genre</b> : ".$str_genre."<br/>");
print("<b>Description</b> : ".$_REQUEST[’description’]."<br/>");
print("<b>Couleur</b> : ".$_REQUEST[’couleur’]."<br/>");
print("<b>Pays</b> : ".$_REQUEST[’pays’]."<br/>");
$str_soustitre = join(’,’,$_REQUEST[’soustitre’]);
print("<b>Sous titres</b> : ".$str_soustitre."<br/>");

$destinataire = "fx@kernix.com";
$titre = "réponse au formulaire";

$message = "";
$message .= "Titre : ".$_REQUEST[’titre’]."\n";
$message .= "Année : ".$_REQUEST[’annee’]."\n";
$str_genre = join(’,’,$_REQUEST[’genre’]);
$message .= "Genre : ".$str_genre."\n";
$message .= "Description : ".$_REQUEST[’description’]."\n";
$message .= "Couleur : ".$_REQUEST[’couleur’]."\n";
$message .= "Pays : ".$_REQUEST[’pays’]."\n";
$str_soustitre = join(’,’,$_REQUEST[’soustitre’]);
$message .= "Sous titres : ".$str_soustitre."\n";

if (mail($destinataire,$titre,$message)==true) {
  print("<hr/>Les informations ont bien été transmises.");
}
else {
  die("<hr/>L’envoi du courriel a échoué.");
}

?>
```

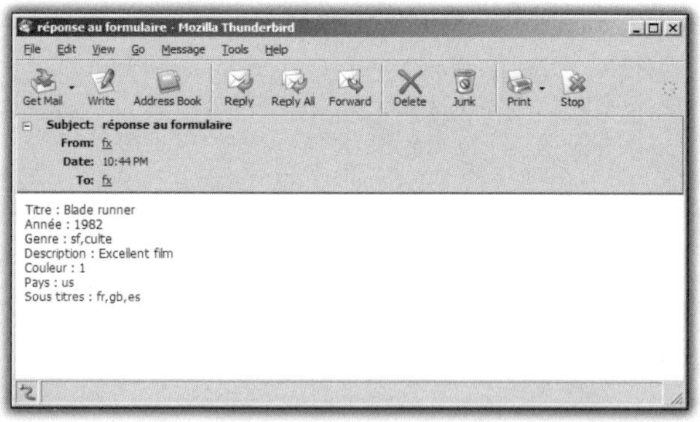

Figure 9.1 : *Message envoyé par le script et visualisé avec Thunderbird*

ASTUCE

Présentation des courriels en mode texte

Certains gestionnaires de courriels reconnaissent en mode texte des balises qui permettent d'enrichir visuellement le contenu. Un mot peut ainsi être passé en gras s'il est entouré d'astérisques (*), en souligné avec `d _` et en italique avec `/`.

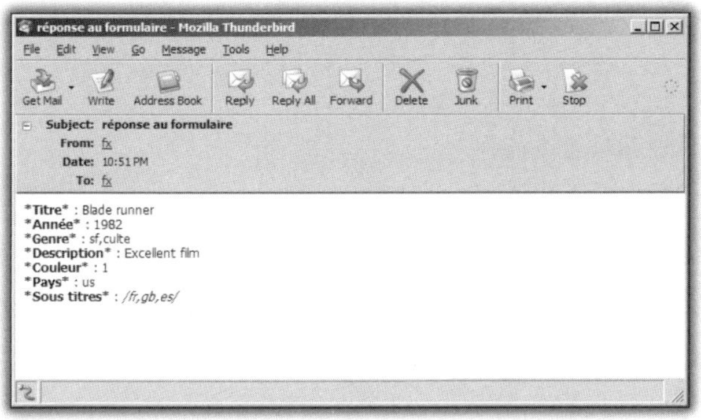

Figure 9.2 : *Mise en forme minimale dans un courriel en mode texte*

9.3. Mail HTML

Le script que vous venez d'écrire ne permet d'envoyer un courriel qu'au format texte.

Mettre une page HTML dans le corps du message ne fonctionnerait pas. L'émission d'un courriel au format HTML nécessite la mise en œuvre du quatrième paramètre de la fonction `mail()`. Ce paramètre est une chaîne de caractères contenant des informations qui seront ajoutées à l'en-tête (*header*) du message.

Un courriel est composé de deux parties principales : l'en-tête et le corps du message. L'en-tête contient un certain nombre d'informations sur le courriel : son origine, le destinataire, le format, le sujet, l'heure d'envoi, le logiciel d'envoi.

L'organisation des données dans cet en-tête est très simple :

```
champs1: valeur1
champs2: valeur2
etc.
```

Voyez cet exemple d'en-tête de courriel :

```
From: michel@toto.fr
To: Paul@titi.fr
Subject: retour de vacances
X-Mailer: Microsoft Outlook Express
```

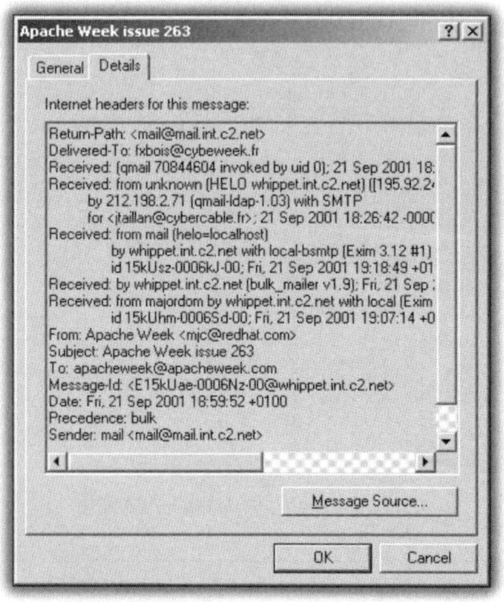

Figure 9.3 :
Partie de l'en-tête d'un courriel (vu avec Outlook Express)

La commande `mail()` compose donc un en-tête par défaut en intégrant les données passées en paramètres : le destinataire (`To:`), le sujet (`Subject:`). Le quatrième paramètre permet d'ajouter certaines informations à cet en-tête.

Il est courant qu'une personne recevant un courriel émanant d'un script PHP ne sache pas qui lui a envoyé. En ajoutant `"From: michel@toto.fr"` comme quatrième paramètre, le destinataire est en mesure de connaître l'origine du courriel.

Les lignes contenues dans le quatrième paramètre doivent être séparées par des sauts de ligne : `\n`.

Ajoutez également une adresse de réponse (`Reply-To`) différente de l'adresse de l'émetteur (`From`) :

```
mail("paul@host.com","retour de vacances","excellent",
     "From: michel@toto.fr\nReply-To: eric@toto.fr");
```

C'est aussi grâce à l'en-tête que vous allez être en mesure de dire au gestionnaire de courriels que le message qu'il a reçu doit être considéré comme une page HTML. Les deux lignes suivantes dans l'en-tête indiquent que le courriel n'est pas du simple texte.

```
MIME-Version: 1.0
Content-Type: multipart/alternative; boundary=B97C1230
```

Le corps du courriel doit lui aussi être construit de manière spécifique. Le contenu HTML doit être précédé de :

```
This is a multi-part message in MIME format.
--B97C1230
Content-Type: text/html; charset="iso-8859-1"
```

... et suivi de :

```
--B97C1230--
end of the multi-part
```

La valeur `"B97C1230"`, que l'on retrouve en trois endroits, est une valeur à la fois aléatoire et unique. Il est possible de calculer une valeur unique en PHP de la façon suivante :

```
$val_unique = md5(uniqid(rand()));
```

Affichez une liste de 20 valeurs uniques générées avec cette technique :

```
for ($i=1;$i<=20;$i++)
{
  $unique = md5(uniqid(rand()));
  print("$i - $unique<br>");
}
```

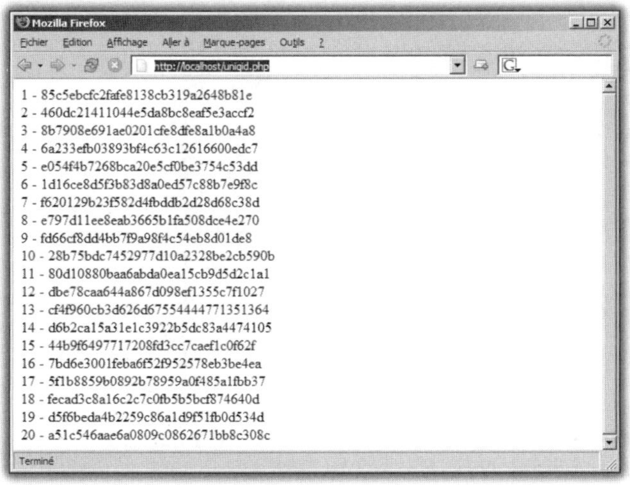

Figure 9.4 : *Liste de 20 valeurs uniques*

Envoyez votre premier courriel en HTML :

```
<?php

$boundary = md5(uniqid(rand()));

$header = "";
$header .= "From: php <test@mondomaine.com>\n";
$header .= "Reply-To: reply@mondomaine.com\n";
$header .= "MIME-Version: 1.0\n";
$header .= "Content-Type: multipart/alternative;";
$header .= "boundary=$boundary\n";

$sujet = "test d'envoi HTML";

$html = "\nThis is a multi-part message in MIME format.";
$html .= "\n--$boundary\nContent-Type: text/html; ";
$html .= "charset=\"iso-8859-1\"\n\n";
$html .= "<html><body>\n";
$html .= "<br><br><center><h2><font color='red'>";
$html .= "premier courriel HTML</font></h2>\n";
$html .= "</body></html>\n";
$html .= "\n--$boundary--\n end of the multi-part";

mail("test@kernix.com",$sujet,$html,$header);

print("courriel envoyé ...");

?>
```

Le résultat correspond tout à fait à vos attentes :

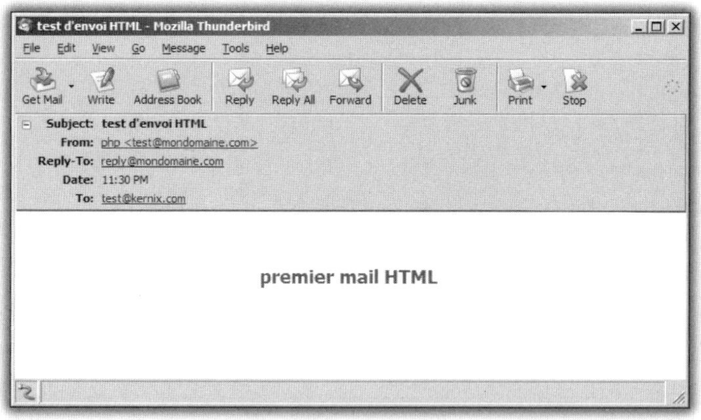

Figure 9.5 : *Un premier courriel HTML*

Pour voir comment la fonction a organisé les données, vous pouvez afficher les sources du courriel :

```
From - Thu Dec 01 23:31:01 2005
X-Account-Key: account2
X-UIDL: 432ebf1a00001c53
X-Mozilla-Status: 0001
X-Mozilla-Status2: 00000000
X-Kaspersky: Checked
Return-Path: <fx@kernix.com>
Received: from smtp1-g19.free.fr (smtp1-g19.free.fr [212.27.42.27])
        by s2.kernix.net (8.12.11/8.12.11) with ESMTP id jB1MUsVo029325
        for <test@kernix.com>; Thu, 1 Dec 2005 23:30:54 +0100
Received: from asus (dan75-4-82-239-58-78.fbx.proxad.net [82.239.58.78])
        by smtp1-g19.free.fr (Postfix) with SMTP id EC17361E87
        for <test@kernix.com>; Thu,  1 Dec 2005 23:30:55 +0100 (CET)
Date: Thu, 01 Dec 2005 23:30:58 +0100
Subject: test d'envoi HTML
To: test@kernix.com
From: php <test@mondomaine.com>
Reply-To: reply@mondomaine.com
MIME-Version: 1.0
Content-Type: multipart/alternative; boundary=630ca984c85edb7ab11a31755ae1e7d5
Message-Id: <20051201223055.EC17361E87@smtp1-g19.free.fr>
Status:


This is a multi-part message in MIME format.
--630ca984c85edb7ab11a31755ae1e7d5
Content-Type: text/html; charset="iso-8859-1"

<html><body>
<br><br><center><h2><font color=red>premier mail HTML</font></h2>
</body></html>

--630ca984c85edb7ab11a31755ae1e7d5--
 end of the multi-part
```

Figure 9.6 : *Source du courriel HTML*

Vous retrouvez bien tous les éléments transmis.

> ATTENTION
>
> **Images et courriels**
>
> Il est possible de joindre les images composant le courriel dans le contenu même de ce dernier. Cette méthode complexe n'est cependant pas obligatoire. Il est préférable de placer les images sur un serveur d'hébergement accessible sur le Net et d'y faire appel en utilisant le chemin absolu, par exemple :
>
> `<img src="http://server.com/img/titre.gif" />`.

Reprenez votre exemple d'envoi de profil en ajoutant la dimension HTML :

Listing 9-3 : Envoi des informations dans un courriel HTML

```
$destinataire = "test@kernix.com";

$titre = "réponse au formulaire";

$boundary = md5(uniqid(rand()));

$header = "";
$header .= "From: script php <test@mondomaine.com>\n";
$header .= "Reply-To: reply@mondomaine.com \n";
$header .= "MIME-Version: 1.0\n";
$header .= "Content-Type: multipart/alternative;
✂ boundary=$boundary\n";


$message = "";
$message .= "\nThis is a multi-part message in MIME format.";
$message .= "\n--$boundary\nContent-Type: text/html;
✂ charset=\"iso-8859-1\"\n\n";
$message .= "<html><body>\n";
$message .= "<b>Titre</b> : <font color='red'>"
✂ .$_REQUEST['titre']."</font><br/>\n";
$message .= "<b>Année</b> : ".$_REQUEST['annee']."<br/>\n";
$str_genre = join(',',$_REQUEST['genre']);
$message .= "<b>Genre</b> : ".$str_genre."<br/>\n";
$message .= "<b>Description</b> : ".$_REQUEST['description'
✂ ]."<br/>\n";
$message .= "<b>Couleur</b> : ".$_REQUEST['couleur']."<br/>\n";
$message .= "<b>Pays</b> : ".$_REQUEST['pays']."<br/>\n";
$str_soustitre = join(',',$_REQUEST['soustitre']);
$message .= "<b>Sous-titres</b> : <i>".$str_soustitre."<
✂ /i><br/>\n";
$message .= "</body></html>\n";
$message .= "\n--$boundary--\n end of the multi-part";


if (mail($destinataire,$titre,$message,$header)==true) {
  print("<hr/>Les informations ont bien été transmises.");
}
else {
  die("<hr/>L'envoi du courriel a échoué.");
}
```

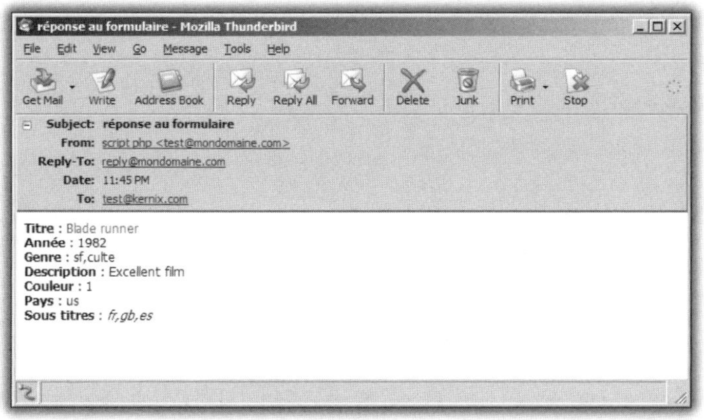

Figure 9.7 : *Courriel en HTML*

Tous les champs sont maintenant bien renseignés (voir le champ `From`).

REMARQUE

Le cinquième paramètre

Les versions les plus récentes de PHP (supérieures à 4.0.5) ajoutent un cinquième paramètre optionnel à la fonction `mail()`. Ce paramètre permet de transmettre des « instructions » au logiciel qui va se charger d'envoyer le courriel sur le Net. Parmi les commandes intéressantes, on trouve essentiellement `"-f$adr"`, où `$adr` correspond à l'e-mail de la personne qui recevra un message d'erreur si le courriel ne peut arriver à destination. La fonction `mail()` s'utilise alors comme suit : `mail($destinataire,$titre,$message,$header,"-f$adr");`. Ce paramètre permet aussi d'éviter certaines erreurs avec les serveurs SMTP qui refusent les courriels dont l'origine n'est pas précisée. Ce paramètre n'est pas disponible si PHP est configuré en `safe_mode`.

9.4. Check-list

- L'envoi de courriels en PHP est une opération très simple.
- Les courriels contenant de la couleur ou des images nécessitent la modification de l'en-tête du courriel.
- L'en-tête du courriel permet également de préciser son origine (`From`), l'adresse e-mail de retour et une multitude d'autres informations.
- Le cinquième paramètre de la fonction `mail()` est très utile pour récupérer les messages d'erreur.

Chapitre 10

Bases de données

L'objectif de ce chapitre est de présenter le rôle et le fonctionnement d'une base de données. Nous étudierons comment un script PHP peut communiquer avec une base de données et réaliser des opérations telles qu'une sélection, une insertion, une mise à jour ou une suppression.

Nous nous intéresserons également à phpMyAdmin, outil extrêmement populaire qui permet de gérer intégralement une base de données MySQL via un navigateur web.

10.1. Présentation

À l'origine du web, les développeurs qui créaient des scripts (des CGI) utilisaient de simples fichiers texte pour stocker les données recueillies. Ces dernières étaient enregistrées ligne par ligne, et chaque développeur en définissait sa propre norme.

La démocratisation de l'usage des bases de données a permis d'abandonner cette approche beaucoup trop primaire.

Les avantages offerts par les bases de données sont en effet très nombreux :

- *rapidité*, aussi bien en lecture qu'en écriture ;
- *scalabilité* : l'augmentation du volume de données ne dégrade pas les performances ;
- *extraction* : possibilité de sélectionner un sous-ensemble de données en fonction de critères complexes ;
- *réplication* : mécanisme de synchronisation automatique des données.

Un système de gestion de bases de données (généralement appelé SGBD) est un logiciel dont le seul but est de stocker et de restituer de l'information le plus rapidement possible. Il fonctionne le plus souvent en mode client-serveur. Le client envoie des requêtes au serveur et celui-ci retourne une réponse.

Les requêtes sont de types :

```
ENREGISTRE UN LIVRE DONT LE TITRE EST « LES FLEURS DU MAL »
ET DONT L'AUTEUR EST « CHARLES BEAUDELAIRE »
RENVOIE TOUS LES LIVRES DONT L'ETAT EST « NEUF »
```

... ou :

```
EFFACE TOUS LES LIVRES DATANT DE PLUS DE 50 ANS
```

Les SGBD sont très nombreux. On trouve parmi les plus connus :

- SQL Server (Microsoft) ;
- PostGRE SQL ;
- Oracle ;
- DB2 ;
- MySQL ;
- SQLite.

REMARQUE

Les SGBD en mode fichier

Paradox, dBase, Foxpro, Access, dont vous avez certainement entendu parler, sont des SGBD ne fonctionnant pas en mode client-serveur, mais en mode fichier. Il faut, dans ce cas, disposer à la fois du logiciel et de la base sur son disque dur pour pouvoir les utiliser. Avec l'avènement des réseaux d'entreprise et des applications en ligne, ce mode de fonctionnement risque fort de laisser la place aux SGBD client-serveur.

Dans le cadre de ce livre, vous allez travailler avec MySQL, le SGBD le plus répandu sur le Web, qui possède un certain nombre d'avantages :

- Il est présent chez de nombreux hébergeurs.
- Il est extrêmement rapide (peut-être le plus rapide !).
- Il fonctionne sous Windows, Linux, Mac OS X.
- Il est simple à installer et à utiliser.
- Il est gratuit et open source.
- Il propose une gestion avancée des privilèges et des droits.
- Il est compatible avec de nombreux langages comme PHP, C, C++, Perl, Python, Java.
- La scalabilité, la sécurité et la stabilité sont irréprochables.
- Il propose des outils tels que phpMyAdmin.
- La gestion de l'encodage des caractères permet de travailler aussi bien avec du texte chinois que français.
- La compatibilité avec le standard SQL est exemplaire.
- La version 5 propose des fonctionnalités avancées, notamment les procédures stockées, les *triggers*, les vues, les *commit/rollback*, les clés étrangères.

- Il permet de changer à la volée la structure des tables et les types des colonnes.
- Il dispose d'outils graphiques (MySQL Administrator, MySQL Query Browser).

Pour être rigoureux, citons tout de même quelques inconvénients :

- Le rachat récent de MySQL par Sun (désormais Oracle) ne permet pas d'avoir une vision précise de l'orientation que prendra MySQL dans les prochaines années.
- Le système de réplication n'est pas optimal.

Figure 10.1 : *Le logo de MySQL*

Les SGBD sont notamment mis en œuvre sur le Web pour des outils de :

- gestion de contenus (pages, news, forums, blogs) ;
- commerce électronique (caddies, commandes, clients) ;
- d'analyse de trafic ;
- moteurs de recherche ;
- plateformes d'enchères.

Organisation d'un SGBD

Un SGBD est un système hiérarchique et multi-utilisateurs. Chaque utilisateur possède certains droits sur certaines bases. Chez un hébergeur, vous ne disposerez généralement que d'une seule base.

Une base peut être assimilée à une grosse armoire de rangement dont vous avez la clé (identifiant et mot de passe). Cette armoire permet d'entreposer des classeurs. Ces derniers correspondent aux tables.

Chaque base de données contient donc plusieurs tables permettant d'enregistrer des données. Une base *boutique* peut par exemple contenir les tables :

- *panier* ;
- *produit* ;
- *client* ;
- *commande*.

Chaque table contient des caractéristiques qui lui sont propres : on parle de colonnes.

- Table : *produit*.
- Colonnes : *nom*, *taille*, *prix*.

Lorsque les tables sont créées, il devient possible d'y enregistrer de nouveaux produits, clients, etc.

Les données s'organisent alors dans la table ligne par ligne : on parle d'enregistrements. La table *produit* contient ainsi une liste de produits. Chaque produit disposant de ses caractéristiques :

- `Bénédicte Florin - 20, rue Cronstadt - Paris - 75015...`
- `Paul-Louis Bourdin - 23, bd Voltaire - Paris - 75017...`

Pour différencier de manière unique ces différents enregistrements, il est courant d'ajouter une colonne initiale aux tables : on parle de *clé* à propos de cette colonne spéciale.

Le premier champ de la table *eleve* devient donc `ideleve` (identifiant de l'élève).

- `1 - Bénédicte Florin - 20, rue Cronstadt - Paris - 75015...`
- `2 - Paul-Louis Bourdin - 23, bd Voltaire - Paris - 75017...`

Plutôt que de demander la ligne où le nom est `Florin` et risquer de tomber sur un autre `Florin`, il est maintenant possible de demander la ligne ayant la clé `1`.

Le SQL

Présentation du SQL

Comme vous l'avez vu plus haut, vous utilisez des requêtes pour communiquer avec une base. Ces requêtes sont fondées sur un langage propre aux SGBD : le SQL (Structured Query Language). Ce langage est né vers la fin des années 1970 et a vite été normalisé. Par là même, en étudiant le SQL dans le cadre du SGBD MySQL, vous pourrez passer sans aucune difficulté à un autre SGBD (par exemple PostGRE SQL, l'autre grand SGBD du Web et de l'open source).

Une requête typique en SQL est de la forme :

```
SELECT titre FROM livre WHERE id = 5
```

Elle pourrait être traduite en français de la manière suivante : « *renvoie le titre du livre ayant la clé numéro 5* ».

Une présentation approfondie des fonctionnalités les plus avancées du SQL nécessiterait un volume supplémentaire. Vous vous contenterez donc d'étudier les parties du langage nécessaires à la réalisation de la plupart des petites applications web. Vous verrez notamment l'insertion, la sélection, et la suppression de données.

Types de colonnes

Le langage SQL est un langage typé. Une colonne peut être de type chaîne de caractères, nombre entier, à virgule, date, etc. Bien choisir les types de vos données vous permettra d'obtenir de meilleures performances au niveau de vos requêtes. C'est d'ailleurs le premier conseil qui est donné à une personne souhaitant optimiser son application.

Tableau 10.1 : *Les principaux types de données de MySQL*

Type de données MySQL	Définition
`VARCHAR`	Chaîne de caractères de taille variable
`TINYTEXT`	Texte contenant au maximum 255 caractères
`TEXT`	Texte contenant au maximum 65 535 caractères

Tableau 10.1 : Les principaux types de données de MySQL	
Type de données MySQL	**Définition**
`MEDIUMTEXT`	Texte contenant au maximum 16 777 215 caractères
`LONGTEXT`	Texte contenant au maximum 4 294 967 295 caractères
`DATETIME`	Date et heure
`DATE`	Date
`TINYINT`	Nombre entier compris entre -128 et 127
`SMALLINT`	Nombre entier compris entre -32 768 et 32 767
`INT`	Nombre entier compris entre -2 147 483 648 et 2 147 483 647
`BIGINT`	Nombre entier compris entre -9 223 372 036 854 775 808 et 9 223 372 036 854 775 807
`FLOAT`	Nombre à virgule

REMARQUE

TEXT et BLOB

Les types `TINYBLOB`, `BLOB`, `MEDIUMBLOB`, `LONGBLOB` existent également. Ils ne diffèrent de leurs cousins `TEXT` que par le fait qu'ils sont sensibles à la casse. Les mots `CouCou` et `coucou` sont donc identiques quand ils sont stockés en `TEXT`, et différents en cas de `BLOB`.

À la différence de PHP, les numériques ou les chaînes de caractères sont eux-mêmes divisés en plusieurs sous-types. Cette subdivision a bien évidemment pour objectif de gagner en place et en rapidité. Quand vous voulez stocker un âge, il vaut mieux préférer un `TINYINT` à un `INT`. Votre table sera plus petite et, quand vous voudrez extraire des données, le résultat sera obtenu plus rapidement.

Avant de pouvoir réaliser notre première requête, une base et une table doivent être créées. Plutôt que faire cela à la main, nous allons utiliser l'outil phpMyAdmin qui permet de gérer intégralement une base de données.

10.2. phpMyAdmin

L'outil phpMyAdmin est développé en PHP et permet de gérer intégralement un SGBD de type MySQL.

Les fonctionnalités qu'il propose sont assez nombreuses :

- création, modification, suppression de bases ;
- création, modification, suppression de tables (avec toutes les options) ;
- ajout, modification, suppression d'enregistrements ;
- possibilité d'entrer des requêtes SQL ;
- importation, exportation de données ;
- *reporting* sur l'état des tables.

Certaines fonctionnalités supplémentaires sont proposées à l'administrateur de la base :

- gestion des droits des utilisateurs ;
- *reload* de la base ;
- création de bases ;
- accès aux données système ainsi qu'aux statistiques ;
- déplacement d'une table d'une base dans une autre.

PhpMyAdmin peut être ouvert depuis le menu wamp.

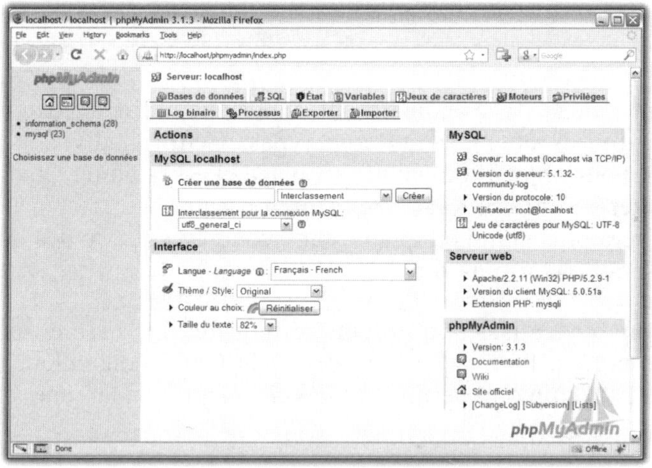

Figure 10.2 : *Page d'accueil de phpMyAdmin*

Création de la base

La page d'accueil de phpMyAdmin permet d'ajouter de nouvelles bases. La base utilisée dans le reste de l'ouvrage portera le nom de `biblio`.

ATTENTION

interclassement

Veillez à bien sélectionner l'interclassement `utf8_general_ci`. L'interclassement correspond à l'algorithme utilisé par MySQL pour comparer des caractères entre eux.

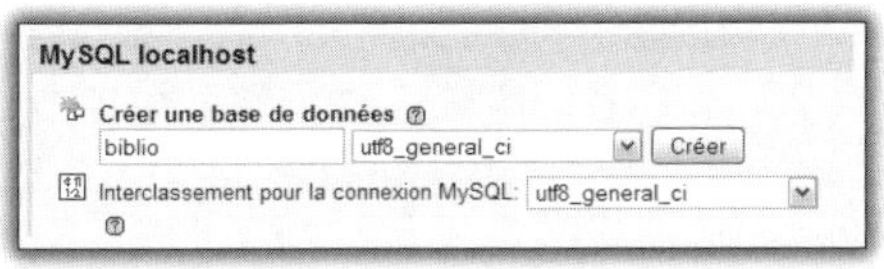

Figure 10.3 : *Création de la base « biblio »*

Une fois créée, la base apparaît dans la colonne de gauche.

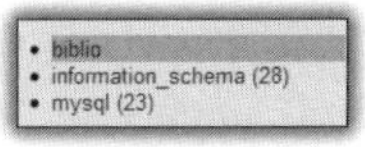

Figure 10.4 : *Notre SGBD MySQL dispose maintenant d'une base « biblio »*

Création d'une table

La sélection de la base `biblio` dans la colonne de gauche permet d'obtenir un environnement de travail spécifique à cette base. Cet environnement permet notamment d'y ajouter une table que nous allons appeler `livre`.

Il convient, avant de se lancer dans la création, de lister les différentes informations que contiendra cette table.

- titre du livre ;
- auteur ;
- année de publication ;
- genre ;
- état (occasion ou neuf).

À ces 5 colonnes, il convient d'ajouter une clé qui nous permettra d'identifier de manière unique chaque enregistrement (dans le cas présent, chaque livre).

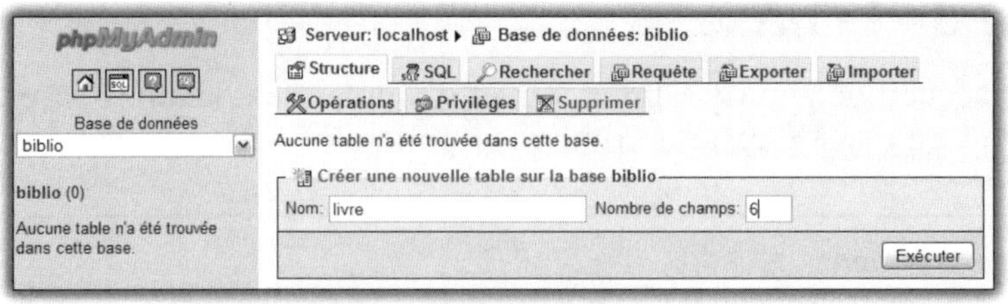

Figure 10.5 : *Création de la table « livre »*

L'interface suivante permet, pour chaque colonne, d'indiquer :

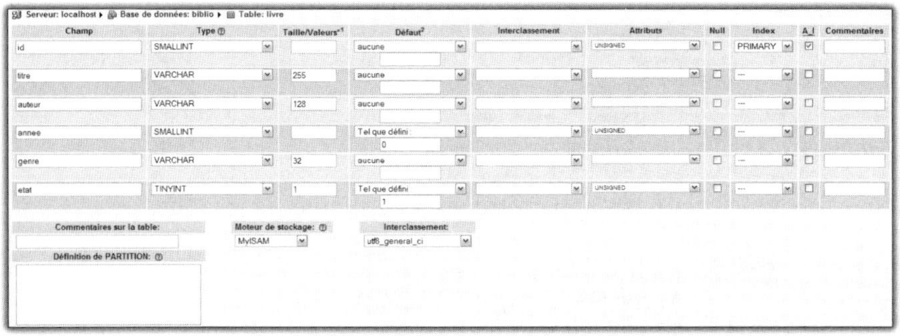

Figure 10.6 : *Définition des colonnes de la table « livre »*

son nom, son type, sa taille, sa valeur par défaut, des attributs (ex. entier position : `unsigned`), la présence d'un index associé, l'auto-incrémentation de la colonne.

Une fois le formulaire validé la colonne de gauche nous indique que la table `livre` a été associée à la base `biblio`.

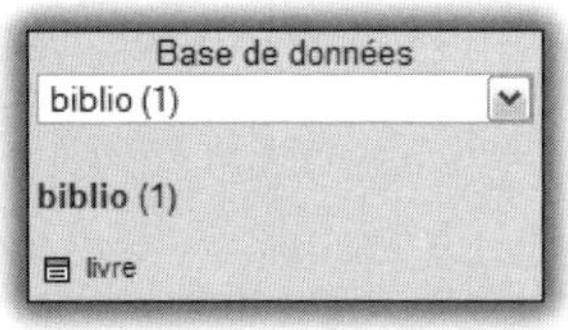

Figure 10.7 :
La table « livre » a bien été créée

Elle nous présente également la requête SQL que phpMySQL a transmise à MySQL pour créer cette table.

```
CREATE TABLE `biblio`.`livre` (
 `id` SMALLINT UNSIGNED NOT NULL AUTO_INCREMENT PRIMARY KEY ,
 `titre` VARCHAR( 255 ) NOT NULL ,
 `auteur` VARCHAR( 128 ) NOT NULL ,
 `annee` SMALLINT UNSIGNED NOT NULL DEFAULT '0',
 `genre` VARCHAR( 32 ) NOT NULL ,
 `etat` TINYINT( 1 ) UNSIGNED NOT NULL DEFAULT '1'
) ENGINE = MYISAM CHARACTER SET utf8 COLLATE utf8_general_ci;
```

Figure 10.8 : *SQL correspondant à la création de la table*

En cliquant sur la table `livre` à gauche, vous basculez sur un environnement cette fois lié à la table.

La barre de navigation située en haut de la page nous rappelle en permanence où nous nous situons.

Serveur: localhost ▸ Base de données: biblio ▸ Table: livre

Figure 10.9 : *Serveur localhost, base biblio, table livre*

Une barre d'outils permet de travailler sur cette table. Elle permet notamment de travailler sur les données (affichage, insertion, recherche, importation, exportation) et sur la table (structure, opérations, suppression).

L'onglet **Structure** permet de travailler sur les colonnes. L'icône « *crayon* » permet de modifier une colonne (nom, type etc.) et celle « *croix rouge* » permet de la supprimer.

	Champ	Type	Interclassement	Attributs	Null	Défaut	Extra	Action
☐	id	smallint(5)		UNSIGNED	Non	*aucune*	auto_increment	
☐	titre	varchar(255)	utf8_general_ci		Non	*aucune*		
☐	auteur	varchar(128)	utf8_general_ci		Non	*aucune*		
☐	annee	smallint(5)		UNSIGNED	Non	0		
☐	genre	varchar(32)	utf8_general_ci		Non	*aucune*		
☐	etat	tinyint(1)		UNSIGNED	Non	1		

Figure 10.10 : *Structure de la table « livre »*

L'onglet **Insérer** va nous permettre d'ajouter les deux premiers livres à notre bibliothèque :

- `« Capitaine Fracasse » de Théophile Gautier paru en 1863 (neuf) ;`
- `« Les Fleurs du mal » de Charles Baudelaire paru en 1857 (occasion).`

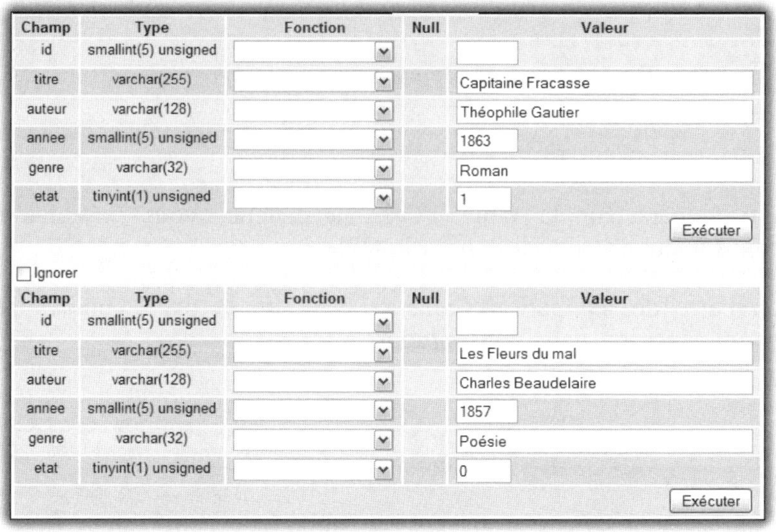

Figure 10.11 : *Ajout de notre premier livre*

Nous constatons que nous ne précisons pas la valeur de la colonne `id` dans la mesure où cette colonne correspond à un index primaire (`PRIMARY`) auto incrémenté. À chaque nouvel enregistrement, la valeur de `id` sera augmentée de 1.

L'onglet **Afficher** nous confirme bien que le livre a été enregistré.

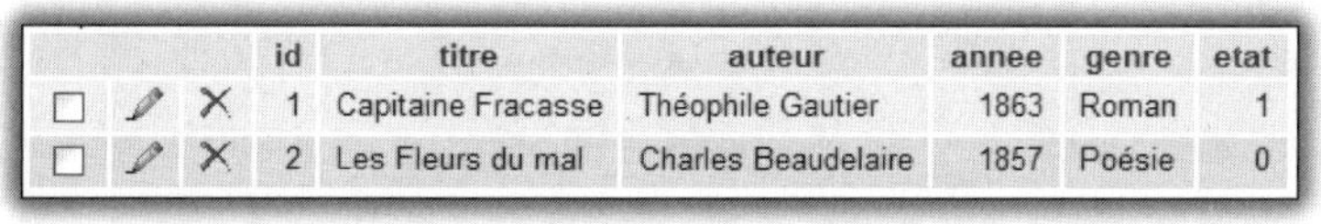

id	titre	auteur	annee	genre	etat
1	Capitaine Fracasse	Théophile Gautier	1863	Roman	1
2	Les Fleurs du mal	Charles Beaudelaire	1857	Poésie	0

Figure 10.12 : *La table commence à se remplir*

Nous savons désormais comment interagir avec MySQL à l'aide d'un client Web. Nous allons désormais voir comment PHP nous permet d'envoyer des requêtes et de recevoir le résultat de ces dernières.

10.3. Les requêtes

Les requêtes SQL correspondent au langage permettant de communiquer avec un SGBD. Cette partie présente les 4 grandes familles de requêtes SQL.

Sélection

Une sélection d'enregistrements est réalisée à la l'aide de la commande SELECT.

La syntaxe est la suivante :

```
SELECT colonne1, colonne2 FROM nom de la table WHERE
conditions
```

La requête suivante permet de retourner toutes les colonnes de toutes les lignes de la table livre.

```
SELECT * FROM livre
```

Pour ne sélectionner que le livre ayant la clé numéro 2, la requête devient :

```
SELECT * FROM livre WHERE id=2
```

Pour ne sélectionner que le titre de ce même livre nous utilisons :

```
SELECT titre FROM livre WHERE id=2
```

Insertion

L'insertion d'un enregistrement est réalisée à l'aide de la commande INSERT.

La syntaxe est la suivante

```
INSERT INTO nom table (colonne1, colonne2, etc.) VALUES
('valeur1', 'valeur2', etc.)
```

La requête suivante permet d'insérer le livre évoqué plus haut.

```
INSERT INTO livre (titre, auteur, annee, genre, etat)
VALUES ('Le Capitaine Fracasse', 'Théophile Gautier',
'1863', 'Classique', '1')
```

Mise à jour

La mise à jour repose sur la commande UPDATE.

La syntaxe est la suivante

```
UPDATE nom table SET colonne1='valeur1', colonne2='valeur2'
WHERE conditions
```

La requête suivante permet de modifier la date du livre 1 en la passant à 1864.

```
UPDATE livre SET annee='1864' WHERE id=1
```

Suppression

La suppression met en œuvre la commande `DELETE`.

Cette commande s'utilise de la manière suivante.

```
DELETE FROM nom table WHERE conditions
```

La suppression du livre 4 est réalisée de la manière suivante.

```
DELETE FROM livre WHERE id=4
```

10.4. PHP et MySQL

La communication entre PHP et MySQL repose sur la capacité de PHP à transmettre au SGBD les requêtes décrites précédemment. Pour y parvenir, le script PHP doit dans un premier temps se connecter au serveur et s'identifier. La fonction `mysql_connect()` est prévue pour cela. Le premier argument correspond au nom du serveur, le deuxième à l'identifiant, et le troisième au mot de passe.

Dans le cadre de l'utilisation de WampServer, les informations sont les suivantes :

- serveur : `localhost` ;
- identifiant : `root` ;
- mot de passe : `""` (chaîne vide).

Si ces informations de connexion sont valides, la fonction retourne une variable représentant une « *liaison* » avec le serveur. Cette liaison est le support qui va nous permettre de transmettre les requêtes.

```
$liaison = mysql_connect("localhost", "root", "");
```

Le lien n'est pour l'instant associé à aucune base. Nous allons donc l'associer à la base `biblio` à l'aide de la fonction `mysql_select_db()`.

```
mysql_select_db("biblio");
```

Il devient alors possible de transmettre une requête à l'aide de la fonction mysql_query().

```
$sql = "select * from livre";
mysql_query($sql);
```

Une fois toutes les opérations avec la base de données réalisées, la liaison avec le serveur peut être fermée avec la fonction mysql_close().

```
mysql_close($liaison);
```

Pour résumer, l'exécution de la requête nécessite cinq grandes étapes…

- Étape 1 : création d'une liaison avec le serveur.
- Étape 2 : sélection d'une base.
- Étape 3 : préparation de la requête.
- Étape 4 : envoi de la requête à la base et réception d'un éventuel résultat.
- Étape 5 : fermeture de la liaison.

Lister les enregistrements

Le premier script de l'application « biblio » liste tous les livres de notre bibliothèque. Pour y parvenir, la requête select * from livre doit être transmise au SGBD par l'intermédiaire de la fonction mysql_query(). Cette fonction nous retourne un flux d'enregistrements que nous pouvons appeler $livres. Cette variable peut être passée à la méthode mysql_fetch_assoc() qui retourne à chaque appel l'enregistrement suivant au sein du flux. L'enregistrement est un tableau associatif dont les clés correspondent aux noms des colonnes qui ont été sélectionnées dans la requête. Dans le cas présent * signifie que toutes les colonnes de la table livre sont présentes.

L'utilisation de cette fonction au sein d'une boucle while permet, par conséquent, de lister tous les enregistrements. La boucle se termine tout naturellement lorsque mysql_fetch_assoc() retourne false lorsqu'elle est arrivée à la fin du flux d'enregistrements.

Listing 10-1 : Script liste.php

```
<?php
$liaison = mysql_connect("localhost", "root", "");
mysql_select_db("biblio");
$sql = "select * from livre";
```

```
$livres = mysql_query($sql);
?>

<html>
<head>
 <title>Biblio</title>
</head>
<body>
<h1>Liste des livres</h1>
<ul>
<?php while (($livre = mysql_fetch_assoc($livres))
 !== false): ?>
 <li>
  <?php echo $livre["titre"]; ?>, par
  <em><?php echo $livre["auteur"]; ?></em>
  (<?php echo $livre["annee"]; ?>)
 </li>
<?php endwhile; ?>
</ul>
</body>
</html>

<?php
mysql_close($liaison);
?>
```

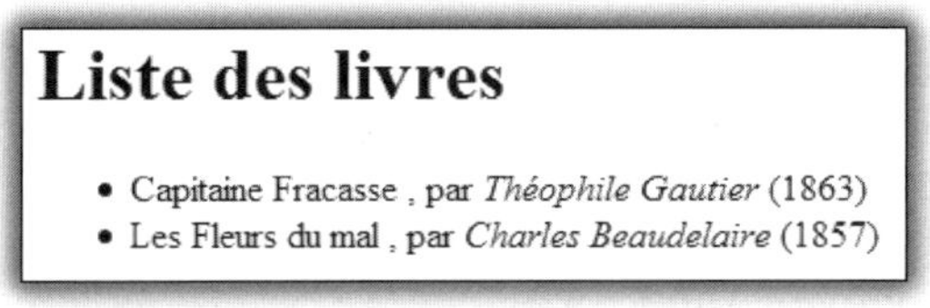

Figure 10.13 : *Liste des livres de notre bibliothèque*

Classer les enregistrements

Une requête de type `SELECT` peut également disposer d'une instruction indiquant l'ordre dans lequel les résultats doivent être retournés. La syntaxe de la requête devient alors la suivante :

```
select * from table where conditions ORDER BY nom_colonne
```

Nous allons modifier le script *liste* afin de permettre de lister les livres soit par auteur, soit par titre. Pour y parvenir nous utilisons un petit formulaire qui passe au script le nom de la colonne à utiliser pour le classement.

Listing 10-2 : Le script permet désormais de classer les livres

```
<?php
$liaison = mysql_connect("localhost", "root", "");
mysql_select_db("biblio");
$sql = "select * from livre";
if (isset($_REQUEST["ordre"])) {
  $sql .= " order by
  ✂ ".mysql_real_escape_string($_REQUEST["ordre"]);
}
$livres = mysql_query($sql);
?>

<html>
<head>
 <title>Biblio</title>
</head>
<body>
<h1>Liste des livres</h1>

<form>
<select name="ordre">
 <option></option>
 <option value="titre">titre</option>
 <option value="auteur">auteur</option>
</select>
<input type="submit" value="trier" />
</form>

<ul>
<?php while (($livre = mysql_fetch_assoc($livres))
 !== false): ?>
 <li>
  <?php echo $livre["titre"]; ?>, par
  <em><?php echo $livre["auteur"]; ?></em>
  (<?php echo $livre["annee"]; ?>)
 </li>
<?php endwhile; ?>
</ul>
</body>
</html>

<?php
mysql_close($liaison);
?>
```

REMARQUE

Fonction `mysql_real_escape_string()`

L'utilisation de cette fonction est une mesure de sécurité qui permet de se protéger contre des utilisateurs mal intentionnés. En transmettant

> REMARQUE
> des paramètres construits d'une certaine manière, ces derniers pourraient changer le comportement de la requête SQL.

Editer un enregistrement

La première chose à réaliser est de modifier le script *liste.php* afin d'ajouter un lien sur le titre de l'ouvrage. Ce lien pointe vers le script *edite.php* qui propose un formulaire permettant la modification des données.

Listing 10-3 : Le lien permet d'accéder à un formulaire d'édition

```
<a href="edite.php?id=<?php echo $livre["id"]; ?>">
  <?php echo $livre["titre"]; ?>
</a>
```

Le script *edite.php* va recevoir un paramètre `id` contenant la clef du livre que nous souhaitons modifier. Cet `id` est utilisé dans la requête SQL qui nous permet de récupérer l'enregistrement :

Listing 10-4 : Requête permettant de sélectionner un livre

```
select * from livre where id=3
```

Un appel à `mysql_query()` suivi d'un appel à `mysql_fetch_assoc()` permet de récupérer les informations liées au livre. Ces informations sont ensuite intégrées au formulaire.

Listing 10-5 : Appel du script edite.php?id=1

```
<?php
$liaison = mysql_connect("localhost", "root", "");
mysql_select_db("biblio");
$sql = "select * from livre".
       " where id=". mysql_real_escape_string($_REQUEST['id']);
$resultat = mysql_query($sql);
$livre = mysql_fetch_assoc($resultat);
?>

<html>
<head>
 <title>Biblio</title>
</head>
<body>
<h1>Modification</h1>
<form action="metajour.php" method="post">
<input type="hidden" name="id"
```

```
       value="<?php echo $livre["id"]; ?>" />
<fieldset>
 <legend><?php echo $livre["titre"]; ?></legend>
 <label>titre</label>
 <input type="text" name="titre"
        value="<?php echo $livre["titre"]; ?>" /><br/>
 <label>auteur</label>
 <input type="text" name="auteur"
        value="<?php echo $livre["auteur"]; ?>" /><br/>
 <label>année</label>
 <input type="text" name="annee"
        value="<?php echo $livre["annee"]; ?>" /><br/>
 <label>genre</label>
 <select name="genre">
  <option value="Roman"
         <?php if ($livre["genre"] == "Roman") echo
         ✂ "selected"?>>Roman</option>
  <option value="Poésie"
         <?php if ($livre["genre"] == "Poésie") echo
         ✂ "selected"?>>Poésie</option>
 </select><br/>
 <label>état</label>
 <input type="radio" name="etat" value="1"
        <?php if ($livre["etat"] == 1) echo "checked"?> />
        neuf
 <input type="radio" name="etat" value="0"
        <?php if ($livre["etat"] == 0) echo "checked"?> />
        occasion
 <br/>
 <input type="submit" value="Enregistrer" />
</fieldset>
<a href="liste.php">Retour à la liste</a>
</body>
</html>

<?php
mysql_close($liaison);
?>
```

Figure 10.14 : *Modification des informations du livre 1*

Mettre à jour un enregistrement

La mise à jour d'un enregistrement consiste à récupérer les nouvelles données de l'enregistrement et à les placer au sein d'une requête SQL de type `UPDATE`.

Listing 10-6 : Mise à jour d'un enregistrement (metajour.php)

```
<?php
$liaison = mysql_connect("localhost", "root", "");
mysql_select_db("biblio");
$sql = "update livre set"
      ." titre='".mysql_real_escape_string($_REQUEST['titre'])."',"
      ." auteur='".mysql_real_escape_string($_REQUEST['auteur'])."',"
      ." annee='".mysql_real_escape_string($_REQUEST['annee'])."',"
      ." genre='".mysql_real_escape_string($_REQUEST['genre'])."',"
      ." etat='".mysql_real_escape_string($_REQUEST['etat'])."'"
      ." where id=".mysql_real_escape_string($_REQUEST["id"]);
mysql_query($sql);
mysql_close($liaison);
?>
Mise à jour effectuée,
<a href="liste.php">retour</a>.
```

Supprimer un enregistrement

La mise en place d'une fonctionnalité de suppression nécessite d'associer un lien de suppression à chaque élément de la liste (*liste.php*).

Listing 10-7 : Ajout d'un lien permettant de supprimer un livre

```
<li>
  <a href="edite.php?id=<?php echo $livre["id"]; ?>">
   <?php echo $livre["titre"]; ?>
  </a>
  , par
  <em><?php echo $livre["auteur"]; ?></em>
  (<?php echo $livre["annee"]; ?>)
  <a href="supprime.php?id=<?php echo $livre["id"]; ?>">
   Supprimer
  </a>
 </li>
```

Listing 10-8 : Script permettant la suppression d'un enregistrement (supprime.php)

```
<?php
$liaison = mysql_connect("localhost", "root", "");
mysql_select_db("biblio");
$sql = "delete from livre"
      ." where id=".mysql_real_escape_string($_REQUEST["id"]);
```

```
mysql_query($sql);
mysql_close($liaison);
?>
Suppression effectuée,
<a href="liste.php">retour</a>.
```

Ajouter un enregistrement

L'ajout d'un enregistrement nécessite la création d'un formulaire pour l'édition (*nouveau.html*) et d'un script pour l'enregistrement (*ajoute.php*).

Listing 10-9 : Formulaire d'ajout de livre (nouveau.html)

```
<html>
<head>
 <title>Biblio</title>
</head>
<body>
<h1>Ajout</h1>
<form action="ajoute.php" method="post">
<fieldset>
 <legend>Nouveau livre</legend>
 <label>titre</label>
 <input type="text" name="titre" /><br/>
 <label>auteur</label>
 <input type="text" name="auteur" /><br/>
 <label>année</label>
 <input type="text" name="annee" /><br/>
 <label>genre</label>
 <select name="genre">
  <option value="Roman">Roman</option>
  <option value="Poésie">Poésie</option>
 </select><br/>
 <label>état</label>
 <input type="radio" name="etat" value="1" /> neuf
 <input type="radio" name="etat" value="0" /> occasion
 <br/>
 <input type="submit" value="Ajouter" />
</fieldset>
<a href="liste.php">Retour à la liste</a>
</body>
</html>
```

La technique consiste cette fois à combiner les données du formulaire au sein d'une requête de type `INSERT`.

Listing 10-10 : Script responsable de l'enregistrement d'un nouveau livre en base (ajoute.php)

```
<?php
$liaison = mysql_connect("localhost", "root", "");
mysql_select_db("biblio");
$sql = "insert into livre "
   ."(titre, auteur, annee, genre, etat) VALUES "
   ."('".mysql_real_escape_string($_REQUEST['titre'])."',"
   ."'".mysql_real_escape_string($_REQUEST['auteur'])."',"
   ."'".mysql_real_escape_string($_REQUEST['annee'])."',"
   ."'".mysql_real_escape_string($_REQUEST['genre'])."',"
   ."'".mysql_real_escape_string($_REQUEST['etat'])."')";
mysql_query($sql);
mysql_close($liaison);
?>
Ajout effectué,
<a href="liste.php">retour</a>.
```

10.5. Check-list

- MySQL est aujourd'hui considéré comme l'un des meilleurs SGBD du marché.
- Une base de données vise avant tout à stocker et à récupérer des informations le plus vite possible.
- Les SGBD modernes fonctionnent sur un modèle client-serveur.
- SQL est le langage utilisé pour communiquer avec un serveur de bases de données.
- Un SGBD peut contenir plusieurs bases qui contiendront elles-mêmes plusieurs tables.
- Chaque table est définie par un certain nombre de colonnes qui ont chacune un type (numérique, date, chaîne de caractères, etc.). Chaque ligne dans une table est appelée « *un enregistrement* ».
- Trois étapes sont nécessaires pour se connecter à un SGBD en PHP : la connexion au serveur, la sélection de la base, la transmission de la requête SQL. L'accès à une base nécessite donc quatre éléments : l'adresse du serveur, les identifiants (*login*, *password*) et le nom de la base.
- Le logiciel phpMyAdmin permet de gérer intégralement en ligne un serveur MySQL.

Chapitre 11

Transfert de fichiers

Vous allez découvrir dans ce chapitre la méthode permettant de transférer des fichiers de votre machine vers le serveur d'hébergement.

Cette technique sera illustrée en faisant évoluer l'application « *biblio* » de manière à permettre l'association d'une couverture à un livre.

11.1. Principe général

Le transfert de fichier fait intervenir des composants particuliers à la fois au niveau du code HTML et du script PHP.

Champ INPUT FILE

Le champ `<input type="file" />` est l'élément HTML qui permet de sélectionner un fichier présent sur votre ordinateur.

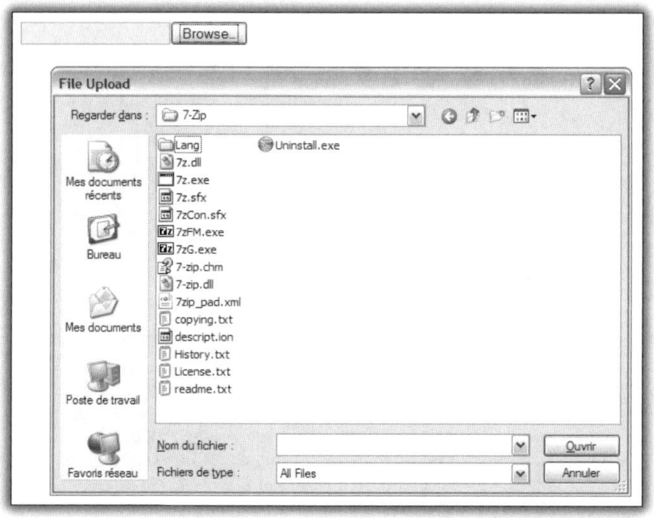

Figure 11.1 : *Sélection d'un fichier à l'aide d'un champ input file*

Ce type de champ a la particularité de ne pas être modifiable en JavaScript. Cela est essentiel pour empêcher qu'un site puisse, au chargement de la page, mettre à jour un champ `INPUT FILE` avec le chemin d'un fichier présent sur votre disque dur et automatiquement envoyer le formulaire. Une telle faille permettrait au pirate de récupérer vos fichiers sans votre consentement. L'exemple suivant tente d'initialiser le champ avec la valeur *C:\wamp\www\index.php*.

Listing 11-1 : Tentative de mise à jour d'un champ input file

```
<script>
function initialise() {
  var champ = document.getElementById("fichier");
  champ.value = " C:\wamp\www\index.php";
}
</script>
<input type="file" id="fichier" /><br/>
<input type="button" onclick="initialise()" value="test" />
```

Une erreur apparaît alors dans les logs JavaScript.

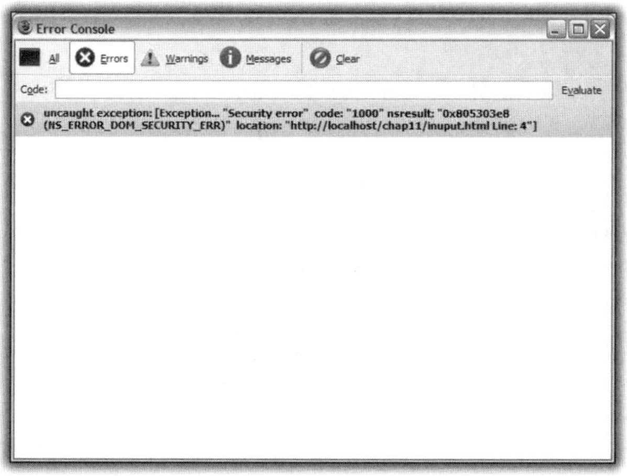

Figure 11.2 : *Erreur de sécurité provoquée en essayant de mettre à jour un champ input file*

Il est en revanche possible de lire la valeur contenue dans un `INPUT FILE`. Cette possibilité permet de réaliser des vérifications avant la transmission du formulaire.

Listing 11-2 : Vérification JavaScript de la valeur contenue dans un input file.

```
<script>
function test() {
  var champ = document.getElementById("fichier");
  if (champ.value.indexOf(".pdf") == -1)
  {
    alert(champ.value +
          " : seul un fichier PDF peut être envoyé !");
  }
}
</script>
<input type="file" id="fichier" /><br/>
<input type="button" onclick="test()" value="test" />
```

Figure 11.3 : *L'extension .jpg ne convient pas*

Formulaire

Un formulaire contenant un `INPUT FILE` doit disposer de deux caractéristiques :

- la méthode doit absolument être de type `POST`,
- un attribut `enctype` doit être présent et contenir la valeur `multipart/form-data`.

Listing 11-3 : Exemple de formulaire permettant la transmission de fichier

```
<form method="post" action="upload.php"
      enctype="multipart/form-data">
  <input type="file" name="fichier" />
  <input type="submit" value="envoyer" />
</form>
```

Un champ de type `hidden` ayant pour nom `MAX_FILE_SIZE` permet d'indiquer la taille maximum acceptée pour les fichiers transférés. La valeur est exprimée en octets. Ce champ caché doit absolument être placé avant le champ `input file`.

Listing 11-4 : La taille du fichier doit être inférieure à 1Mo

```
<form method="post" action="upload.php"
      enctype="multipart/form-data">
  <input type="hidden" name="MAX_FILE_SIZE" value="1000000" />
  <input type="file" name="fichier" />
  <input type="submit" value="envoyer" />
</form>
```

ATTENTION

Limite de `MAX_FILE_SIZE`

Cette technique de contrôle n'est pas fiable dans la mesure où un utilisateur peut très facilement modifier la valeur associée à ce champ. Une alternative plus sûre consiste à utiliser les directives de configuration PHP décrites ci-après.

Réception

La réception du formulaire et du fichier associé est réalisée comme pour tout formulaire par le script indiqué par l'attribut `action`.

Lorsque qu'un champ `input file` est présent, le script dispose automatiquement d'une variable globale `$_FILES`. Il s'agit d'un tableau associatif construit de la manière suivante :

- la clé correspond à la valeur de l'attribut `name` du champ `INPUT FILE`,
- la valeur est elle-même un tableau associatif composé de 5 éléments.

Tableau 11.1 : *Détail des 5 cellules disponibles pour chaque élément du tableau $_FILES.*

Clé	Valeur
`name`	le nom du fichier
`type`	son type mime (ex. `image/jpeg`)
`size`	taille en octets
`tmp_name`	le chemin du fichier transmis sur le serveur.
`error`	code d'erreur (0 si aucune erreur)

Le script suivant permet de visualiser ces différentes informations.

Listing 11-5 : Script de réception : upload.php

```
<?php

print('<pre>');
print_r($_FILES);
print('</pre>');
```

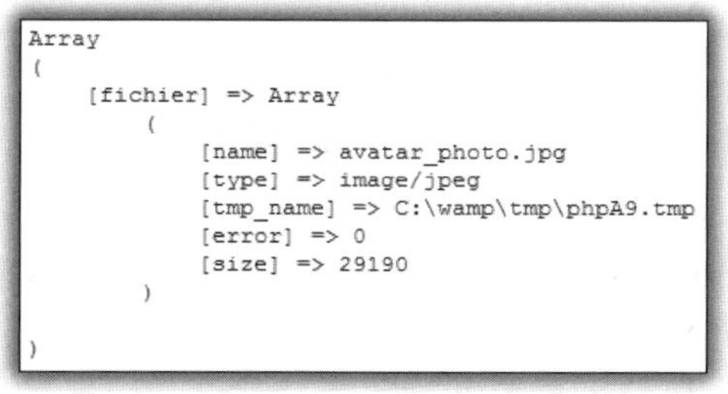

Figure 11.4 : *Contenu de la variable $_FILES*

La cellule `tmp_name` indique l'emplacement où PHP stocke temporairement le fichier au moment de sa réception. Si ce fichier temporaire n'est pas déplacé avant la fin de l'exécution du script, il est automatiquement supprimé. Vous pouvez vous rendre compte de cela en vous rendant dans le répertoire *C:\wamp\tmp*. Tous les fichiers que vous avez éventuellement transférés ont été supprimés. Il est possible de vérifier que le fichier temporaire est bien présent en retardant volontairement la fin d'exécution du script. La fonction `sleep(15)` laissera 15 secondes pour vérifier que le fichier temporaire est bien présent.

Listing 11-6 : Retardement de la fin d'exécution du script

```
print('<pre>');
print_r($_FILES);
print('</pre>');
sleep(15);
```

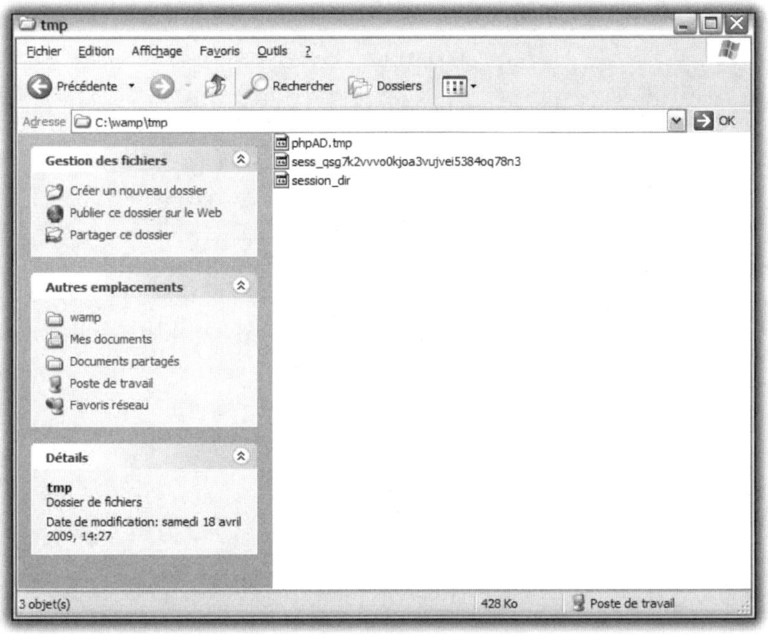

Figure 11.5 : *Un fichier temporaire est bien présent : phpAD.tmp*

Vous pouvez aller plus loin et profiter du délai pour copier/coller le fichier temporaire. En le renommant avec une extension correspondant au fichier envoyé, vous pourrez constater que ce fichier est bien le bon.

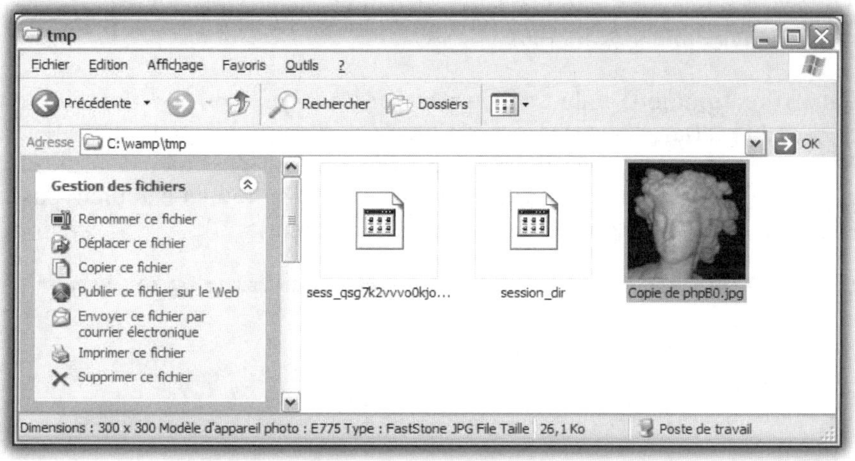

Figure 11.6 : *Le fichier phpBO.tmp contenait bien une image*

L'objectif est donc maintenant d'éviter cette suppression en déplaçant le fichier temporaire en lieu « sûr ». La fonction `move_uploaded_file()` est prévue pour cela. Son premier argument correspond au chemin du fichier temporaire et le second, au chemin définitif du fichier. Cette fonction retourne `false` en cas d'erreur.

ATTENTION

Écrasement de fichier

La fonction `move_uploaded_file()` n'hésitera pas à écraser un éventuel fichier déjà présent à l'emplacement de destination. Si cette éventualité n'est pas envisageable dans le cadre de votre application, il conviendra de réaliser une vérification en amont.

Le script *upload.php* va désormais être modifié pour déplacer le fichier transféré dans le répertoire *C:\wamp\www\images*.

Listing 11-7 : Déplacement du fichier tempraire

```
$source = $_FILES['fichier']['tmp_name'];
$destination = 'c:\\wamp\\www\\images\\'.$_FILES['fichier']['name'];

if (move_uploaded_file($source, $destination) === false) {
  die("erreur lors du déplacement du fichier");
}
```

Le répertoire de destination est un sous-répertoire de *C:\wamp\www* afin de permettre un accès direct aux fichiers via le web. Si un fichier *monimage.jpg* est envoyé, il devient disponible à l'adresse : *http://localhost/images/monimage.jpg*.

La vérification de la valeur retournée par `move_uploaded_file()` est importante pour s'assurer que le déplacement a bien eu lieu. Il est également important de contrôler que le transfert s'est bien déroulé. La cellule `error` peut être utilisée pour savoir si tout s'est bien passé (valeur `0`) ou si un problème est survenu (valeur > `0`).

Listing 11-8 : Double vérification pour contrôler que la transmission s'est bien déroulée

```
<?php

$source = $_FILES['fichier']['tmp_name'];
$destination = 'c:\\wamp\\www\\images\\'
✂ .$_FILES['fichier']['name'];

if ($_FILES['fichier']['error'] > 0) {
  die("erreur lors de la transmission du fichier");
}

if (!move_uploaded_file($source, $destination)) {
  die("erreur lors du déplacement du fichier");
}
```

Il peut être intéressant de logger (`error_log()`) le code d'erreur afin de pouvoir détecter la source du problème. Les erreurs sont listées dans le tableau ci-dessous.

Tableau 11.2 : *Signification des codes d'erreur liés à $_FILES*

Code d'erreur	signification
1	La taille du fichier est trop importante (*php.ini*).
2	La taille du fichier dépasse la valeur `MAX_FILE_SIZE`.
3	Le fichier n'a pas été transmis dans sa totalité.
4	Aucun fichier transmis.
6	Le répertoire contenant les fichiers temporaires n'existe pas.
7	Problématique de droits en écriture.
8	Transfert stoppé par l'extension.

Envoi multiple

Un formulaire peut tout à fait contenir plusieurs champs `input file`. Il convient juste de vérifier que chaque champ dispose bien d'un nom qui lui soit propre.

Listing 11-9 : Formulaire disposant de 2 champs « fichier ».

```
<form method="post" action="upload.php"
      enctype="multipart/form-data">
  <input type="file" name="fichier1" /><br/>
  <input type="file" name="fichier2" /><br/>
  <input type="submit" value="envoyer" />
</form>
```

```
Array
(
    [fichier1] => Array
        (
            [name] => rouge.jpg
            [type] => image/jpeg
            [tmp_name] => C:\wamp\tmp\phpCD.tmp
            [error] => 0
            [size] => 17494
        )

    [fichier2] => Array
        (
            [name] => vert.jpg
            [type] => image/jpeg
            [tmp_name] => C:\wamp\tmp\phpCE.tmp
            [error] => 0
            [size] => 11172
        )

)
```

Figure 11.7 : *La variable $_FILES contient bien les 2 fichiers*

Le script *upload.php* peut traiter ces différents fichiers en parcourant l'intégralité du tableau `$_FILES`.

Listing 11-10 : Le script upload.php peut désormais recevoir autant de fichiers qu'il y a de champs input file dans le formulaire.

```
<?php

foreach ($_FILES as $fichier) {

  $source = $fichier['tmp_name'];
  $destination = 'c:\\wamp\\www\\images\\'.$fichier['name'];

  if ($fichier['error'] > 0) {
    error_log("erreur lors de la transmission du fichier");
    continue ;
  }
```

```
  if (!move_uploaded_file($source, $destination)) {
    error_log("erreur lors du déplacement du fichier");
    continue ;
  }

}
```

Configuration

Le fichier de configuration *php.ini* dispose de certaines directives permettant d'influencer le comportement des transferts de fichiers.

Tableau 11.3 : *Directives de configuration en rapport avec le transfert de fichiers.*

Directive	Valeur	Signification
`file_uploads`	Booléen	Indique si le transfert de fichier est autorisé.
`upload_tmp_dir`	Chaînes de caractères	Répertoire dans lequel sont placés les fichiers temporaires.
`upload_max_filesize`	Chaînes de caractères	Taille maximum d'un fichier.

ATTENTION

Directive de configuration `post_max_size`

Il est important de rappeler que la valeur de `post_max_size` qui représente la taille maximum du flux de données envoyées par un formulaire en mode `post` doit être supérieure ou égale à la valeur de `upload_max_filesize`.

11.2. Illustration

Cette partie va permettre de mettre en œuvre le transfert de fichier dans le cadre de l'application « *biblio* ». L'idée est ici de permettre d'associer une couverture à nos livres.

Ajout d'une colonne

La première étape consiste à ajouter une colonne *couverture* à la table `livre`. L'outil phpMyAdmin nous permet de réaliser cela en cliquant sur l'onglet **Structure** associé à la table `livre`.

Figure 11.8 : *La colonne ajoutée sera la dernière de la table*

L'interface suivante permet de spécifier les informations (*nom*, *type*, etc.) liées à la nouvelle colonne.

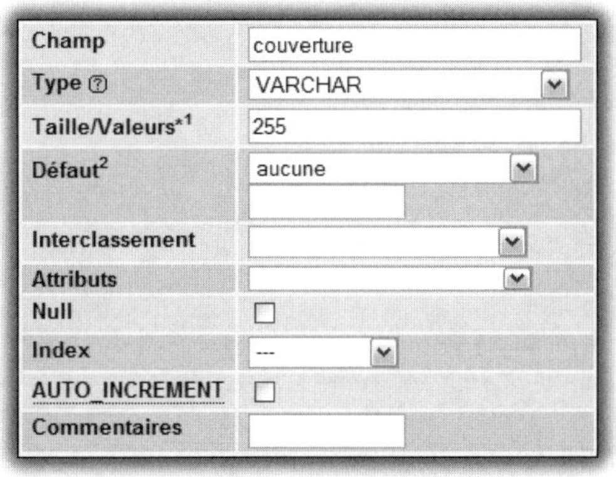

Figure 11.9 : *La colonne « couverture » est de type texte*

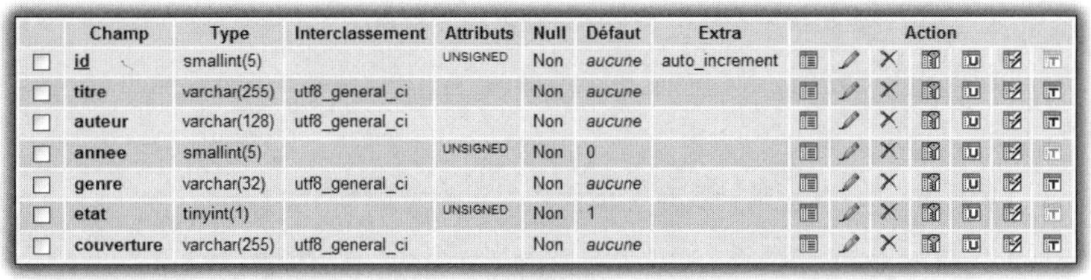

	Champ	Type	Interclassement	Attributs	Null	Défaut	Extra	Action
☐	id	smallint(5)		UNSIGNED	Non	aucune	auto_increment	
☐	titre	varchar(255)	utf8_general_ci		Non	aucune		
☐	auteur	varchar(128)	utf8_general_ci		Non	aucune		
☐	annee	smallint(5)		UNSIGNED	Non	0		
☐	genre	varchar(32)	utf8_general_ci		Non	aucune		
☐	etat	tinyint(1)		UNSIGNED	Non	1		
☐	couverture	varchar(255)	utf8_general_ci		Non	aucune		

Figure 11.10 : *La table livre dispose bien d'une colonne en plus*

Modification des scripts

Le premier changement consiste à modifier la page *nouveau.html* en ajoutant :

- l'attribut `enctype` à la balise `FORM` ;

- un champ `input file` à la fin du formulaire.

Listing 11-11 : Deux modifications dans la page

```
<html>
<head>
 <title>Biblio</title>
</head>
<body>
<h1>Ajout</h1>
<form action="ajoute.php" method="post"
      enctype="multipart/form-data">
<fieldset>
 <legend>Nouveau livre</legend>
 <label>titre</label>
 <input type="text" name="titre" /><br/>
 <label>auteur</label>
 <input type="text" name="auteur" /><br/>
 <label>année</label>
 <input type="text" name="annee" /><br/>
 <label>genre</label>
 <select name="genre">
  <option value="Roman">Roman</option>
  <option value="Poésie">Poésie</option>
 </select><br/>
 <label>état</label>
 <input type="radio" name="etat" value="1" /> neuf
 <input type="radio" name="etat" value="0" /> occasion
 <br/>
 <label>couverture</label>
 <input type="file" name="couverture" /><br/>
 <input type="submit" value="Ajouter" />
</fieldset>
<a href="liste.php">Retour à la liste</a>
</body>
</html>
```

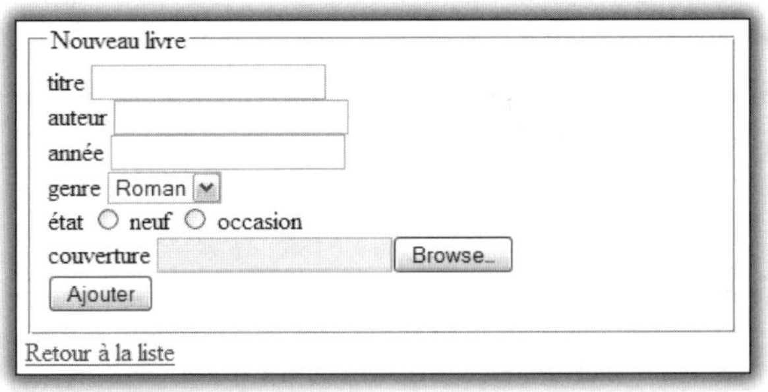

Figure 11.11 : *Le champ fichier est bien présent*

La deuxième modification consiste à ajouter dans *ajoute.php* un bout de code qui :

- déplace l'image envoyée dans le répertoire *c:\wamp\www\images* ;
- enregistre le nom du fichier couverture en base de données.

Listing 11-12 : Modification de ajoute.php

```
<?php
$liaison = mysql_connect("localhost", "root", "");
mysql_select_db("biblio");
if (isset($_FILES['couverture'])) {
  $source = $_FILES['couverture']['tmp_name'];
  $destination = 'c:\\wamp\\www\\images\\'
  ✂ .$_FILES['couverture']['name'];
  if ($_FILES['couverture']['error'] > 0) {
    die("erreur lors de la transmission du fichier");
  }
  if (!move_uploaded_file($source, $destination)) {
    die("erreur lors du déplacement du fichier");
  }
  $couverture = $_FILES['couverture']['name'];
}
else {
  $couverture = '';
}
$sql = "insert into livre "
      ."(titre, auteur, annee, genre, etat,
      ✂ couverture) VALUES "
      ."('".mysql_real_escape_string($_REQUEST['titre'])."','"
      ."'".mysql_real_escape_string($_REQUEST['auteur'])."','"
      ."'".mysql_real_escape_string($_REQUEST['annee'])."','"
      ."'".mysql_real_escape_string($_REQUEST['genre'])."','"
      ."'".mysql_real_escape_string($_REQUEST['etat'])."','"
      ."'".mysql_real_escape_string($couverture)."')";
mysql_query($sql);
mysql_close($liaison);
?>
Ajout effectué,
<a href="liste.php">retour</a>.
```

La dernière modification consiste à adapter le script *liste.php* afin d'inclure la couverture à gauche du titre du livre.

Listing 11-13 : Inclusion d'une balise IMG lorsqu'une couverture est associée au livre

```
<?php while (($livre = mysql_fetch_assoc($livres)) !== false): ?>
 <li>
<?php if (!empty($livre["couverture"])): ?>
  <img src="/images/<?php echo $livre["couverture"]; ?>" />
<?php endif; ?>
```

```
    <a href="edite.php?id=<?php echo $livre["id"]; ?>">
     <?php echo $livre["titre"]; ?>
    </a>
    , par
    <em><?php echo $livre["auteur"]; ?></em>
    (<?php echo $livre["annee"]; ?>)
    <a href="supprime.php?id=<?php echo $livre["id"]; ?>">
     Supprimer
    </a>
  </li>
<?php endwhile; ?>
```

Figure 11.12 : *Les couvertures apparaissent désormais dans la liste*

11.3. Check-list

- Le transfert repose sur le champ `INPUT FILE` du côté HTML et sur la variable globale `$_FILES` du côté PHP.
- Le formulaire doit utiliser la méthode `POST` et disposer de l'attribut `enctype` initialisé à la valeur `multipart/form-data`.
- Il est essentiel d'être extrêmement prudent avec les fichiers envoyés par des visiteurs. Il s'agit en effet du meilleur moyen pour un utilisateur mal intentionné d'installer un cheval de Troie au sein de votre site.

Chapitre 12

La gestion des fichiers

Dans le cadre de ce chapitre, nous nous intéresserons principalement à la manipulation des fichiers en PHP.

Vous étudierez dans un premier temps les différentes actions qui peuvent être réalisées sur un fichier, puis la présentation de différents formats de fichiers qui peuvent être générés avec PHP : *GZIP* (archives), *CSV* (Excel), *PNG* (image), *PDF*, *SWF* (Flash).

12.1. Manipuler des fichiers

Comme beaucoup de langages de programmation, PHP permet de manipuler les fichiers. Toutes les opérations habituelles sont disponibles :

- lire
- écrire
- renommer
- déplacer
- copier
- supprimer

Prenez un premier exemple : quand vous envoyez un fichier *hello.html* sur votre serveur d'hébergement (par FTP ou via le navigateur), une commande PHP vous permet en une ligne de le renommer :

Listing 12-1 : Renomme le fichier hello.html en hello.htm

```
rename("hello.html","hello.htm");
```

Ces fonctions permettent donc de manipuler les fichiers distants (présents sur le serveur d'hébergement).

Les fichiers de cache

Ces fonctions rendent possible le stockage de données dans des fichiers. Cela va a priori à l'encontre de ce qui a été dit précédemment au sujet des bases de données, à savoir qu'il est souvent préférable d'utiliser une base de données pour stocker des informations.

Il faut cependant garder à l'esprit que les requêtes SQL utilisent beaucoup de ressources et qu'il est judicieux, pour accroître les performances d'un script, de les réduire le plus possible.

La mise en œuvre d'une base de données est en effet très lourde à gérer pour le système : la couche réseau, le système de fichiers, ainsi que le SGBD sont mis à contribution.

> REMARQUE
>
> **Impact des requêtes SQL**
>
> Pour ceux qui souhaitent optimiser leur code, sachez que la diminution du nombre de requêtes SQL est de loin ce qui améliore le plus les performances de vos scripts. Les optimisations sur les boucles et les diverses finesses du langage sont, en comparaison, tout à fait négligeables.

Pour alléger les ressources du serveur et accélérer vos scripts, il peut donc être intéressant de mettre en place un système de cache.

Le principe d'un fichier de cache consiste à stocker de manière statique et pendant une durée déterminée des informations qui ne sont pas susceptibles d'être modifiées régulièrement, mais qui ont de fortes chances d'être réclamées fréquemment.

Pour créer ce fichier, il suffit d'extraire les informations de la base de données et de les écrire dans un fichier selon une certaine norme. L'avantage réside dans le fait que ce fichier devient aussi facile à traiter pour le serveur qu'un simple fichier *.html*. Dès lors, vous n'avez pas à craindre que l'afflux soudain d'un grand nombre d'internautes freine l'ensemble du site.

Imaginez qu'un site web partenaire ait besoin d'accéder aux livres de notre bibliothèque. Ce site n'a pas accès à la base de données et ne peut donc pas extraire directement les informations dont il a besoin. Vous allez par conséquent mettre à sa disposition un fichier de cache contenant la liste des titres et des auteurs. Ce fichier sera disponible à l'adresse **http://localhost/livres.cache**. Votre politique de cache sera alors de mettre en œuvre deux scripts :

- Le script *ecrit-cache.php* va permettre d'écrire les informations dans le fichier.
- Le script *lit-cache.php*, sera utilisé par le site partenaire pour accéder à votre fichier via le Web (en sachant évidemment que votre partenaire dispose du PHP).

L'écriture

Commencez par le stockage de vos données dans le fichier *livres.cache* :

Listing 12-2 : Le script ecrit-cache.php

```
<?php

$liaison = mysql_connect("localhost", "root", "");
mysql_select_db("biblio");
$sql = "select * from livre";
$livres = mysql_query($sql);

$fichier = fopen("livres.cache", "w+");
while (($livre = mysql_fetch_assoc($livres)) !== false) {
  fwrite($fichier,
         $livre["auteur"].':'.$livre["titre"]."\n");
}
fclose($fichier);

mysql_close($liaison);

echo "fichier enregistré";

?>
```

Comme vous pouvez vous en rendre compte, le principe de fonctionnement est assez similaire à celui des bases de données.

Il convient, dans un premier temps, de créer un « *descripteur de fichier* » avec `fopen()` : `$fichier`.

Le premier argument de `fopen()` correspond au nom du fichier avec lequel vous allez travailler. Dans cet exemple, le nom est simple : `livres.cache`. Celui-ci peut cependant être moins évident. Il peut ainsi être précédé d'un chemin (`path`). Si vous écrivez `../livres.cache`, cela signifie que vous ouvrez le fichier *livres.cache* dans le répertoire au-dessus du répertoire courant.

ATTENTION

Répertoire courant

Le répertoire courant est le répertoire où se trouve le script PHP qui a été appelé. En écrivant `livres.cache`, vous ouvrez donc un fichier qui sera situé dans le même répertoire que le script d'appel.

Le nom du fichier peut aussi être une URL : il est ainsi possible d'ouvrir un fichier présent sur le Web (`http://localhost/livres.cache`) ou sur un serveur FTP (`ftp://ftp.kernix/livres.cache`).

Le deuxième argument transmis à `fopen()` correspond au mode d'ouverture du fichier. Plusieurs modes existent :

***Tableau 12.1 :** Les modes d'ouverture d'un fichier avec fopen()*

Mode d'ouverture	Signification
`r`	Ouverture en lecture seule (*read*)
`w`	Ouverture en écriture seule (*write*) ; le fichier est créé s'il n'existe pas
`r+`	Ouverture en lecture/écriture
`w+`	Ouverture en lecture/écriture ; le fichier est créé s'il n'existe pas et, s'il existe, il est préalablement mis à zéro
`a`	Ouverture en écriture (*append*) ; le fichier est créé s'il n'existe pas et, s'il existe, le pointeur est placé à la fin du fichier
`a+`	Ouverture en lecture/écriture ; le fichier est créé s'il n'existe pas et, s'il existe, le pointeur est placé à la fin du fichier

Dans ce cas, choisissez le mode `"w+"` car vous devez écrire dans le fichier *livres.cache*.

Lors du premier appel au script *ecrit-cache.php*, le fichier est créé ; lors des appels suivants, vous n'ajouterez pas de données aux fichiers (`"a+"`), mais remplacerez le contenu par de nouvelles données.

Une fois le fichier ouvert, il est possible d'y écrire avec la fonction `fwrite()`. Cette fonction prend, elle aussi, deux arguments : le premier argument est le descripteur de fichier et le second correspond à la chaîne de caractères que vous souhaitez stocker dans le fichier. Il est important de placer un retour chariot (`\n`) à la fin de la chaîne si l'on ne veut pas avoir toutes ces données sur la même ligne.

Il convient de noter qu'une manipulation de fichier se conclut toujours par la fermeture du fichier avec `fclose()`.

La lecture

Passons maintenant à la lecture du fichier . Nous supposons dans un premier temps que le script *lit-cache.php* est sur le même compte que le script *ecrit-cache.php*.

La lecture locale

Vous pouvez ouvrir le fichier en lecture (`"r"`) en l'appelant directement par son nom :

Listing 12-3 : Le script lit-cache.php

```
$fichier = fopen("livres.cache", "r");
$livres = fread($fichier, filesize("livres.cache"));
fclose ($fichier);
echo $livres;
```

Vous faites dans ce cas appel à la fonction `fread()`. Cette fonction prend deux arguments : le premier est le descripteur de fichier et le second correspond à la quantité de données (en octets) que vous souhaitez lire dans le fichier. Faites appel à la fonction `filesize()` pour trouver cette valeur. Cette fonction retourne la taille du fichier, dont le nom lui est passé en paramètre. Grâce à cette fonction, vous lisez l'intégralité du fichier avec un seul appel à `fread()`.

La lecture distante

Supposons maintenant que ce script soit hébergé sur un autre serveur. Le fichier doit cette fois être ouvert via le Web. Passez à `fread()` le nom `"http://localhost/livres.cache"`.

REMARQUE

Ouverture de fichier web

Il est impossible d'ouvrir des fichiers web en écriture car cela reviendrait à permettre à n'importe qui de modifier le contenu de vos pages !

À la différence de la version locale, vous ne pouvez pas utiliser la fonction `filesize()` avec un fichier distant. Vous êtes donc obligé de lire le fichier morceau par morceau avec une boucle `while` :

```
$livres = "";
while ($str = fread($fichier,16))
{
  $livres .= $str;
}
```

À chaque itération de la boucle `while`, vous complétez la variable `$livres` avec 16 octets du fichier *livres.cache*. C'est le descripteur de fichier qui garde en mémoire l'endroit où vous vous trouvez dans le fichier. La boucle s'arrête naturellement dès qu'il n'y a plus rien à lire dans le fichier.

Si vous souhaitez revenir au début d'un fichier, vous avez (au moins) deux possibilités : la première, peu élégante, consiste à fermer le fichier et à le rouvrir ; la seconde consiste à utiliser la fonction `rewind()`.

`rewind()` prend en paramètre un descripteur de fichier. Cette deuxième solution est beaucoup plus intéressante car moins consommatrice en ressources.

Écrivez maintenant le script *lit-cache.php* qui va lire le fichier *livres.cache* via le Web :

Listing 12-4 : Ouverture d'un fichier web

```
<?php

$fichier = fopen ("http://localhost/livres.cache", "r");
$livres = "";
while ($str = fread($fichier, 16))
{
  $livres .= $str;
}
fclose($fichier);
echo $livres;

?>
```

Vous prenez conscience, avec cet exemple, de l'extrême simplicité du langage PHP, même pour réaliser des tâches a priori complexes sur les fichiers. Voyez la fonction `fread()` avec un autre exemple :

```
<?php

$url  = "http://www.google.com";

$fichier = fopen($url, "r");
while ($str = fread($fichier, 16))
{
```

```
  $src .= $str;
}
fclose($fichier);

echo "<textarea rows=10 cols=80>$src</textarea>";

?>
```

Ce script récupère les sources de la page **http://www.google.com** et les affiche dans une zone de texte.

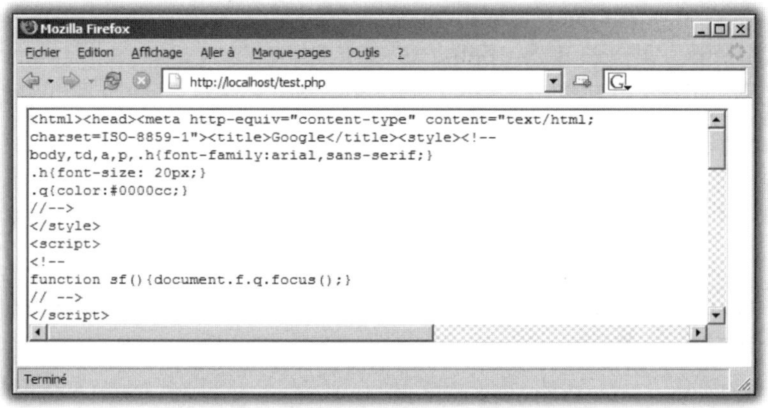

Figure 12.1 : *Affichage des sources de www.google.com*

Il est bien évidemment possible d'ouvrir plusieurs fichiers au même moment. Il suffit pour cela d'utiliser des noms de descripteurs différents.

Écrivez un petit script qui lit le fichier *livres.cache* (via le Web) et qui génère un fichier *livres2.cache*, où, cette fois, l'auteur apparaît après le titre, avec une virgule comme caractère de séparation. Utilisez les fonctions `file_get_contents()` (qui retourne le contenu d'un fichier) et `strlen()` pour trouver la taille du fichier distant.

Listing 12-5 : Le script lit-cache.php

```
<?php

$fichier1 = fopen("http://localhost/livres.cache", "r");
$fichier2 = fopen("livre2.cache", "w+");
$taille = strlen(file_get_contents("http://localhost/livres
✂ .cache"));
$livres = fread($fichier1, $taille);
$lignes = split("\n", $livres);
foreach ($lignes as $ligne) {
  if (empty($ligne)) continue ;
```

```
  list ($auteur, $titre) = split(":", $ligne);
  fwrite($fichier2, $titre.','.$auteur."\n");
}
fclose($fichier2);
fclose($fichier1);

?>
```

Ne laissez pas traîner ce fichier *livres2.cache*. La fonction `unlink()` permet de l'effacer :

```
unlink("livres2.cache");
```

Vous vous apercevez, avec cette dernière fonction (ainsi qu'avec la fonction `rename()` vue plus haut), qu'il est inutile d'utiliser `fopen()` quand vous ne cherchez pas à travailler sur le contenu du fichier.

12.2. Créer des fichiers spéciaux

Vous avez vu qu'il était très simple, en PHP, de manipuler des fichiers. Vous allez voir, dans cette partie, qu'il est possible, aussi simplement, de générer des fichiers spéciaux : fichiers compressés, fichiers exploitables sous Excel, fichiers image.

Les fichiers compressés

Le PHP dispose de fonctions permettant de compresser des données. En les compressant, ces données prennent moins de place et sont donc beaucoup plus rapides à transférer.

Le format de compression par défaut en PHP est GZIP. Ce format est peu connu en dehors du monde Unix, mais il dispose de nombreux avantages :

- L'algorithme de compression est excellent.
- Des outils de décompression existent sur tous les systèmes d'exploitation (Stuffit Expander sous Mac, WinZip sous Windows).

Ce premier exemple aura pour objet de récupérer les noms et les prénoms des livres, d'en faire une liste et de retourner la liste compressée afin de la stocker sur votre disque :

Listing 12-6 : Génération de contenu compressé

```
<?php

$liaison = mysql_connect("localhost", "root", "");
mysql_select_db("biblio");
$sql = "select * from livre";
$livres = mysql_query($sql);

$liste = "";
while (($livre = mysql_fetch_assoc($livres)) !== false) {
  $liste .= $livre['auteur'].' ';
  $liste .= $livre['titre']."\n";
}

mysql_close($liaison);

echo gzencode($liste);

?>
```

En appelant le fichier directement, vous obtenez un contenu illisible.

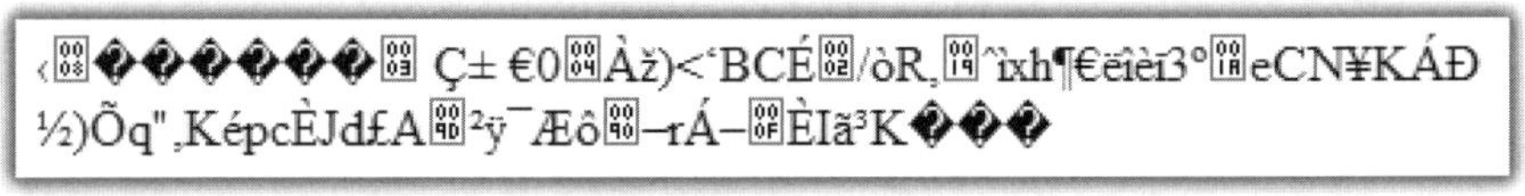

Figure 12.2 : *Contenu compressé illisible*

Le problème vient du fait que le fichier que vous appelez est considéré par le navigateur comme un simple fichier *.html*. Son contenu brut est donc affiché. Il est cependant possible de donner des directives au navigateur pour lui indiquer que le contenu qu'il reçoit est compressé et qu'il doit par conséquent le sauvegarder plutôt que l'afficher.

La commande utilisée pour y parvenir est `header()`. Cette fonction permet de modifier l'en-tête d'un fichier transmis à un navigateur. Avec cette fonction, il est possible d'intervenir sur :

- les directives de cache (durée de conservation d'un fichier sur le disque) ;
- les dates de création ;
- le type de contenu du fichier.

Le rôle de la fonction `header()` se limite en fait à passer des commandes HTTP. La commande permettant de préciser le contenu du fichier envoyé est `Content-type`. Par défaut, le contenu est de type `text/html`. Si vous souhaitez indiquer que le fichier est compressé au format GZIP, il suffit d'écrire :

```
header("Content-type: application/x-gzip");
```

Il faut aussi ajouter une autre directive afin d'indiquer quel nom devra prendre le fichier à sauvegarder :

```
header('Content-Disposition:  attachement; filename="livres
✂ .txt.gz"');
```

REMARQUE

En-tête HTTP et courriel

La modification de l'en-tête HTTP d'un fichier est à rapprocher des ajouts que vous aviez faits dans l'en-tête d'un courriel pour préciser qu'il était en HTML. L'avantage de PHP est de permettre d'accéder à ces zones cachées et ainsi d'aller plus loin dans le code et les fonctionnalités. Il est par contre nécessaire de connaître les différents protocoles (HTTP, SMTP) pour pouvoir en tirer véritablement parti.

Complétez votre script avec ces deux nouvelles lignes :

```
<?php

$liaison = mysql_connect("localhost", "root", "");
mysql_select_db("biblio");
$sql = "select * from livre";
$livres = mysql_query($sql);

$liste = "";
while (($livre = mysql_fetch_assoc($livres)) !== false) {
  $liste .= $livre['auteur'].' ';
  $liste .= $livre['titre']."\n";
}

mysql_close($liaison);

header("Content-type: application/x-gzip");
header('Content-Disposition: attachement; filename="livres
✂ .txt.gz"');
echo gzencode($liste);

?>
```

Désormais, vous obtenez bien le comportement désiré. Le navigateur vous propose de sauvegarder le fichier sur le disque.

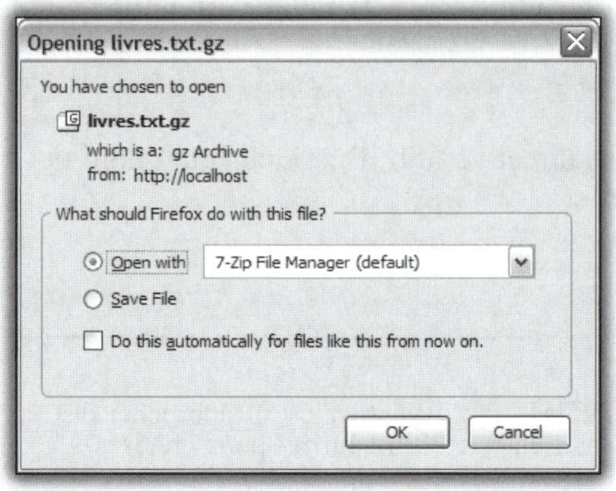

Figure 12.3 : *Le fichier compressé peut être sauvé sur le disque*

Une fois que le fichier se trouve sur le disque, il est possible de le décompresser :

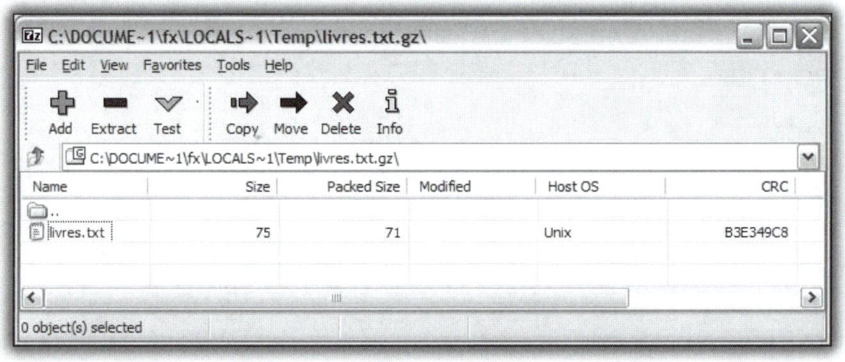

Figure 12.4 : *Ouverture du fichier compressé avec WinRAR*

REMARQUE

Le format BZIP2

Un autre format de compression est disponible : BZIP2. L'avantage de ce format est d'offrir un meilleur taux de compression que le GZIP. Du fait de la jeunesse de ce format, les décompresseurs de fichiers GZIP ne sont pas très répandus. Cela interdit donc son usage si l'on souhaite conserver une certaine forme de compatibilité avec le plus grand nombre d'internautes.

Grâce à la commande `header()`, vous avez pu forcer le navigateur à sauver les données qui lui ont été transmises. Cette technique peut se révéler très intéressante si vous souhaitez associer un événement au téléchargement d'un fichier.

Plutôt que donner un lien fixe sur le fichier (tel `http://localhost/fichier.exe`), vous avez la possibilité de passer par un script qui pourra par exemple, dans un premier temps, vérifier un mot de passe, puis logger le téléchargement dans une base avant de transmettre les données au navigateur.

ATTENTION

La fonction header()

La commande `header()` doit être utilisée avant que toute donnée soit affichée. Si vous laissez une simple ligne vide avant l'ouverture `<?php`, vous obtiendrez une erreur. En effet, le caractère de saut de ligne aura été affiché avant la commande `header()`.

L'exemple suivant retourne le fichier *prog.exe* présent sur le serveur si l'internaute s'est identifié avec le login `"test"` :

```
<?php

if ($login == "test")
{
  header("Content-type: application/octetstream");
  header('Content-Disposition:  attachement; filename="prog.exe"');
  // possibilité ici d'enregistrer l'événement dans
  // une base de données
  $fichier = fopen("prog.exe", "r");
  while ($str = fread($fichier, 1024))
  {
     echo $str;
  }
  fclose($fichier);
  return(1);
}

?>

<form>
<input name='login' /><input type='submit' value='telecharger' />
</form>
```

Les fichiers Excel

Il est très courant, lorsque vous développez un applicatif en ligne, d'avoir besoin de générer un fichier d'export des données stockées dans votre base. Un tel fichier peut être utilisé par un logiciel tiers pour réaliser certaines opérations spécifiques. Vous pourriez ainsi imaginer d'exporter les courriels de tous les livres et utiliser ce fichier avec un logiciel de publipostage afin d'envoyer un bulletin d'information à l'ensemble de la classe.

Il s'avère que la quasi-totalité du marché de l'informatique grand public est occupée par Windows et qu'Excel est l'outil le plus utilisé pour traiter des listings de données. Vous allez donc présenter, dans cette partie, une manière de générer des fichiers compatibles avec Excel.

La méthode se révèle relativement simple : il suffit de générer un fichier CSV (*Comma Separated Value*), c'est-à-dire un fichier où les enregistrements sont organisés ligne par ligne et où les données sont séparées par des points virgules :

```
"Théophile Gautier";"Capitaine Fracasse"
"Charles Beaudelaire";"Les Fleurs du mal"
```

Grâce à la fonction `header()` et à la directive `Content-type`, vous êtes en mesure d'ouvrir vos données directement sous Excel sans avoir besoin de passer par un fichier temporaire :

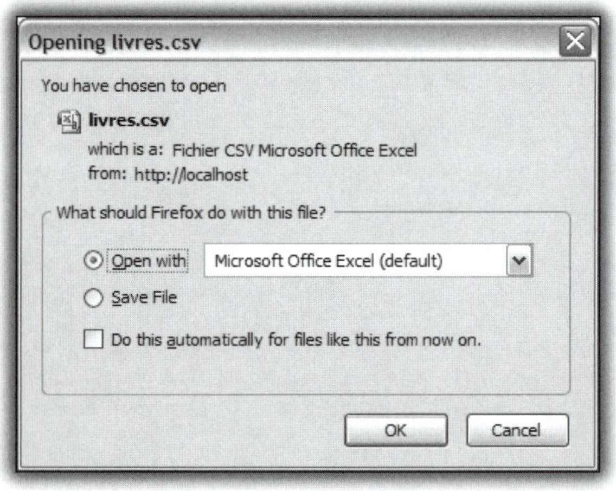

Figure 12.5 : *Le navigateur vous propose bien d'ouvrir le fichier avec Excel*

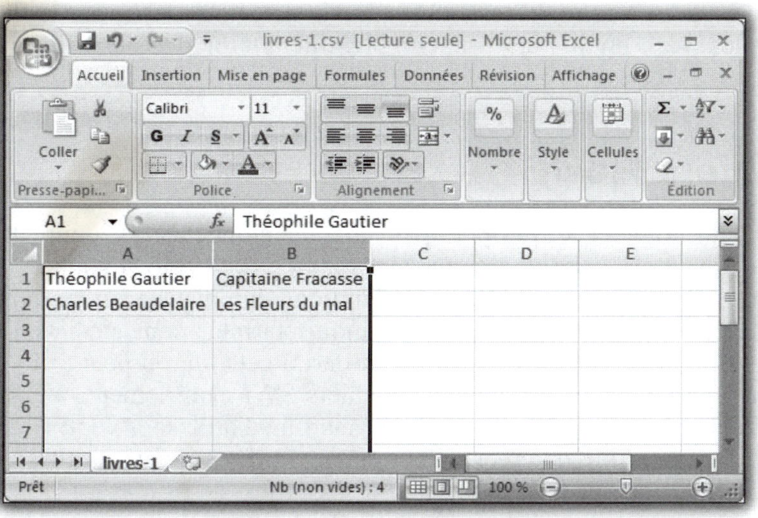

Figure 12.6 : *Les données sont directement lisibles dans Excel*

```
<?php

$liaison = mysql_connect("localhost", "root", "");
mysql_select_db("biblio");
$sql = "select * from livre";
$livres = mysql_query($sql);

$liste = "";
while (($livre = mysql_fetch_assoc($livres)) !== false) {
  $auteur = $livre['auteur'];
  $titre = $livre['titre'];
  $liste .= '"'.$auteur.'";"'.$titre.'"'."\r\n";
}
mysql_close($liaison);

header("Content-type: text/x-csv");
header('Content-Disposition:  attachement; filename="livres.csv"');
echo $liste;

?>
```

Dans Excel, il est possible de traiter vos données de manière très précise, d'utiliser des filtres, d'exécuter des opérations complexes. Il est souvent préférable de fonctionner avec une exportation de fichier vers un logiciel évolué plutôt que de recoder laborieusement une multitude de fonctionnalités qui ne serviront peut-être jamais. Il vaut mieux limiter l'applicatif en ligne à sa fonction première. Lorsque vous développez une boutique en ligne, il est sans doute préférable d'exporter les commandes vers un logiciel de comptabilité plutôt que de créer un module comptable.

Les fichiers Flash

PHP est un logiciel développé par des développeurs et pour des développeurs. Dans cette communauté, la notion de défi technique et de jeu prend souvent le pas sur les considérations purement économiques. Très rapidement, des modules plus ou moins farfelus sont ainsi venus enrichir la librairie d'extensions du PHP. Parmi ceux-ci, on peut trouver un module permettant de générer des fichiers SWF. Un fichier SWF est normalement généré avec le logiciel de Macromedia Flash. Avec PHP, il est cependant possible de créer dynamiquement des animations Flash.

Parmi tous les projets consacrés à ce sujet sur Internet, le projet Ming semble être le plus actif et le plus abouti. Grâce à cette extension, vous êtes en mesure, en quelques lignes de PHP, de réaliser de véritables animations qui peuvent interagir avec la souris, le clavier, être accompagnées de musique, etc.

Bien que Wamp Server soit livré par défaut avec l'extension permettant de générer des SWF, il ne l'autorise pas par défaut. L'étape préalable à la manipulation des SWF consiste donc à faire en sorte que PHP charge cette extension au démarrage. La première solution consiste à modifier le fichier *php.ini* en supprimant le point-virgule devant l'instruction suivante :

```
extension=php_ming.dll;
```

Le serveur Apache doit ensuite être redémarré pour prendre en compte cette modification.

La seconde solution consiste à passer par l'icône de Wamp Server et le menu **PHP extensions** pour sélectionner *php_ming*.

REMARQUE

Extensions sous Linux

L'ajout d'extensions sous Linux se révèle beaucoup plus complexe. Vous êtes en effet obligé de récupérer les sources de l'extension ainsi que celles de PHP. Les deux devront être recompilées pour pouvoir disposer de cette nouvelle extension. Cette situation est essentiellement due au fait qu'il existe une multitude de distributions Linux et que ces dernières fonctionnent le plus souvent sur une grande variété de

REMARQUE

plateformes (PC, Mac, etc.). Cette diversité rend ainsi la distribution en mode binaire extrêmement fastidieuse pour les développeurs.

Le code suivant permet ainsi de jouer le fichier *test.mp3* (placé dans le même répertoire que le script) :

```
<?php
$m = new SWFMovie();
$m->setRate(12.0);
$m->streamMp3(fopen("test.mp3", "r"));
$m->setFrames(141);
header('Content-type: application/x-shockwave-flash');
$m->output();
?>
```

Notez le `Content-type : application/x-shockwave-flash`. En six lignes, vous êtes en mesure d'ajouter une dimension musicale à votre site. De plus, il est avantageux d'utiliser Flash dans ce cas car il s'agit de la technologie la plus portable : Flash existe en effet pour tous les navigateurs et les systèmes d'exploitation.

Le code suivant permet, quant à lui, de faire tourner sur lui-même un carré rouge :

```
<?php
$s = new SWFShape();
$s->setRightFill($s->addFill(0xff, 0, 0));
$s->movePenTo(-50,-50);
$s->drawLineTo(50,-50);
$s->drawLineTo(50,50);
$s->drawLineTo(-50,50);
$s->drawLineTo(-50,-50);
$p = new SWFSprite();
$i = $p->add($s);
for($j=0; $j<17; ++$j) {
  $p->nextFrame();
  $i->rotate(5);
}
$p->nextFrame();
$m = new SWFMovie();
$i = $m->add($p);
$i->moveTo(160,120);
$i->setName("blah");
$m->setBackground(0xff, 0xff, 0xff);
$m->setDimension(320,240);
header('Content-type: application/x-shockwave-flash');
$m->output();
?>
```

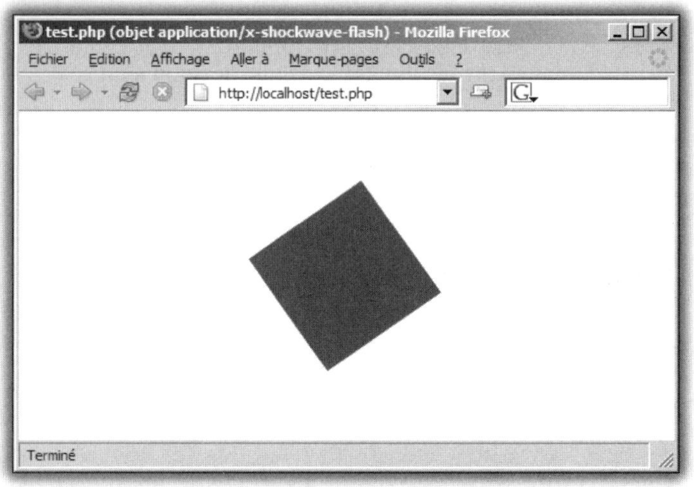

Figure 12.7 : *Flash généré par du code PHP*

Un des grands avantages de Flash est qu'il permet d'obtenir une interactivité en temps réel avec l'internaute. L'exemple suivant permet de déplacer un cercle vert sur un carré rouge et d'appeler la fonction JavaScript extérieure `externAction()` lorsque le cercle est placé sur le carré :

Listing 12-7 : Script qui génère le FLASH

```
<?
ming_useswfversion(6);

$movie = new SWFMovie();
$movie->setRate(30.000000);
$movie->setDimension(500, 500);
$movie->setBackground(0xcc,0xcc,0xcc);

$square = new SWFShape();
$square->setLine(5,0,0,0);
$square->setRightFill(255,0,0);
$square->movePenTo(-75,-75);
$square->drawLine(150,0);
$square->drawLine(0,150);
$square->drawLine(-150,0);
$square->drawLine(0,-150);

$sprite = new SWFSprite();
$sprite ->add($square);
$sprite ->nextFrame();

$f = $movie->add($sprite);
```

```
$f->setName("square");
$f->moveTo(250,350);

$circle = new SWFShape();
$circle->setLine(5,0,0,0);
$circle->setRightFill(0,255,0);
$circle->drawCircle(50);

$sprite = new SWFSprite();
$sprite ->add($circle);
$sprite ->nextFrame();

$f = $movie->add($sprite);
$f->setName("circle");
$f->moveTo(250,100);

$movie->add(new SWFAction("
circle.onPress = function () {
  this.startDrag(1);
};
circle.onRelease = function () {
  stopDrag();
  if ((circle._x > (square._x - square._width/2)) &&
      (circle._x < (square._x + square._width/2)) &&
      (circle._y > (square._y - square._height/2)) &&
      (circle._y < (square._y + square._height/2))) {
    circle._x = square._x;
    circle._y = square._y;
    _root.getUrl('javascript:externAction()');
  }
};
"));

$movie->output();
?>
```

Listing 12-8 : Page contenant la function javascript appelée et l'appel au FLASH

```
<html>
<head>
<title>Exemple Ming</title>
</head>
<script>
function externAction () {
  alert("Bravo !");
}
</script>
<body>
<p>Faire un drag&drop du cercle vert dans la carré rouge</p>
```

```
<object classid="clsid:D27CDB6E-AE6D-11cf-96B8-444553540000"
codebase="http://download.macromedia.com/pub/shockwave/cabs/flash
✂ /swflash.cab#version=6,0,29,0" width="300" height="300">
  <param name="movie" value="test.php">
  <param name="quality" value="high">
  <param name="wmode" value="transparent">
  <embed src="test.php" width="300" height="300"
  wmode="transparent" quality="high" pluginspage="http:
  //www.macromedia.com/go/getflashplayer"
  type="application/x-shockwave-flash"></embed>

</object>
</body>
</html>
```

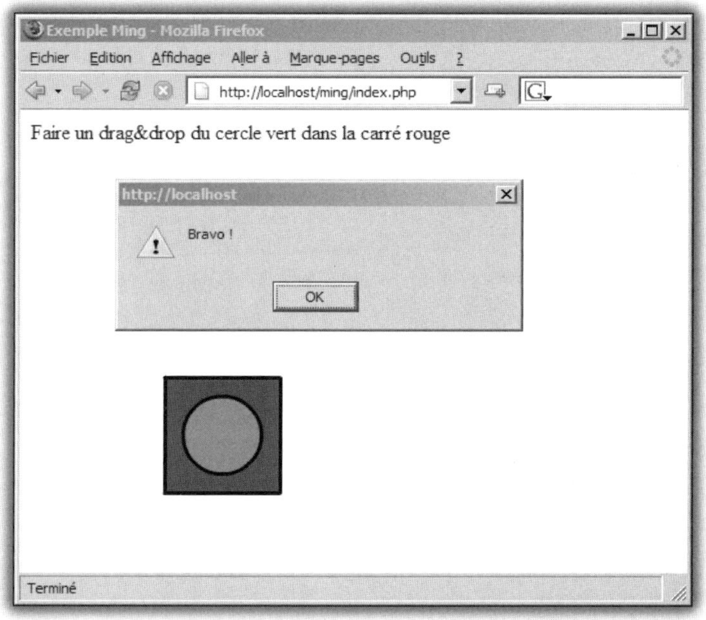

Figure 12.8 : *Déclenchement d'une action lorsque le cercle est placé sur le carré*

Si cette extension n'est pas présente chez votre hébergeur, n'hésitez pas à lui en parler : il y a de fortes chances pour qu'il vous l'installe rapidement. Le projet Ming est hébergé à l'adresse **http://ming.sourceforge.net/**. Vous trouverez sur le site l'extension à télécharger ainsi qu'une documentation complète.

Les fichiers PDF

Le format de fichiers PDF est devenu depuis quelques années un standard pour les échanges de documents sur Internet. Le logiciel Acrobat Reader, de la société Adobe, est en effet présent sur toutes les plateformes (Windows, Mac, Unix). PHP donne la possibilité de créer à la volée des documents PDF. Cette technique peut être intéressante si vous souhaitez créer des documents téléchargeables à partir de données présentes dans votre base.

Comme pour le Flash, l'extension de gestion des PDF doit également être autorisée dans le fichier *php.ini*. La ligne pour laquelle il faut supprimer les signes de commentaire est cette fois : `extension=php_pdflib.dll`. L'alternative consistant à sélectionner l'extension *php_pdflib* dans le menu d'extensions de Wamp est également possible.

Écrivez maintenant un script qui va générer un document PDF proposant autant de pages que de livres :

Listing 12-9 : Script qui génère un document PDF

```
<?php

$pdf = pdf_new();

if (!pdf_open_file($pdf, "")) {
  print("error");
  exit(0);
};

pdf_set_info($pdf, "Author", "fx bois");
pdf_set_info($pdf, "Title", "exemple");
pdf_set_info($pdf, "Creator", "fx bois");
pdf_set_info($pdf, "Subject", "exemple");

$liaison = mysql_connect("localhost", "root", "");
mysql_select_db("biblio");
$sql = "select * from livre";
$livres = mysql_query($sql);

$liste = "";
while (($livre = mysql_fetch_assoc($livres)) !== false) {
  $titre = $livre['titre'];
  $auteur = $livre['auteur'];
  pdf_begin_page($pdf, 595, 842);
  pdf_add_bookmark($pdf, "fiche $auteur",0,0);
  $font = pdf_findfont($pdf, "Helvetica", "host", 0);
  if ($font) pdf_setfont($pdf, $font, 30);
```

```
  pdf_set_value($pdf, "textrendering", 1);
  pdf_show_xy($pdf, $titre, 50, 750);
  pdf_moveto($pdf, 50, 740);
  pdf_stroke($pdf);
  pdf_end_page($pdf);
}

mysql_close($liaison);

pdf_close($pdf);

$buf = pdf_get_buffer($pdf);
$len = strlen($buf);

header("Content-type: application/pdf");
header("Content-Length: $len");
header("Content-Disposition: inline; filename=fichier-livre.pdf");
print($buf);
pdf_delete($pdf);
?>
```

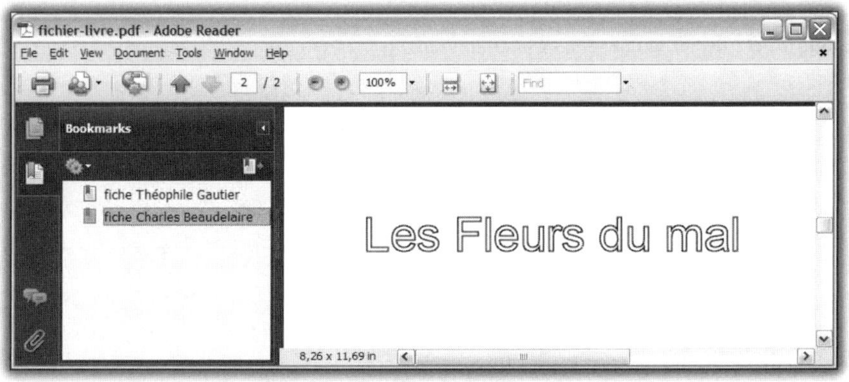

Figure 12.9 : *Document PDF généré par du PHP*

Plutôt que de l'afficher directement, il est également possible de sauver le fichier PDF sur le disque en remplaçant les lignes suivantes :

```
header("Content-type: application/pdf");
header("Content-Length: $len");
header("Content-Disposition: inline; filename=fichier-livre.pdf");
print($buf);
```

... par :

```
$fichier = fopen ("fiche-livre.pdf", "w+");
fwrite($fichier, $buf);
fclose($fichier);
```

Les fichiers image

À la différence des extensions vues précédemment, le module de génération d'images est un des modules les plus populaires de PHP, et il y a de très fortes chances pour que vous puissiez en disposer chez votre hébergeur.

La directive à décommenter dans *php.ini* est : `extension=php_gd2.dll`.

Les fondamentaux

Ce module est basé sur la librairie GD qui contient tout le code permettant de réaliser les nombreuses manipulations graphiques. De nombreux autres langages de programmation tels que Perl ou Python permettent de l'interfacer.

Développée prioritairement pour les environnements Unix/Linux, cette librairie existe aussi sous Windows et peut donc permettre la génération d'image sur ce système.

Comme pour PDF ou Flash, vous utilisez des fonctions du module pour générer le contenu de l'image ainsi que la fonction `header()` pour faire comprendre au navigateur que le fichier est de type image.

Le module est en mesure de générer différents formats d'images, chacun disposant de ses points forts.

- *JPEG* : très bonne compression pour des images complexes (photos), très répandu.
- *GIF* : très bonne compression pour des images simples, très répandu, gère la transparence.
- *PNG* : très bonne compression générale, gestion avancée de la transparence.
- *WBMP* : il s'agit d'un format utilisé pour le WAP.

Aujourd'hui, le format le plus complet est le PNG. Son seul inconvénient est sa jeunesse. De ce fait, certains navigateurs anciens ne sont pas en mesure de le lire.

ATTENTION

Format GIF

Les versions les plus récentes de la bibliothèque GD autorisent de nouveau la création d'images au format *GIF*. L'algorithme de compression (*LZW*) est en effet tombé dans le domaine public il y a peu de temps.

Votre premier script va générer une image noire contenant un rectangle blanc :

Listing 12-10 : Première création d'image

```
<?php
header ("Content-type: image/png");
$image = @Imagecreate (150, 150);
$noir = ImageColorAllocate ($image, 0, 0, 0);
$blanc = ImageColorAllocate ($image, 255, 255, 255);
ImageFilledRectangle ($image, 10, 10, 20, 20, $blanc);
ImagePng ($image);
?>
```

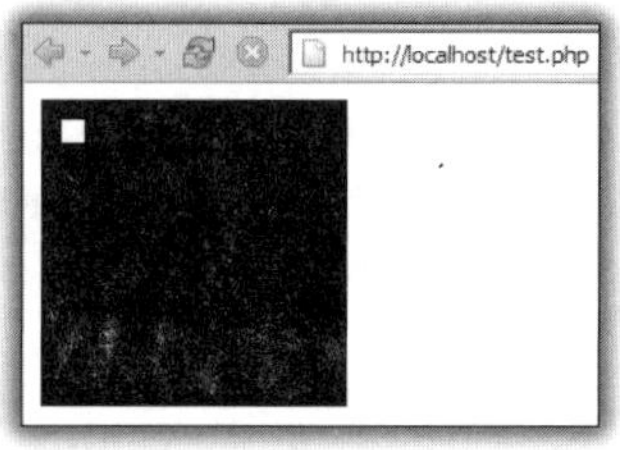

Figure 12.10 :
Génération d'une image noire contenant un rectangle blanc

La création d'images est donc un processus très simple qui peut être divisé en plusieurs étapes :

1 Précisez que le fichier est de type image avec la commande `header()`. Dans ce cas, vous générez une image *PNG* en utilisant la directive `Content-type: image/png`. Si vous choisissez de générer une image *JPEG*, vous écrirez `Content-type: image/jpeg`, et `Content-type: image/gif` dans le cas d'une image *GIF*.

2 Créez l'image avec la fonction `Imagecreate()`. Vous transmettez à cette fonction la largeur et la hauteur et elle retourne un identifiant d'image : `$image`.

3 Définissez les couleurs utilisées dans l'image avec la fonction `ImageColorAllocate()`. Le premier argument est l'image elle-même (`$image`), les trois derniers arguments sont les

composantes RVB (rouge, vert, bleu) de la couleur. La couleur noire est représentée par le triplet `(0, 0, 0)`, la couleur blanche par `(255, 255, 255)` et la couleur rouge par `(255, 0, 0)`. Cette manière de coder les couleurs est la même qu'en HTML, à la différence qu'ici les valeurs sont décimales alors qu'en HTML les couleurs sont hexadécimales : le rouge s'écrit par exemple `#FF0000` en HTML. La manière la plus simple de trouver les codes des couleurs est d'utiliser les palettes des outils de création graphique comme Photoshop, Paint Shop Pro ou Gimp. Il faut savoir que la première couleur définie servira de couleur de fond pour l'image. Dans le cas présent, il s'agit de la couleur noire (`$noir`).

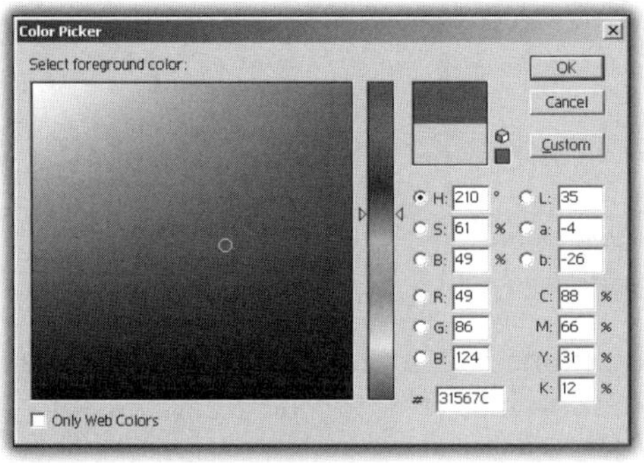

Figure 12.11 : *La palette de Photoshop donne le codage RVB (ou RGB : Red, Green, Blue)*

4 Composez l'image avec tous ses éléments : formes géométriques, textes, morceaux d'autres images. Dans ce script, choisissez simplement un carré blanc placé dans l'angle gauche de l'image. Utilisez, pour cela, la fonction `ImageFilledRectangle()` qui prend six arguments : l'identifiant de l'image, les deux coordonnées de l'angle supérieur gauche, les deux coordonnées de l'angle inférieur droit et enfin la couleur du rectangle.

5 La dernière étape consiste à générer le contenu de l'image avec la fonction `ImagePng()`. Les fonctions `ImageGIF`, `ImageJPEG`, `ImageWBMP` sont aussi disponibles pour les autres formats.

Dans l'exemple précédent, vous avez fait le choix d'appeler le script directement. Le navigateur n'affiche donc que l'image. Si vous souhaitez inclure l'image au sein d'une page web, il suffit de faire appel au script depuis la balise `<img>`. Écrivez la page HTML suivante dans ce sens :

Listing 12-11 : Inclusion d'image créée dynamiquement au sein d'une page HTML

```
<html>
<body>
<hr/>
<center>
 <img src="test.php" />
</center>
<hr/>
</body>
</html>
```

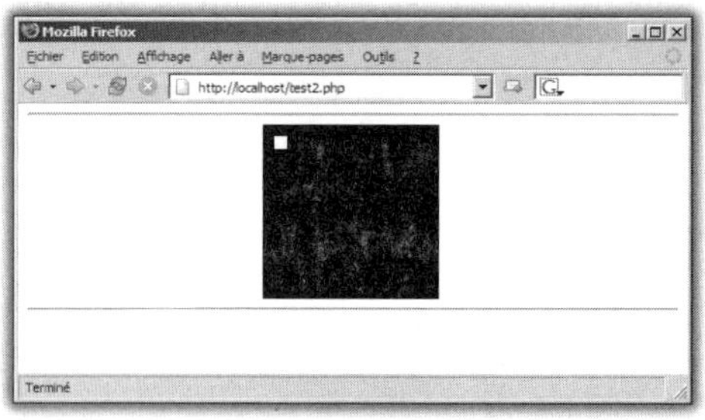

Figure 12.12 : *Image dans une page HTML*

Écrivez maintenant un deuxième exemple, où vous allez exploiter d'autres fonctionnalités de ce module (traçage de ligne, écriture) :

```
<?php
header ("Content-type: image/png");
$image = @Imagecreate (250, 200);
$couleur1 = ImageColorAllocate ($image, 212, 208, 200);
$couleur2 = ImageColorAllocate ($image, 198, 193, 182);
$couleur3 = ImageColorAllocate ($image, 79, 78, 74);
for ($i = 0; $i <= 200; $i += 10)
{
  ImageLine ($image, 0, $i, 250, $i, $couleur2);
}
ImageString ($image,5,10,20, "B o n j o u r",$couleur3);
ImageStringUp ($image,4,150,60, "Monde",$couleur3);
ImagePng ($image);
?>
```

Figure 12.13 : *Autres fonctionnalités du module image*

Vous retrouvez dans cet exemple les principes vus plus haut.

La boucle `for()` permet de tracer des lignes tous les 10 pixels grâce à la fonction `ImageLine()`. Les arguments de cette fonction sont l'identifiant de l'image, les coordonnées du point de départ, les coordonnées du point d'arrivée et la couleur.

Les textes sont, quant à eux, tracés avec les fonctions `ImageString()` et `ImageStringUp()` dont les arguments sont l'identifiant de l'image, la taille de la fonte, les coordonnées du point de départ, le texte et enfin la couleur. Le suffixe *Up* dans `ImageStringUp()` signifie que le texte est tracé verticalement.

Comme vous pouvez vous en apercevoir, la fonte est très sommaire. Heureusement, d'autres fonctions permettent de spécifier la fonte du texte : `ImageTTFText()`.

ATTENTION

`ImageTTFText` sous Linux

Pour pouvoir utiliser cette fonction, PHP doit avoir été compilé avec le support de la bibliothèque Freetype. Il n'est donc pas assuré que vous puissiez l'utiliser.

Cette fonction prend huit arguments : l'identifiant de l'image, la taille de la fonte, l'angle, les coordonnées de l'origine, la couleur, le nom de la fonte et le texte. Une fonte doit donc avoir été transférée sur le compte pour pouvoir l'utiliser. De nombreux sites web proposent le téléchargement gratuit de fontes : **www.fontfreak.com** ou **www.1001freefonts.com** en sont deux bons exemples.

Figure 12.14 :
Des polices TrueType sont utilisées pour dessiner les textes

```
<?php
header ("Content-type: image/png");
$image = @Imagecreate (250, 200);
$couleur1 = ImageColorAllocate ($image, 212, 208, 200);
$couleur2 = ImageColorAllocate ($image, 198, 193, 182);
$couleur3 = ImageColorAllocate ($image, 79, 78, 74);
$blanc    = ImageColorAllocate ($image, 255, 255, 255);
for ($i = 0; $i <= 200; $i += 10)
{
  ImageLine ($image, 0, $i, 250, $i, $couleur2);
}
ImageTTFText ($image,20,0,5,50,$couleur3,"font1.ttf","B o n j o u r");
ImageTTFText ($image,70,30,60,170,$blanc,"font2.ttf","Monde");
ImagePng ($image);
?>
```

Si la fonte se trouve dans un autre répertoire, par exemple *datas*, il faut alors écrire `datas/font1.ttf`.

Vous remarquez que l'écriture verticale est ici réalisée avec la même fonction que l'écriture horizontale. Vous vous contentez en fait de mettre un angle de 30 degrés.

12.3. Check-list

- PHP dispose de toutes les fonctions permettant de travailler sur les fichiers texte : ouverture, modification, suppression, déplacement, etc.
- La technique dite des fichiers de cache est particulièrement intéressante pour alléger les ressources utilisées par un script.
- Des extensions peuvent être chargées afin de permettre à PHP de générer des fichiers plus complexes : PDF, Flash, image, etc.
- PHP, via la bibliothèque GD, permet de travailler très finement sur les images. Cette extension est compatible avec la plupart des formats de fichiers image actuels : GIF, JPEG, PNG, etc.
- La génération d'un fichier spécial nécessite l'utilisation de la fonction `header()`.

Chapitre 13

La programmation objet

Les exemples étudiés jusqu'à maintenant étaient développés de façon procédurale. Fonctions et variables étaient mélangées au sein de vos sources, sans réelle cohérence ni logique.

La programmation orientée objet (POO) propose un nouveau paradigme en vous permettant de manipuler des entités disposant chacune de leurs propres informations et traitements. L'applicatif final consiste ensuite à faire fonctionner ces différents objets de façon collaborative et intelligente.

Cette façon d'opérer facilite à la fois

- la modélisation ;
- la maintenance ;
- la relecture ;
- l'évolutivité.

Longtemps décriée, la dimension objet de PHP a gagné ses lettres de noblesse avec l'arrivée de la version 5 du langage. Cette évolution devenait indispensable dans une industrie informatique où tout applicatif d'envergure se doit d'être écrit en objet.

Parmi les évolutions majeures, la version 5 a notamment apporté :

- une distinction claire entre la copie et la duplication d'objets ;
- la gestion des interfaces ;
- l'opérateur `instanceof` ;
- le mot-clé `final` ;
- les constantes de classe ;
- les méthodes abstraites ;
- les méthodes et les attributs statiques ;
- les constructeurs et destructeurs ;
- la syntaxe `$monObjet->bonjour()->monde()` ;
- les exceptions ;
- les itérateurs ;
- la possibilité de définir une fonction `__autoload()` ;
- l'apparition de différents niveaux de visibilité : `public`, `protected`, `private`.

Plus généralement, les concepteurs du langage tendent à rendre la plateforme PHP réellement objet en fournissant la plupart des nouvelles extensions sous forme de classes (ex : PDO, XML, SOAP, etc.).

Cette « *objectisation* » correspond précisément au défi majeur que PHP devra relever dans les années à venir :

1. Devenir un véritable langage objet où tout élément est lui-même objet (types de données, I/O, etc.) afin d'attirer les développeurs chevronnés et les acteurs majeurs de l'industrie informatique (chasse gardée actuelle de Java et C#).
2. Ne pas perdre cette facilité d'accès inégalable qui lui a permis de devenir le premier langage de programmation web mondial.

13.1. Classes et objets

Deux notions fondamentales interviennent en POO : les classes et les objets.

Classes

Une classe peut être assimilée à un moule qui permet de créer des objets. Cette opération de création est appelée une *instanciation*.

Déclaration d'une classe

Le mot-clé `class` est utilisé pour définir une classe.

Listing 13-1 : Définition de la classe Rectangle

```
class Rectangle {

}
```

Cette classe doit maintenant être complétée de fonctions et de données qui lui sont propres. En POO, les fonctions sont appelées *méthodes* et les données, *attributs*. La classe `Rectangle` peut disposer par exemple :

- des méthodes : `surface()`, `perimetre()` ;
- des attributs : `longueur`, `largeur` et `couleur`.

Les méthodes `surface()` et `perimetre()` ont la possibilité d'accéder aux attributs de la classe par l'intermédiaire de la variable `$this` qui peut être assimilée à une référence à l'objet lui-même.

Listing 13-2 : Déclaration de la classe Rectangle

```
<?php

class Rectangle {

  public $longueur = null;
  public $largeur = null;
  public $couleur = "rouge";

  function perimetre() {
    if ($this->longueur!=null &&
        $this->largeur!=null) {
      return (2*$this->longueur+2*$this->largeur);
    }
  }

  function surface() {
    if ($this->longueur!=null &&
        $this->largeur!=null) {
      return ($this->longueur*$this->largeur);
    }
  }

}
```

ATTENTION

Nom des méthodes

Il est vivement déconseillé de commencer le nom des méthodes par deux caractères __ (caractère espace souligné). PHP utilise en effet cette norme pour nommer ses méthodes, dites « *magiques* ».

Initialisation des attributs

Un attribut ne peut être initialisé qu'avec une valeur constante. Les initialisations suivantes ne sont par conséquent pas valides :

Listing 13-3 : Initialisation interdites

```
public $date = date();
public $id = "Paul"."Dupont";
```

La fonction `array()` peut cependant être utilisée si tous les éléments du tableau correspondent à des données statiques.

Listing 13-4 : Initialisation autorisée

```
public $tab = array("abc",123);
```

Objets

L'instanciation d'un objet utilise le mot-clé `new`. Un objet `$rectangle` peut être créé avec la syntaxe suivante :

Listing 13-5 : Instanciation d'un objet

```
$rect = new Rectangle();
```

Une fois l'objet créé, vous pouvez accéder à ses attributs et ses méthodes avec le séparateur –>.

Listing 13-6 : Récupération de la valeur d'un attribut et utilisation d'une méthode

```
$rect = new Rectangle();
echo $rect->couleur;

$rect->longueur = 3;
$rect->largeur = 5;
$tmp = $rect->perimetre();
```

PHP autorise également l'utilisation d'une variable pour spécifier un attribut derrière le séparateur –>.

Listing 13-7 : L'attribut est spécifié à l'aide d'une variable

```
$rect = new Rectangle(3,5);
$attr = "longueur";
$rect->$attr = 4;
```

ASTUCE

Création dynamique d'attributs

PHP permet de créer des attributs à la volée :

```
$monrect = new Rectangle();

$monrect->toto = 1;
```

L'objet `$monrect` contient désormais l'attribut `$toto`.

La fonction `var_dump()` permet de visualiser les attributs d'une classe.

Listing 13-8 : Utilisation de var_dump()

```
$rect = new Rectangle();
print("<pre>");
var_dump($rect);
```

```
print("</pre>");
```

Figure 13.1 : *Contenu de l'objet $rect*

La vérification de la correspondance d'un objet à l'instanciation d'une classe donnée peut être réalisée avec l'opérateur `instanceof`.

Listing 13-9 : Vérification qu'un objet est bien l'instance d'une classe donnée

```
$rect = new Rectangle(3,5);

if ($rect instanceof Rectangle) {
  print("L'objet est un rectangle");
}
```

REMARQUE

Variables globales et classes

Le mot-clé `global` et la « *super globale* » `$GLOBALS` peuvent être utilisés au sein d'une classe pour faire référence aux variables globales du script.

Fonction __autoload()

PHP doit disposer, pour instancier un objet, de la définition de la classe associée. Les sources de la classe peuvent être placées au sein même du script ou dans un fichier extérieur inclus via la fonction `require_once()`. Cette seconde possibilité a l'avantage d'autoriser le partage de la classe avec d'autres scripts de l'applicatif.

L'inclusion d'un fichier de définition de classe est moins fastidieuse depuis PHP5. Si votre script dispose d'une fonction `__autoload()`, PHP y fera appel pour chaque instanciation d'objet de la classe duquel il ne dispose pas.

Listing 13-10 : Définition de la fonction __autoload() qui ira chercher toutes les définitions de classe dans le répertoire class

```
function __autoload($nom_classe) {
  require_once("class/".$nom_classe.".php");
}
```

> ATTENTION
>
> __autoload()
>
> La fonction `__autoload()` ne doit être définie qu'une fois dans votre script !

Mot-clé static et constantes de classe

Les attributs et les méthodes dont les définitions sont complétées du mot-clé `static` peuvent être utilisés sans nécessiter l'instanciation d'un objet. Le séparateur :: remplace alors –> pour y accéder.

Listing 13-11 : Utilisation d'un attribut et d'une méthode static

```
class Rectangle {
  public static $nom = 'rectangle';
  static function presentation() {
    print("Bonjour je suis un rectangle");
  }
}

echo Rectangle::$nom;
Rectangle::presentation();
```

Une méthode (`static` ou non) ne peut utiliser la variable `$this` pour accéder à un élément `static` (attribut ou méthode) de la classe. En effet, vous n'êtes pas au niveau objet mais au niveau classe. Le mot-clé `self` est alors utilisé pour faire référence à la classe elle-même.

Listing 13-12 : Utilisation d'un attribut static au sein de la classe

```
class Rectangle {
  public static $nom = 'rectangle';
  static function presentation() {
    print("Bonjour je suis un ".self::$nom);
  }
}
```

Les constantes de classe ne diffèrent des attributs `static` que du point de vue de leur syntaxe : le mot-clé `const` est utilisé pour leur déclaration et aucun `$` ne les précède.

Listing 13-13 : Utilisation d'une constante de classe

```
class Rectangle {
  const NOM = 'rectangle';
  static function presentation() {
    print("Bonjour je suis un ".self::NOM);
  }
}

echo Rectangle::NOM;
```

Comme les attributs, ces constantes ne peuvent être initialisées qu'avec des valeurs statiques.

Conversion

PHP donne la possibilité de convertir un objet en tableau et inversement. Le moyen pour y parvenir consiste à utiliser une opération de *cast*.

Listing 13-14 : Conversion d'un objet en tableau.

```
class Test {
  public $a = 1;
  public $b = 2;
  function hello {}
}
$test = new Test();
$tab = (array) $test;
```

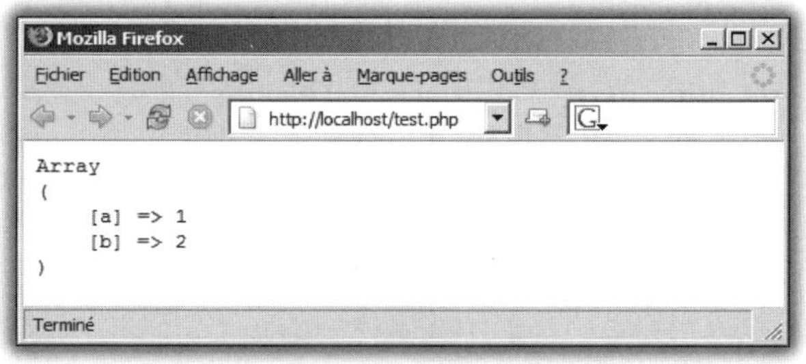

Figure 13.2 : *Tous les attributs sont conservés*

Listing 13-15 : Conversion d'un tableau en objet

```
$tab = array("a"=>1, "b"=>2);
$obj = (object) $tab;
var_dump($obj);
```

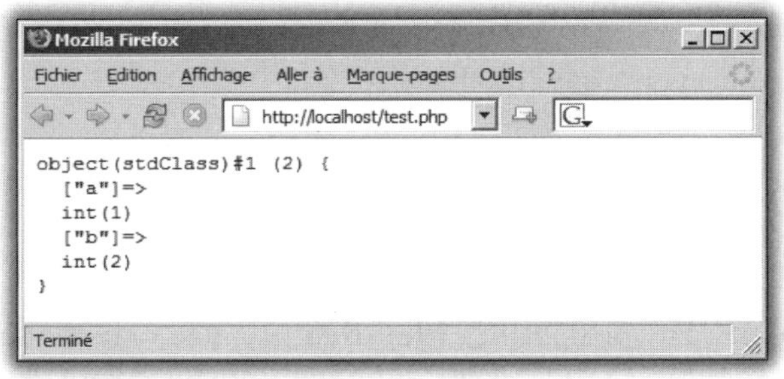

Figure 13.3 : *Conversion du tableau*

Constructeur et destructeur

La classe `Rectangle` reposant sur deux attributs essentiels (`$longueur` et `$largeur`), la grande majorité des instanciations sera suivie de leur initialisation. Pour éviter cette situation, la POO prévoit l'utilisation d'une fonction spécifique : le *constructeur*. En PHP, le constructeur correspond à une méthode portant le nom `__contruct()`. Cette fonction est appelée au moment de l'initialisation de l'objet et reçoit les arguments transmis à la classe lors de l'instanciation de l'objet. L'utilisation principale d'un constructeur reste l'initialisation des attributs de la classe.

Listing 13-16 : Initialisation automatique de l'objet grâce au constructeur

```
class Rectangle {

  public $longueur = null;
  public $largeur = null;
  public $couleur = "rouge";
  const NOM = "Super Rectangle";

  function __construct($longueur,$largeur) {
    $this->longueur = $longueur;
    $this->largeur = $largeur;
  }

  function perimetre() {
    if ($this->longueur!=null &&
        $this->largeur!=null) {
      return (2*$this->longueur+2*$this->largeur);
    }
  }

  function surface() {
```

```
    if ($this->longueur!=null &&
        $this->largeur!=null) {
      return ($this->longueur*$this->largeur);
    }
  }

}
$rect = new Rectangle (3,5);
```

PHP prévoit également la possibilité de définir une méthode `__destruct()` qui, si elle existe, sera appelée juste avant la suppression de l'objet. Ce *destructeur* est extrêmement utile pour les objets utilisant des ressources extérieures telles qu'une base de données, un fichier ou un service web. Au moment de la destruction de l'objet, le destructeur se charge alors de nettoyer son environnement en fermant les ressources ouvertes.

Listing 13-17 : Appels au constructeur et au destructeur

```
class Rectangle {

  public $longueur = null;
  public $largeur = null;
  public $couleur = "rouge";
  const NOM = "Super Rectangle";

  function __construct($longueur,$largeur) {
    print("Hello ".self::NOM."<br/>");
    $this->longueur = $longueur;
    $this->largeur = $largeur;
  }

  function perimetre() {
    if ($this->longueur!=null &&
        $this->largeur!=null) {
      return (2*$this->longueur+2*$this->largeur);
    }
  }

  function surface() {
    if ($this->longueur!=null &&
        $this->largeur!=null) {
      return ($this->longueur*$this->largeur);
    }
  }

  function __destruct() {
    print("Bye bye ".self::NOM."<br/>");
  }
```

```
}

$rect = new Rectangle(3,5);
unset($rect);
```

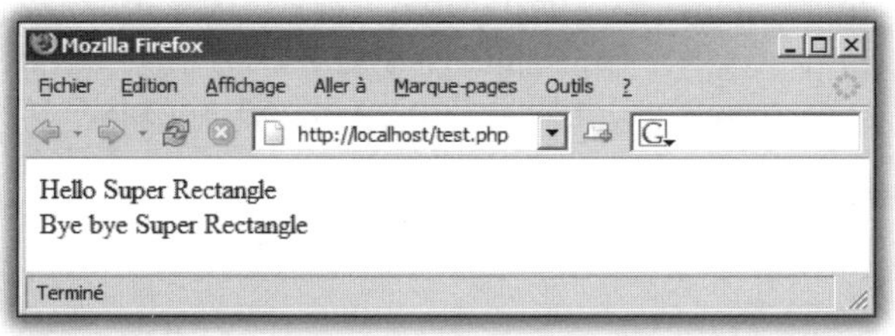

Figure 13.4 : *Les deux fonctions sont bien appelées*

REMARQUE

Valeur `null`

Le destructeur est également appelé lorsque la variable `$rect` prend la valeur `null`.

13.2. Les méthodes magiques

Il s'agit de méthodes optionnelles normalisées par PHP et appelées suite à certains événements sur les objets. Les méthodes `__construct()` et `__destruct()` appelées lors de la création et la destruction d'un objet sont de bons exemples de méthodes magiques.

__sleep() et __wakeup()

Les fonctions `serialize()` et `unserialize()` présentées dans le chapitre consacré aux tableaux peuvent également être utilisées sur des objets. Dans un tel cas, PHP appelle, si elles existent dans la classe, les méthodes `__sleep()` avant la sérialisation et `__wakeup()` après la désérialisation.

Cette fonctionnalité est particulièrement utile lorsque votre objet repose sur une connexion ou un fichier extérieur. La fonction `__sleep()` peut alors être utilisée pour fermer les connections et `__wakeup()` pour les rouvrir.

__toString()

Cette méthode est appelée lorsque PHP se retrouve à devoir afficher un objet avec `print()` ou `echo()` (l'objet doit être seul entre parenthèses !). Si cette méthode existe, PHP affichera la valeur de retour de `__toString()` plutôt que le message `Object id #X`. Cette fonctionnalité est particulièrement utile pour debugger vos scripts.

Listing 13-18 : Utilisation de la méthode __toString()

```
class Rectangle {

  public $longueur = null;
  public $largeur = null;
  public $couleur = "rouge";
  const NOM = "Super Rectangle";

  function __construct($longueur,$largeur) {
    $this->longueur = $longueur;
    $this->largeur = $largeur;
  }

  function __toString() {
    return (self::NOM." [".$this->longueur."x".
                        $this->largeur."]");
  }
}

$rect = new Rectangle(3,5);
print($rect);
```

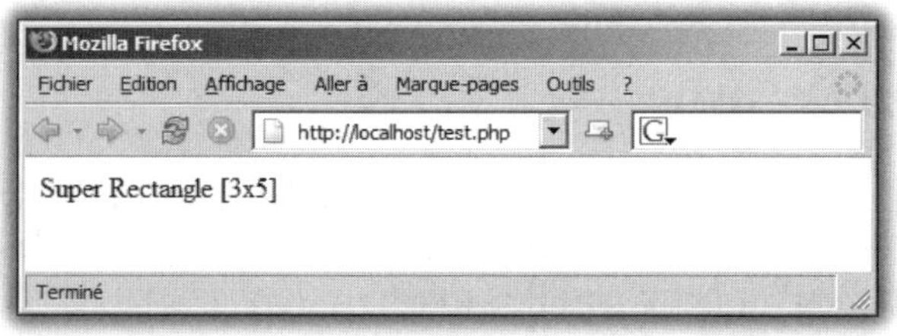

Figure 13.5 : *La fonction print()affiche la valeur retournée par la méthode __toString()*

Surcharge des accesseurs

Lorsque la méthode `__call()` est incluse au sein d'une classe, PHP l'utilise pour chaque appel à une méthode non définie de l'objet. Le premier argument de `__call()` correspond au nom de la méthode appelée et le second argument, à un tableau des différents arguments de la méthode appelée.

Listing 13-19 : Utilisation de la méthode __call()

```
class Rectangle {

  public $longueur = null;
  public $largeur = null;
  public $couleur = "rouge";
  const NOM = "Super Rectangle";

  function __construct($longueur,$largeur) {
    $this->longueur = $longueur;
    $this->largeur = $largeur;
  }

  function __call($methode,$arguments) {
    return ("Appel à la methode ".$methode."() de "
    .self::NOM );

  }

  function surface() {
    if ($this->longueur!=null &&
        $this->largeur!=null) {
      return ($this->longueur*$this->largeur);
    }
  }

}

$rect = new Rectangle(3,5);
echo $rect->coucou()."<br/>";
echo $rect->surface();
```

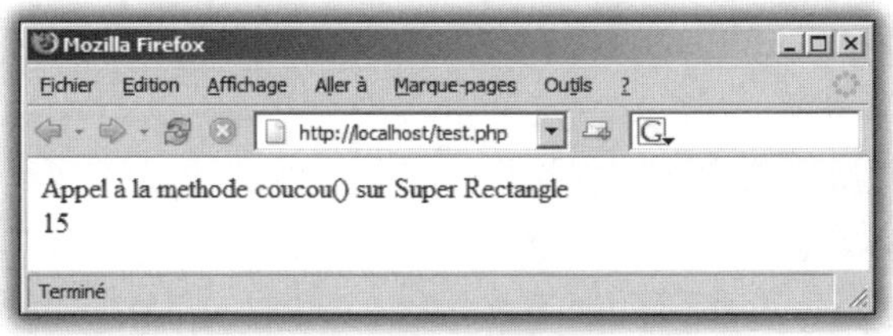

Figure 13.6 : *L'appel de la méthode coucou() conduit à un appel de __call()*

Associée à la fonction `call_user_func()`, la méthode `__call()` peut être utilisée pour tracer puis déléguer de façon générique les appels à des méthodes internes.

Listing 13-20 : Utilisation de __call() pour déléguer les appels de méthodes

```
class Rectangle {

  public $longueur = null;
  public $largeur = null;
  public $couleur = "rouge";
  const NOM = "Super Rectangle";

  function __construct($longueur,$largeur) {
    $this->longueur = $longueur;
    $this->largeur = $largeur;
  }

  function __call($methode,$arguments) {
    print ("Méthode [ ".$methode." ]<br/>");
    $tmp = '_'.$methode;
    return call_user_func(array($this,$tmp),$arguments);
  }

  function _perimetre() {
    if ($this->longueur!=null &&
        $this->largeur!=null) {
      return (2*$this->longueur+2*$this->largeur);
    }
  }

  function _surface() {
    if ($this->longueur!=null &&
        $this->largeur!=null) {
      return ($this->longueur*$this->largeur);
    }
  }

}

$rect = new Rectangle(3,5);
echo $rect->surface();
echo "<br/>";
echo $rect->perimetre();
```

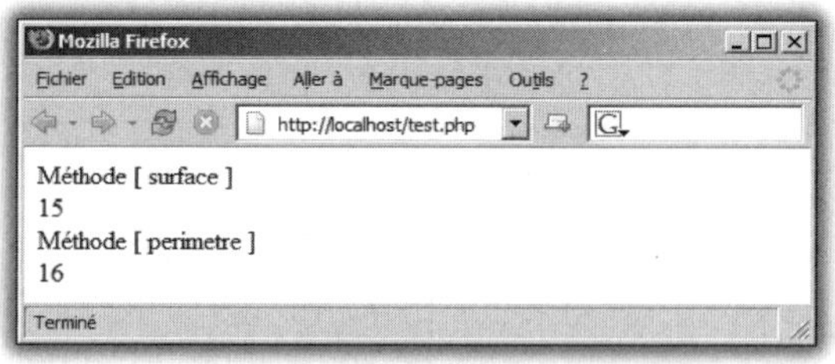

Figure 13.7 : *Chaque appel à une méthode est tracé*

Les méthodes `__set()` et `__get()` sont appelées lorsque vous souhaitez modifier ou récupérer des attributs qui n'existent pas. L'exemple suivant montre comment utiliser ces deux méthodes pour travailler avec l'attribut virtuel `dim`.

Figure 13.8 : *Affichage du résultat*

Listing 13-21 : Utilisation des méthodes __get() et __set()

```
class Rectangle {

  public $longueur = null;
  public $largeur = null;
  public $couleur = "rouge";
  const NOM = "Super Rectangle";

  function __construct($longueur,$largeur) {
    $this->longueur = $longueur;
    $this->largeur = $largeur;
  }

  function __set($nom,$val) {
    if ($nom=="dim" && count($val)==2) {
      list ($this->longueur, $this->largeur) = $val;
    }
  }

  function __get($nom) {
    if ($nom=="dim") {
      return array($this->longueur,$this->largeur);
    }
  }

  function surface() {
    if ($this->longueur!=null &&
        $this->largeur!=null) {
      return ($this->longueur*$this->largeur);
    }
  }

}
```

```
$rect = new Rectangle(3,5);
$rect->dim = array(2,3);
$dim = join("x",$rect->dim);
echo "Surface d'un rectangle de $dim = ";
echo $rect->surface();
```

Sur le même principe, les méthodes `__isset()` et `__unset()` peuvent être définies.

13.3. Polymorphisme

Le *polymorphisme* est un des principes les plus importants de la programmation objet. L'idée principale consiste à créer un lien d'héritage entre deux classes.

Principe général

En dérivant d'une classe mère, la classe fille hérite de ses méthodes et de ses attributs qui viendront s'ajouter à celles et ceux déjà définis. Encore plus intéressant, la classe fille peut redéfinir les attributs et les méthodes de la classe mère : on dit alors qu'elle les surcharge. En favorisant l'héritage entre vos classes vous augmentez la généricité de vos classes et favorisez leur réutilisation. Tout le code générique est placé dans les classes parentes, et les codes spécifiques dans les classes filles.

Au niveau syntaxique, une classe `B` hérite de la classe `A` en utilisant le mot-clé `extends` :

Listing 13-22 : La classe B étend la classe A

```
class B extends A {

}
```

En considérant qu'un carré est un rectangle dont les côtés sont égaux, vous pouvez modéliser cette relation en déclarant une classe `Carré` qui étend la classe `Rectangle`.

Le mot-clé `parent` permet d'accéder aux méthodes et attributs de la classe mère. Il est particulièrement utile pour faire « *remonter* » les paramètres d'initialisation à la classe mère.

Listing 13-23 : La classe Carre hérite de la méthode surface() de la classe Rectangle

```
class Rectangle {

  public $longueur = null;
  public $largeur = null;
  const NOM = "Rectangle";

  function __construct($longueur,$largeur) {
    $this->longueur = $longueur;
    $this->largeur = $largeur;
  }

  function surface() {
    if ($this->longueur!=null &&
        $this->largeur!=null) {
      return ($this->longueur*$this->largeur);
    }
  }

}

class Carre extends Rectangle {

  public $cote = null;
  const NOM = "Carré";

  function __construct($cote) {
    parent::__construct($cote,$cote);
    $this->cote = $cote;
  }

}

$carre = new Carre(5);
echo $carre->surface();
```

REMARQUE

Mot-clé `final`

Le mot-clé `final` accolé à la définition d'une classe interdit qu'elle soit étendue. Accolé à la définition d'une méthode, il interdit que cette méthode soit surchargée.

Visibilité

Une notion de visibilité peut être associée à la définition des méthodes et des attributs. La visibilité par défaut correspond à `public` et autorise un accès sans restriction. Les modes `private` et `protected` limitent quant à eux les accès de la façon suivante :

- `private` signifie que seule la classe associée peut accéder à la méthode (ou l'attribut) ;
- `protected` signifie que seules les classes disposant d'un lien d'héritage peuvent accéder à la méthode (ou l'attribut).

La visibilité doit précéder la définition de l'attribut ou de la méthode :

Listing 13-24 : Exemple de définition d'un attribut en mode protected et d'une méthode en mode private

```
protected $str = "";
private function maMethode() {}
```

PHP émet une erreur en cas de non-respect de la règle de visibilité :

Listing 13-25 : L'accés à une méthode protégée déclenche l'affichage d'une erreur

```
class Rectangle {

  private $longueur = null;
  private $largeur = null;

  function __construct($longueur,$largeur) {
    $this->longueur = $longueur;
    $this->largeur = $largeur;
  }

  protected function surface() {
    if ($this->longueur!=null &&
        $this->largeur!=null) {
      return ($this->longueur*$this->largeur);
    }
  }

}

$rect = new Rectangle(3,2);
echo $rect->surface();
```

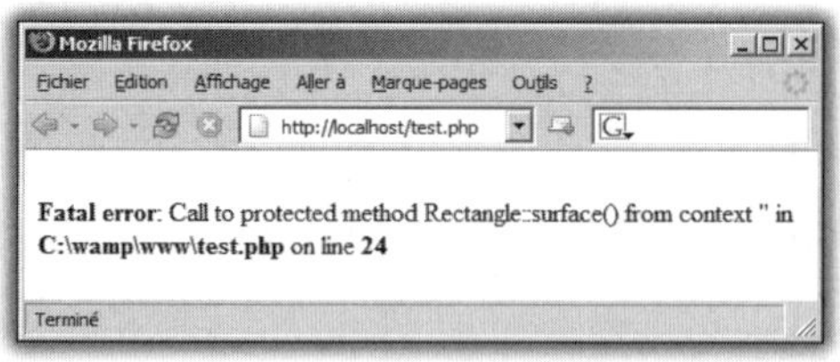

Figure 13.9 : *Erreur correspondant à l'accès à une méthode protégée*

13.4. Les interfaces

Certains langages de programmation permettent à une classe d'hériter de plusieurs classes mères. Les concepteurs de PHP n'ont pas souhaité mettre œuvre cet héritage multiple et ont préféré travailler sur la notion d'interface.

Une *interface* correspond à un ensemble de définitions de méthodes qu'une classe devra surcharger si elle souhaite l'implémenter. Une classe peut implémenter plusieurs interfaces.

La définition d'une interface utilise le mot-clé `interface` suivi d'un bloc contenant la définition des méthodes.

Listing 13-26 : Définition d'une interface

```
interface MonInterface {
  public function methode1 ();
  public function methode2 ();
  // etc.
}
```

Une classe implémente une interface en utilisant le mot-clé `implements`.

Listing 13-27 : Chaque classe doit implémenter la méthode aCotesEgaux()

```
interface ObjetGeom {
  public function aCotesEgaux ();
}

class Rectangle implements ObjetGeom{

  private $longueur = null;
  private $largeur = null;

  function __construct($longueur,$largeur) {
    $this->longueur = $longueur;
    $this->largeur = $largeur;
  }

  function aCotesEgaux () {
    if ($this->largeur==$this->longueur) {
      return true;
    }
    return false;
  }

}
```

```
class Carre extends Rectangle {

  public $cote = null;

  function __construct($cote) {
    parent::__construct($cote,$cote);
    $this->cote = $cote;
  }

  function aCotesEgaux () {
    return true;
  }

}
```

Toutes les méthodes des interfaces doivent être implémentées par la classe. Une erreur est déclenchée dans le cas contraire.

Listing 13-28 : La classe Carre n'implémente pas getNbCotes()

```
interface ObjetGeom {
  public function aCotesEgaux ();
  public function getNbCotes ();
}

class Carre implements ObjetGeom {

  public $cote = null;

  function __construct($cote) {
    parent::__construct($cote,$cote);
    $this->cote = $cote;
  }

  function aCotesEgaux () {
    return true;
  }

}
```

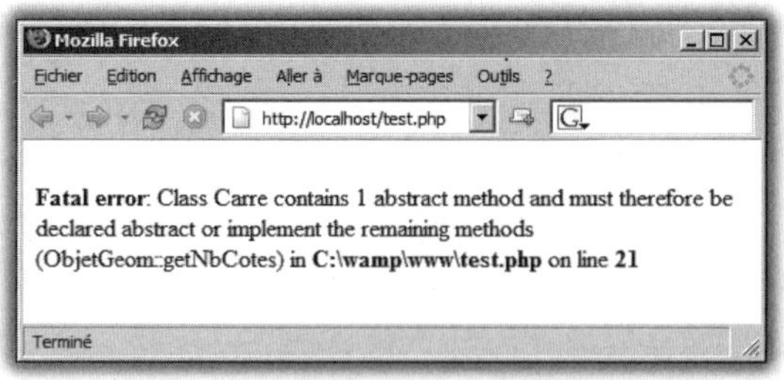

Figure 13.10 : *Affichage du résultat*

Une interface peut être assimilée à un contrat que doit respecter la classe qui l'implémente.

13.5. Itérateurs

La boucle `foreach()` peut être utilisée sur un objet afin d'afficher ses différents attributs.

```
$rect = new Rectangle(3,5);
foreach ($rect as $attr => $val) {
  print("$attr = $val<br/>");
}
```

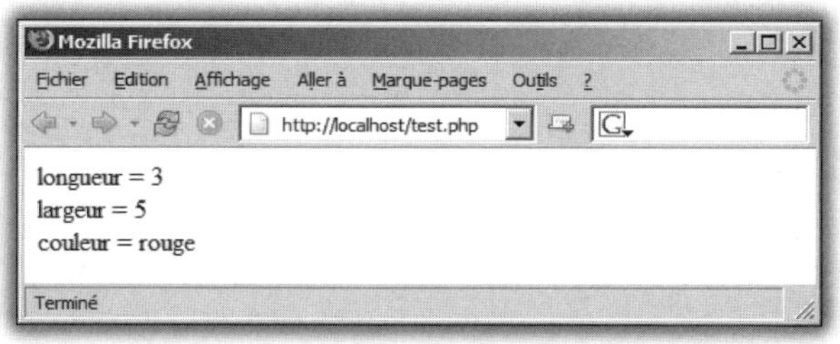

Figure 13.11 : *Affichage des différents attributs de l'objet $rect avec la boucle foreach()*

Le comportement par défaut consiste à passer, à chaque itération de la boucle, d'un attribut `visible` à l'autre.

PHP vous permet d'implémenter l'interface `Iterator` afin de définir vous-même le comportement de la boucle `foreach()` :

Tableau 13.1 : *Différentes fonctions devant être implémentées pour définir votre propre itérateur.*

Méthode	Rôle
`rewind()`	Revient au début de la liste
`current()`	Valeur de l'élément en cours
`key()`	Valeur de la clé de l'élément en cours
`next()`	Passer à l'élément suivant
`valid()`	Retourne `false` lorsque vous êtes à la fin de la ligne (`true` sinon)

L'exemple suivant permet d'itérer parmi les différentes valeurs de l'attribut `$tab` plutôt que parmi les attributs de l'objet.

Listing 13-29 : Définition de votre propre itérateur

```
class Rectangle implements Iterator{

  public $longueur = null;
  public $largeur = null;
  public $couleur = "rouge";
  public $tab = array("mm","cm","m");
  public $i = 0;

  function __construct($longueur,$largeur) {
    $this->longueur = $longueur;
    $this->largeur = $largeur;
  }

  public function rewind() {
    print("rewind<br/>");
    $this->i = 0;
  }

  public function current() {
    print("current<br/>");
    return ($this->tab[$this->i]);
  }

  public function key() {
    print("key<br/>");
    return ($this->i);
  }

  public function next() {
    print("next<br/>");
    $this->i++;
  }

  public function valid() {
    print("valid<br/>");
    if ($this->i<count($this->tab)) return true;
    return false;
  }

}

$rect = new Rectangle(3,5);

foreach ($rect as $attr => $val) {
  print("<b>$attr = $val</b><br/>");
}
```

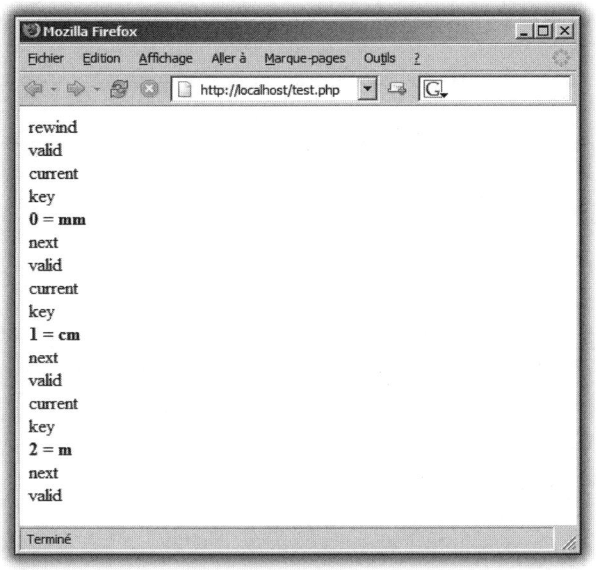

Figure 13.12 : *Trace des différents appels de PHP lors de la mise en œuvre d'un itérateur avec la boucle foreach*

13.6. Exceptions

La gestion d'erreurs en POO fait intervenir une notion supplémentaire : les *exceptions*. Ces dernières correspondent à des signaux pouvant être émis par une méthode et capturés ailleurs dans le code.

Principe général

L'émission d'une exception utilise le mot-clé `throw`.

Listing 13-30 : La méthode test() émet une exception lorsque $n est null

```
class MonObjet {
  function test($n=null) {
    if ($n==null) throw new Exception("La valeur ne convient pas");
    return true;
  }
}
```

ATTENTION

Mot clé `throw`

L'émission d'une exception termine la méthode à la manière d'un `return()`.

La capture d'une exception fait intervenir la structure `try { … } catch () { … }`.

Le bloc `try` permet d'englober l'ensemble des appels aux méthodes susceptibles d'émettre des exceptions. Le bloc `catch()` se charge quant à lui de recevoir l'ensemble des exceptions émises par ces méthodes. Un bloc `try` doit obligatoirement être suivi d'un bloc `catch()`.

Listing 13-31 : Contrôle d'un code susceptible d'émettre une exception

```
$obj = new MonObjet();
try {
  // utilisation d'une méthode susceptible
  // d'émettre une exception
  $obj->test();
}
catch (Exception $e) {
  // traitement de l'exception
  print($e->getMessage());
}
```

REMARQUE

De la bonne utilisation des exceptions

Les exceptions ne doivent en aucun cas remplacer une gestion standard d'erreur. Elles ne doivent être utilisées que pour signaler des situations exceptionnelles.

L'exemple suivant montre comment émettre une exception quand la méthode `surface()` est appelée sur un rectangle invalide.

Listing 13-32 : Gestion d'une exception dans la méthode surface()

```
class Rectangle {

  public $longueur = null;
  public $largeur = null;

  function __construct($longueur,$largeur) {
    $this->longueur = $longueur;
    $this->largeur = $largeur;
  }
```

```
  function surface() {
    if ($this->longueur<1 ||
        $this->largeur<1) {
      throw new Exception("Valeurs incohérentes");
    }
    return ($this->longueur*$this->largeur);
  }

}

$rect = new Rectangle(-1,4);
try {
  echo $rect->surface();
}
catch (Exception $e) {
  print("<hr/>".$e->getMessage()."<hr/>");
}
```

Figure 13.13 : *Affichage de l'exception*

La classe Exception

Une exception correspond à une instance de la classe `Exception`. Chaque nouvelle instance peut être initialisée avec un ou deux arguments. Le premier argument correspond au texte du message d'erreur et le second, optionnel, au code d'erreur.

Cette classe dispose d'un certain nombre de méthodes pouvant être très utiles dans une phase de débogage.

Tableau 13.2 : *Méthodes proposées par la classe Exception*

Méthode	Rôle
`getMessage()`	Retourne la valeur du message
`getCode()`	Retourne la valeur du code d'erreur

Tableau 13.2 : *Méthodes proposées par la classe Exception*

Méthode	Rôle
`getFile()`	Retourne le nom du fichier d'où l'exception a été émise
`getLine()`	Retourne le numéro de la ligne où l'exception a été émise
`getTrace()`	Retourne un tableau de la trace d'erreur
`getTraceAsString()`	Retourne une chaîne de caractères correspondant à la trace de l'erreur

Listing 13-33 : Utilisation de toutes les méthodes proposées par la classe Exception

```
$rect = new Rectangle(-1,4);
try {
  echo $rect->surface();
}
catch (Exception $e) {
  print("<hr/>".
    "<i>Message</i> : ".$e->getMessage()."<br/>".
    "<i>Code</i> : ".$e->getCode()."<br/>".
    "<i>File</i> : ".$e->getFile()."<br/>".
    "<i>Line</i> : ".$e->getLine()."<br/>".
    "<i>TraceAsString</i> : <br/><pre>".
     $e->getTraceAsString()."</pre>"."<hr/>");
}
```

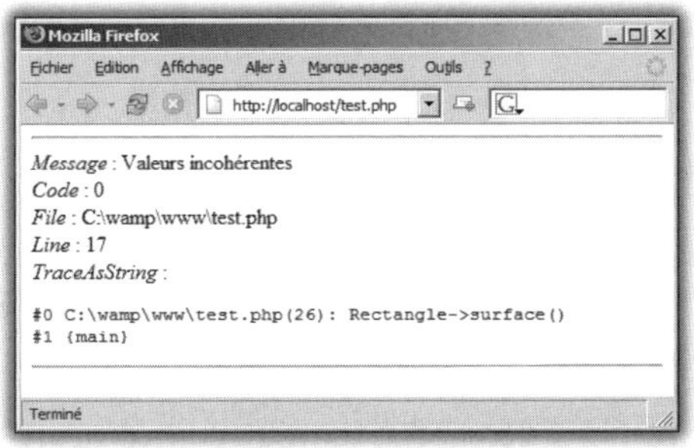

Figure 13.14 : *Affichage des valeurs retournées par les différentes méthodes*

Cette classe peut tout à fait être étendue de façon à surcharger ses méthodes et attributs ou à les compléter avec les vôtres.

En définissant vos propres exceptions, vous vous donnez également la possibilité d'en capturer plusieurs émises dans un même bloc `try`.

```
try {
  // code susceptible d'émettre plusieurs exceptions
} catch (MonException $monexception) {
  ...
} catch (Exception $exception) {
  ...
}
```

ATTENTION

Constructeur et exceptions

Un constructeur ne pouvant retourner de valeur, les exceptions sont la seule solution pour avertir d'une erreur.

13.7. Réflexion

PHP vous donne désormais la possibilité d'obtenir des informations sur la structure interne d'une classe. La classe mise en œuvre porte le nom `Reflection`.

```
<?php
class Rectangle {

  public $longueur = null;
  public $largeur = null;
  public $couleur = "rouge";
  const NOM = "Super Rectangle";

  function __construct($longueur,$largeur) {
    print("Hello ".self::NOM."<br/>");
    $this->longueur = $longueur;
    $this->largeur = $largeur;
  }

  function perimetre() {
    if ($this->longueur!=null &&
        $this->largeur!=null) {
      return (2*$this->longueur+2*$this->largeur);
    }
  }

  function surface() {
    if ($this->longueur!=null &&
        $this->largeur!=null) {
      return ($this->longueur*$this->largeur);
    }
  }

}
```

```
print("<pre>");
Reflection::export(new ReflectionClass('Rectangle'));
```

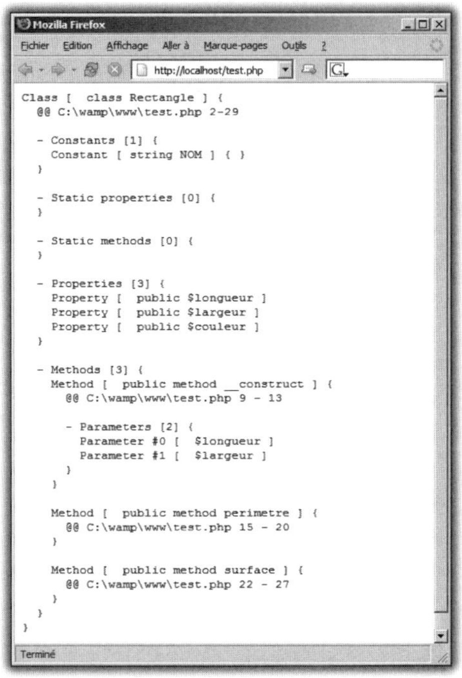

Figure 13.15 : *Affichage de la structure interne de la classe Rectangle*

Cette fonctionnalité est particulièrement intéressante pour la création automatique de documentation et pour obtenir des informations sur une classe des sources et de l'API de laquelle vous ne disposez pas.

13.8. Check-list

- La dimension objet de PHP a largement évolué avec la version 5.
- Une classe peut être considérée comme une entité regroupant les données et les fonctions qui lui sont propres.
- Les classes, par leur nature, sont particulièrement faciles à inclure dans une application. C'est aujourd'hui principalement sous cette forme que l'on trouve le code PHP sur le Web.
- La programmation objet permet de mieux organiser son code.

Chapitre 14

XML

Peu de formats de documents ont autant influencé l'industrie informatique que le XML (*Extensible Markup Language*). Datant du milieu des années 1990, ce format est aujourd'hui devenu la référence incontournable pour les échanges de données notamment sur Internet.

Les avantages de ce format sont nombreux :

- Un document XML est lisible, structuré et compréhensible.
- Le format respecte un standard, et assure par là même, une véritable portabilité et pérennité des données.
- Tous les langages de programmation proposent désormais des librairies permettant un accès facile à ce format.

14.1. Le format

À la manière du HTML, qui comme lui est issu du SGML, le format XML s'organise avec des balises. Cependant, à la différence de l'HTML, les balises ne sont pas prédéfinies et peuvent être choisies en fonction des besoins de l'application. Le document suivant représente une bibliothèque :

```
<bibliotheque>
 <livre>Capitaine Fracasse</livre>
 <livre>Les Fleurs du mal</livre>
</bibliotheque>
```

La hiérarchie saute aux yeux : une bibliothèque contient des livres. Il est également possible de dire que l'élément `<bibliotheque>` dispose de plusieurs enfants : les éléments `<livre>`.

Cette hiérarchie peut être affinée si le besoin se fait ressentir. Le titre et l'auteur d'un livre peuvent faire l'objet d'éléments spécifiques :

```
<bibliotheque>
 <livre>
  <titre>Capitaine Fracasse</titre>
  <auteur>Théophile Gautier</auteur>
 </livre>
 <livre>
  <titre>Les Fleurs du Mal</titre>
  <auteur>Charles Beaudelaire</auteur>
 </livre>
</bibliotheque>
```

REMARQUE

Commentaires

Comme pour l'HTML les commentaires sont entourés des balises <!— et —>.

Comme les balises HTML, les balises XML peuvent également disposer d'attributs. Ces derniers sont, eux aussi, librement définissables. L'`id` du livre peut être précisé de la manière suivante :

```
<bibliotheque>
 <livre id="1">
  <titre>Capitaine Fracasse</titre>
  <auteur>Théophile Gautier</auteur>
 </livre>
 <livre id="2">
  <titre>Les Fleurs du mal</titre>
  <auteur>Charles Beaudelaire</auteur>
 </livre>
</bibliotheque>
```

Les documents XML précédents sont pour l'instant incorrects. La première ligne d'un document XML doit en effet préciser deux informations :

- la version de la norme XML ;
- l'encodage des données.

Cette ligne prend la forme suivante :

```
<?xml version="1.0" encoding="UTF-8"?>
```

Cette gestion de l'encodage permet à XML de contenir des données écrites dans toutes les langues. L'encodage UTF-8 pourrait être assimilé à un alphabet universel des caractères de toutes les langues mondiales. Pour des langues européennes, l'encodage ISO-8859-1 peut suffire. Cet encodage permet en effet à un document XML de contenir des données accentuées.

D'autres contraintes doivent être respectées pour obtenir un document valide :

- Le document ne doit contenir qu'une racine (dans cet exemple, il s'agit de `<bibliotheque>`). Un document XML dispose d'une véritable structure d'arbre composée d'éléments (nœuds) pouvant avoir des enfants.
- Les balises orphelines doivent contenir une barre oblique (/) avant le chevron final > (par exemple `<livre/>`).
- Tous les attributs doivent être entourés de guillemets ou de primes (", ').
- La casse doit être respectée entre une ouverture et une fermeture de balise.

- Certains caractères doivent être convertis au sein du contenu d'un élément (<, >, ', ", & sont remplacés respectivement par <, >, ', ', &). La fonction PHP `htmlspecialchars()` permet de réaliser cette conversion.
- Les balises d'ouverture et de fermeture ne peuvent s'entremêler (ex. `<livre><auteur>Balzac</livre></auteur>`).

La fonction `header()` est une nouvelle fois nécessaire afin d'indiquer au navigateur que le document reçu est de type XML et qu'il doit par conséquent l'afficher dans une « *vue* » adaptée. Le script suivant permet d'obtenir les livres dans le cadre d'un document XML.

Listing 14-1 : Génération d'un document XML

```
$liaison = mysql_connect("localhost", "root", "");
mysql_select_db("biblio");
$sql = "select * from livre";
$livres = mysql_query($sql);
header('Content-Type: application/xml');
$xml = '<?xml version="1.0" encoding="ISO-8859-1"?>';
$xml .= "\n<bibliotheque>\n";
while (($livre = mysql_fetch_assoc($livres)) !== false) {
  foreach ($livre as &$valeur) {
    $valeur = htmlspecialchars($valeur);
  }
  $xml .= " <livre id='".$livre['id']."'>\n";
  $xml .= "  <titre>".$livre['titre']."</titre>\n";
  $xml .= "  <auteur>".$livre['auteur']."</auteur>\n";
  $xml .= " </livre>\n";
}
$xml .= "</bibliotheque>\n";
mysql_close($liaison);
print($xml);
```

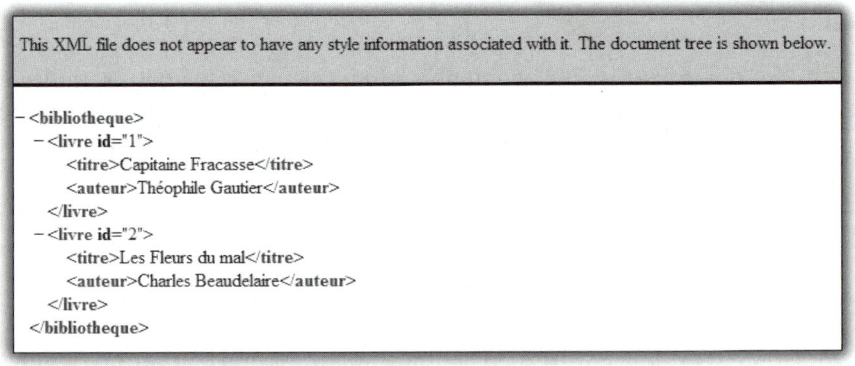

Figure 14.1 : *Affichage des données en mode XML dans Firefox*

REMARQUE

CDATA

Il est possible de définir un contenu d'élément sans se préoccuper des contraintes décrites plus haut. La section d'échappement spéciale suivante `<![CDATA[ ]]>` permet d'indiquer que tout ce qui est placé entre `<![CDATA[` et `]]>` ne doit pas être interprété mais considéré comme du texte brut.

L'écriture suivante devient donc possible :

```
<test><![CDATA[pas de problème de balise orpheline :
<img>]]></test>
```

14.2. SimpleXML

Au lieu de manipuler directement les balises comme dans les exemples précédents, PHP propose l'extension SimpleXML pour construire un document XML mais aussi et surtout le lire et accéder directement à n'importe quel nœud du document.

Autre avantage non négligeable de SimpleXML, cette extension est incluse par défaut dans PHP5.

Création

La création d'un document XML avec SimpleXML est très simple. Le point de départ consiste à créer l'élément racine ; un élément est représenté par la classe `SimpleXMLElement`. Le constructeur de cette classe prend en argument une chaîne de caractères représentant une donnée XML valide.

```
$racine = new SimpleXMLElement('<bibliotheque/>');
```

L'étape suivante consiste à attacher des éléments enfants à cette racine à l'aide de la méthode `addChild()` qui prend en premier argument le nom de l'élément et en second argument la valeur de l'élément.

```
$racine->addChild('livre', 'Capitaine Fracasse');
$racine->addChild('livre', 'Les Fleurs du mal');
```

La représentation textuelle peut ensuite être obtenue en faisant appel à la méthode `asXML()` de l'élément racine (`$bibliotheque`).

```
echo $racine->asXML();
```

Cette méthode retourne une chaîne de caractères et ne prend en aucun cas soin de modifier le `Content-Type` pour indiquer au navigateur que le contenu est de type XML. La fonction `header()` doit par conséquent être utilisée.

Listing 14-2 : Création d'un document XML à l'aide de l'extension SimpleXML

```
$racine = new SimpleXMLElement('<bibliotheque/>');
$racine->addChild('livre', 'Capitaine Fracasse');
$racine->addChild('livre', 'Les Fleurs du mal');
header('Content-Type: application/xml');
echo $racine->asXML();
```

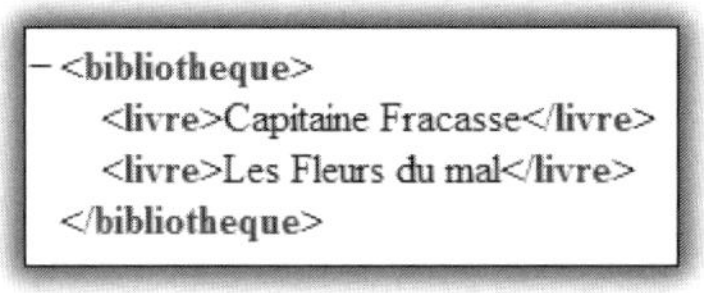

Figure 14.2 :
La méthode asXML() retourne bien une chaîne de caractères correspondant à la représentation XML

SimpleXML permet également d'ajouter des attributs aux éléments à l'aide de la méthode `addAttribute()`.

Listing 14-3 : Utilisation de la méthode addAttribute()

```
$liaison = mysql_connect("localhost", "root", "");
mysql_select_db("biblio");
$sql = "select * from livre";
$livres = mysql_query($sql);
$racine = new SimpleXMLElement('<bibliotheque/>');
while (($livre = mysql_fetch_assoc($livres)) !== false) {
  $noeud = $racine->addChild('livre');
  $noeud->addChild('titre', $livre['titre']);
  $noeud->addAttribute('id', $livre['id']);
}
header('Content-Type: application/xml');
echo $racine->asXML();
```

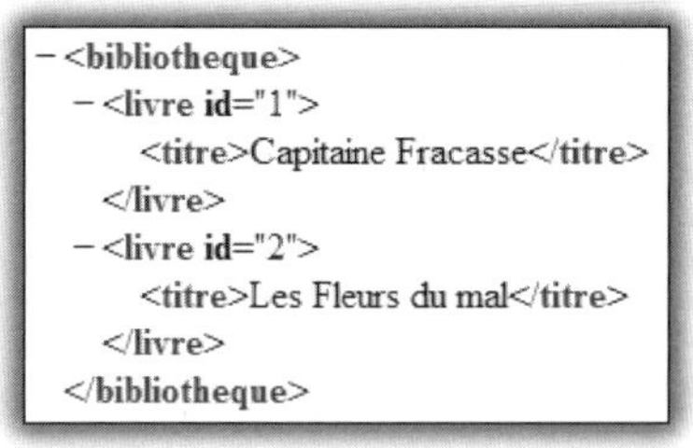

Figure 14.3 :
L'attribut id a bien été ajouté aux éléments <livre>

SimpleXML (comme les autres extensions PHP relatives à XML) manipule en interne des chaînes de caractères au format UTF-8. Il convient donc de vérifier que les données transmises sont au bon format.

Listing 14-4 : Utilisation de caractères non ASCII

```
$liaison = mysql_connect("localhost", "root", "");
mysql_select_db("biblio");
$sql = "select * from livre";
$livres = mysql_query($sql);
$racine = new SimpleXMLElement('<bibliotheque/>');
while (($livre = mysql_fetch_assoc($livres)) !== false) {
  $noeud = $racine->addChild('livre');
  $noeud->addChild('titre', $livre['titre']);
  $noeud->addChild('auteur', $livre['auteur']);
  $noeud->addAttribute('id', $livre['id']);
}
header('Content-Type: application/xml');
echo $racine->asXML();
```

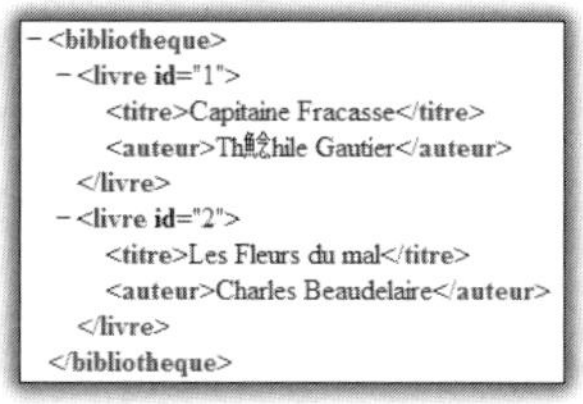

Figure 14.4 : *La chaîne "Théophile", non convertie, s'affiche mal*

Deux solutions permettent de résoudre cette problématique. La première consiste à utiliser la fonction `utf8_encode()` pour transmettre toutes les chaînes dans le bon encodage.

```
$racine->addChild('auteur', utf8_encode($livre['auteur']));
```

La seconde repose sur l'éditeur utilisé pour écrire les sources du script. Si le format d'encodage sélectionné est bien UTF-8, la donnée apparaîtra alors sans erreur.

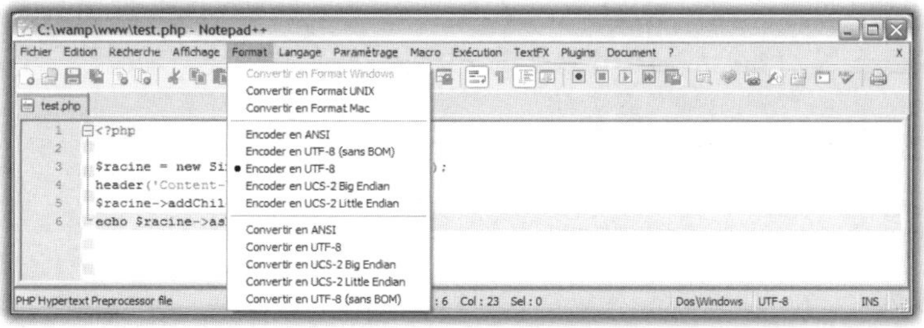

Figure 14.5 : *Notepad++ permet de forcer l'encodage du script en UTF8*

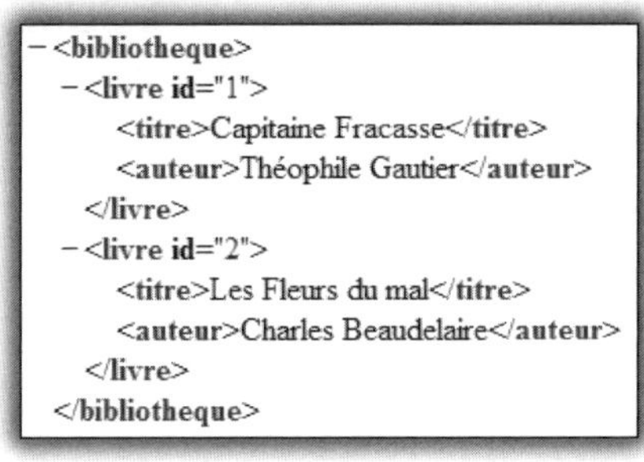

Figure 14.6 : *L'auteur "Théophile Gautier" apparaît sans erreur quand l'encodage UTF8 est utilisé*

Lecture

L'opération de lecture repose en grande partie sur la méthode `children()`. Cette dernière retourne l'ensemble des enfants d'un élément donné. Fonctionnalité extrêmement pratique, un élément (`SimpleXMLElement`) donne accès aux valeurs de ses enfants directement via ses attributs. L'exemple suivant montre comment un élément (`coords`) peut accéder à la valeur de ses deux enfants : `x` et `y`.

```
$coords = new SimpleXMLElement('<coords><x>2</x><y>3</y></coords>');
echo "x=".$coords->x." y=".$coords->y;
```

L'affichage du titre des livres d'une bibliothèque devient donc un jeu d'enfant.

Listing 14-5 : Parcours des livres de la bibliotheque

```
$str = '<bibliotheque>
  <livre id="1">
    <titre>Capitaine Fracasse</titre>
  </livre>
  <livre id="2">
    <titre>Les Fleurs du mal</titre>
  </livre>
</bibliotheque>';

$bibliotheque = new SimpleXMLElement($str);

$livres = $bibliotheque->children();

foreach ($livres as $livre) {
  echo $livre->titre."<br/>";
}
```

La méthode `attributes()` donne accès à l'ensemble des attributs d'un élément.

L'exemple précédent peut être modifié de la façon suivante pour afficher l'`id` de l'livre.

```
foreach ($livres as $livre) {
  $attributs = $livre->attributes();
  echo "[".$attributs["id"]."] ";
  echo $livre->titre."<br/>";
}
```

14.3. Formats spéciaux

Le format XML permet d'organiser les données selon son bon vouloir tout en étant sûr qu'un partenaire sera en mesure de le manipuler. Il conviendra cependant, en même temps que la transmission des données, de fournir une documentation décrivant comment sont agencés les attributs et les balises, à quoi ils correspondent, etc.

Pour éviter cette fastidieuse tâche de description, l'industrie s'est très vite organisée pour faire émerger des structures de documents XML pré-définies (spécifications).

RSS

Le format RSS est un cas typique de standardisation d'une structure XML pour répondre à un besoin partagé par de nombreux intervenants du monde du web. L'idée est ici de permettre à un site de contenu de pouvoir fournir à des partenaires un document contenant un résumé des derniers articles mis en ligne. Ces documents sont généralement qualifiés de flux (*feed*) RSS.

En établissant ce standard, l'industrie informatique a pu miser et investir dessus. Les navigateurs web peuvent directement les afficher, des appareils électroniques tels que des iPods sont en mesure d'importer leur contenu, des sites webs tels que Google Reader ne servent qu'à les agréger pour pouvoir les consulter en un point central.

Figure 14.7 : *Icône utilisée par les différents navigateurs pour indiquer la présence d'un flux RSS*

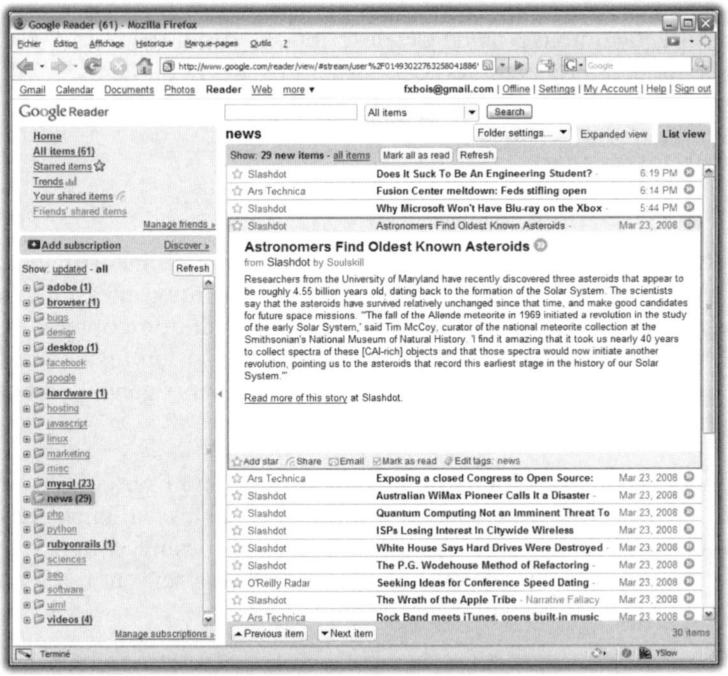

Figure 14.8 : *Google Reader, lecteur de flux RSS*

Figure 14.9 : *Affichage du flux RSS High Tech du Figaro*

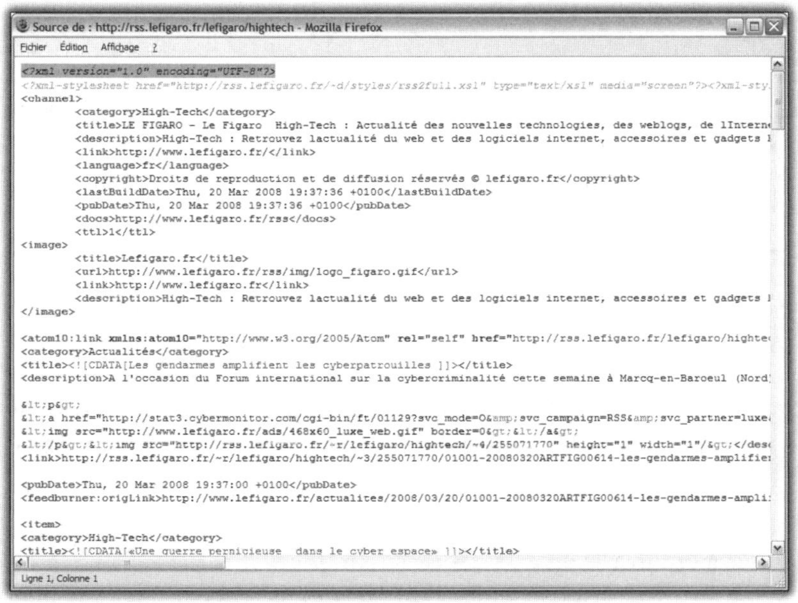

Figure 14.10 : *L'affichage des sources prouve bien qu'il s'agit d'un document XML de type RSS*

Structure

L'élément de plus haut niveau est la balise <rss> incluant en attribut la version du format. La version la plus récente et la plus répandue est la 2.0 : <rss version= "2.0">.

Le seul enfant de l'élément <rss> est l'élément <channel>.

Tableau 14.1 : *Enfants de l'élément channel*

Elément	Usage	Remarque
`title`	Titre du flux	Obligatoire
`link`	Url permettant d'accéder à ce flux	Obligatoire
`description`	Description	Obligatoire
`language`	Langue	
`Image`	Image	
`copyright`	Copyright	
`managingEditor`	Adresse email de la personne responsable du flux	
`webMaster`	Adresse email du webmaster	
`pubDate`	Date de publication	Format RFC 822
`lastBuildDate`	Date de dernière génération	Format RFC 822
`rating`		
`category`	Catégories	
`generator`	Nom du logiciel qui a permis de construire le flux	
`ttl`	Durée de vie	en minutes

L'élément <channel> peut disposer également de plusieurs éléments enfants <item> qui correspondent véritablement aux histoires/articles associés au flux.

Un <channel> contient donc plusieurs <item>. Une analogie possible consisterait à comparer un <channel> à un journal et les <item> à des articles. Le journal dispose bien d'un titre et d'un rédacteur en chef, comme les articles ont un titre et un auteur.

Chaque <item> dispose de plusieurs éléments enfants.

Tableau 14.2 : *Enfants de l'élément item*		
Elément	**Usage**	**Remarque**
`title`	Titre	Obligatoire
`link`	Lien direct vers l'article	Obligatoire
`description`	Description	Obligatoire
`author`	Auteur	Adresse email
`category`	Catégories	
`comments`	Lien vers la page de commentaires	
`guid`	Numéro/Code unique de l'article	
`pubDate`	Date de publication	RFC 822

Le script suivant liste les enfants d'une bibliothèque mais cette fois sous la forme d'un flux RSS.

Listing 14-6 : Génération d'un flux RSS

```
$liaison = mysql_connect("localhost", "root", "");
mysql_select_db("biblio");
$sql = "select * from livre";
$livres = mysql_query($sql);
$racine = new SimpleXMLElement('<bibliotheque/>');


$rss = new SimpleXMLElement('<rss/>');
$rss->addAttribute('version', '2.0');

$channel = $rss->addChild('channel');
$channel->addChild('title', 'la bibliotheque');
$channel->addChild('link', 'http://localhost/liste.php');
$channel->addChild('description', 'livres de la
✂ bibliotheque');
$channel->addChild('generator', 'alamano');

$lien_edit = 'http://localhost/edite.php?id=';
while (($livre = mysql_fetch_assoc($livres)) !== false) {
  $item = $channel->addChild('item');
  $item->addChild('title', $livre['titre']);
  $item->addChild('link', $lien_edit.$livre['id']);
  $item->addChild('guid', 'livre-'.$livre['id']);
  $item->addChild('description', 'id='.$livre['id']);
}
```

```
header('Content-Type: application/xml');
echo $rss->asXML();
```

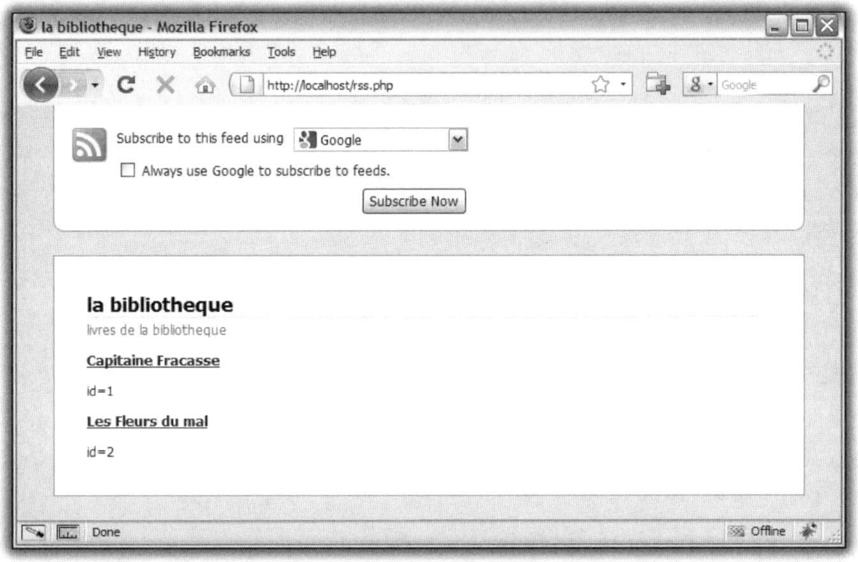

Figure 14.11 : *L'affichage d'un document XML est spécial dans le cadre d'un flux RSS*

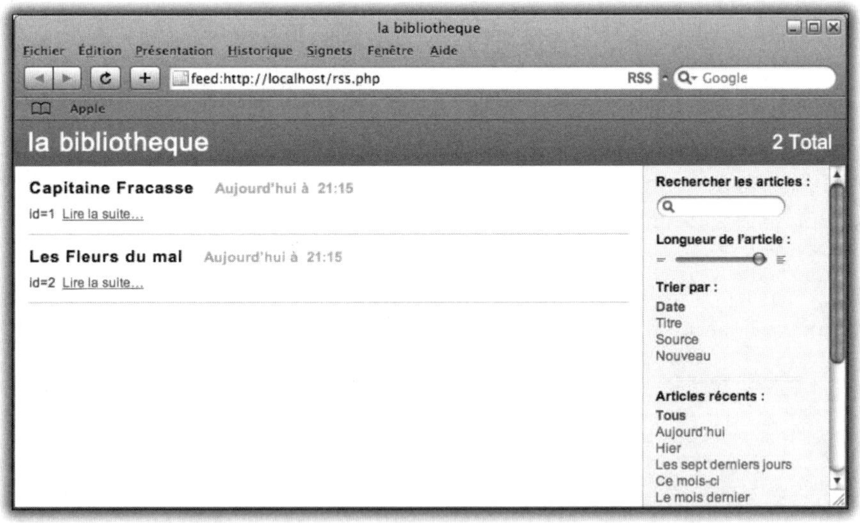

Figure 14.12 : *Chaque navigateur a un mode d'affichage des flux XML qui lui est propre*

Inclusion dans un site

Tous les navigateurs sont aujourd'hui en mesure d'indiquer la présence d'un flux RSS sur un site Web. Pour Firefox, il s'agit d'une petite icône orange située à droite de l'adresse du site.

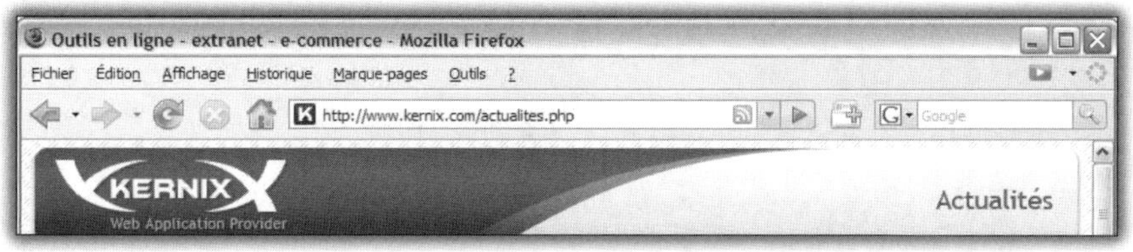

Figure 14.13 : *Le site kernix.com dispose bien d'un flux RSS associé*

Le site indique la présence d'un flux en utilisant une balise `<LINK>` spécifique dans l'en-tête (`<HEADER>`) de la page.

Listing 14-7 : Balise à ajouter pour indiquer au navigateur que le site dispose d'un flux RSS

```
<link rel="alternate" type="application/rss+xml" title="RSS"
      href="/rss.php" />
```

L'attribut `href` permet de préciser l'emplacement du flux.

REMARQUE

Flux multiples

Il est possible d'associer plusieurs flux à une page en multipliant les balises `<LINK>` dans l'en-tête. En cliquant sur l'icône de flux, le navigateur propose alors de sélectionner le flux souhaité. L'attribut `title` est dans ce cas très utile.

XHTML

L'XHTML est une version de l'HTML pour laquelle les contraintes de l'XML sont respectées. En développant des pages à la norme XHTML, ces dernières deviennent directement manipulables comme tout autre document XML.

L'exemple suivant permet de récupérer tous les liens (`<a href="">`) de la page du W3C consacrée à l'XHTML : **www.w3.org/TR/xhtml1**.

Le constructeur de la classe `SimpleXMLElement` peut prendre en premier paramètre une URL correspondant à un document XML. Pour cela, le troisième paramètre vaut `true`, et le second, `null`.

```
$liens = array();

function extraitLiens($noeud) {
  if (strtoupper($noeud->getName()) == 'A') {
    $attributs = $noeud->attributes();
    $href = (string) $attributs['href'];
    if (strlen($href) > 1) {
      $GLOBALS['liens'][] = $href;
    }
  }
  foreach ($noeud->children() as $enfant) {
    extraitLiens($enfant);
  }
}

$xml = new SimpleXMLElement("http://www.w3.org/TR/xhtml1/",
                            null,
                            true);

extraitLiens($xml);

print("<pre>");
print_r($liens);
print("</pre>");
```

Le script repose sur une utilisation récursive de la fonction `extraitLiens()`, qui, pour chaque nœud reçu en paramètre, teste si ce dernier correspond à un lien (`== 'A'`) et se ré-appelle pour tous les éventuels enfants.

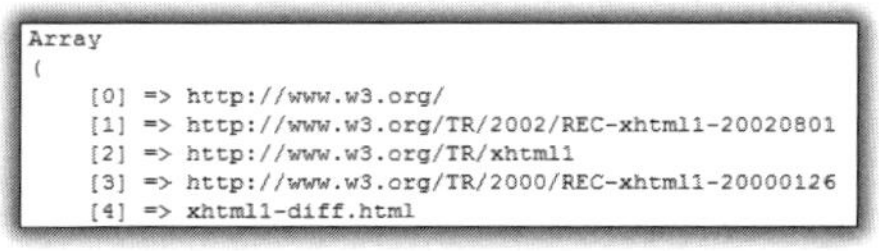

Figure 14.14 : *Liste des liens*

SVG

SVG est une spécification XML permettant de construire des images au format vectoriel. Une telle image a l'avantage de pouvoir être déformable sans perte de qualité.

Parmi les logiciels graphiques, Illustrator appartient au monde du vectoriel et Photoshop à celui des images bitmap.

L'exemple suivant permet de construire pas à pas un échiquier de 64 pièces.

Listing 14-8 : Construction d'un échiquier

```
$nb_pieces = 8;
$taille_piece = 30;
$couleurs = array('#FFFFFF', '#000000');

$svg = new SimpleXMLElement('<svg/>');
$svg->addAttribute('width', $nb_pieces * $taille_piece);
$svg->addAttribute('heigth', $nb_pieces * $taille_piece);
$svg->addAttribute('xmlns', 'http://www.w3.org/2000/svg');

for ($i = 0; $i < $nb_pieces; $i++) {
  for ($j = 0; $j < $nb_pieces; $j++) {
    $carre = $svg->addChild('rect');
    $carre->addAttribute('x', $j*$taille_piece);
    $carre->addAttribute('y', $i*$taille_piece);
    $carre->addAttribute('width', $taille_piece);
    $carre->addAttribute('height', $taille_piece);
    $carre->addAttribute('style', 'fill:'.$couleurs[($i+$j)%2]);
  }
}

header('Content-Type: application/xml');
echo $svg->asXML();
```

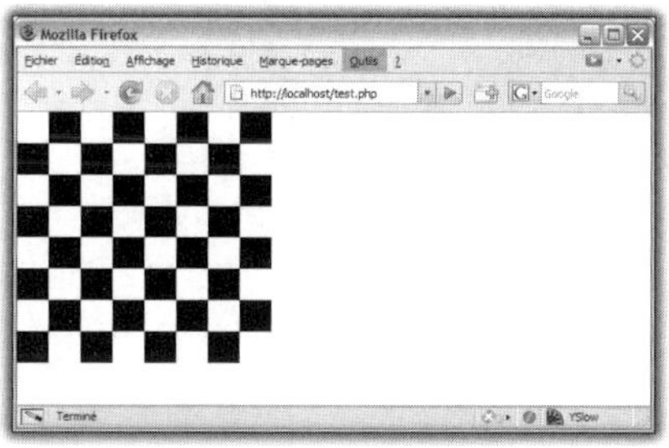

Figure 14.15 : *Affichage de l'échiquier dans un navigateur*

Figure 14.16 : *Les sources de la page révèlent bien qu'un document XML se cache derrière l'image*

REMARQUE

Création d'images au format SVG

Le logiciel Inkscape est un concurrent open source d'Illustrator. Il peut être téléchargé gratuitement sur le site **www.inkscape.org**. Les créations réalisées peuvent être sauvées au format SVG et analysées avec un simple éditeur de texte pour comprendre la structure.

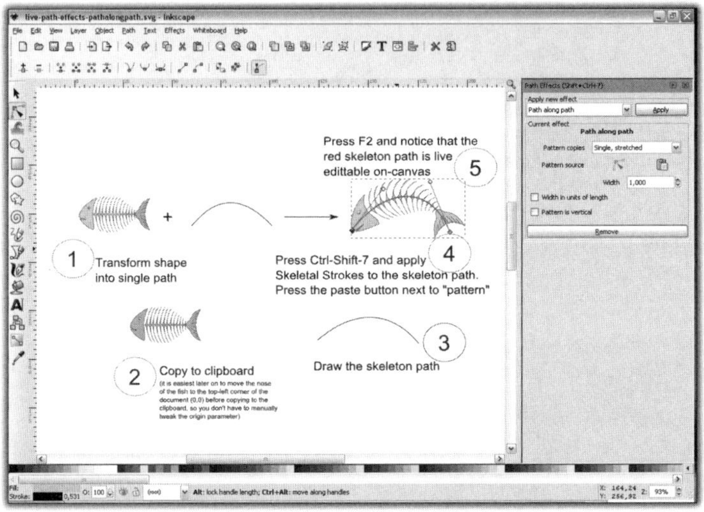

Figure 14.17 : *Inkscape permet de créer des images au format SVG*

14.4. Check-list

- Le format XML permet de stocker des informations et se révèle être le meilleur choix pour les échanges de données structurées.
- L'utilisation d'une extension de type SimpleXML est préférable à une construction "à la main" d'un fichier XML.
- Les nouveaux formats informatiques prennent de plus en plus souvent la forme de spécifications XML (RSS, SVG, ODF, GDATA, SOAP).

Chapitre 15

Les cookies et les sessions

Nous nous intéresserons dans ce chapitre aux différentes méthodes qui sont offertes par PHP pour associer des données à un internaute : les cookies et les sessions.

15.1. Les cookies

En surfant sur le Web, vous avez pu vous apercevoir que certains sites étaient en mesure de vous reconnaître. En revenant sur une boutique où vous avez déjà acheté, il n'est pas rare d'y trouver des messages du genre : « *Bienvenue M. Dupont* » ; « *Vous avez acheté le produit X, nous vous proposons cette liste de produits qui peuvent vous intéresser* » ; « *Voici les derniers produits apparus dans notre boutique depuis votre dernière visite* », etc.

En vous connectant depuis une autre machine ou un autre compte, vous vous apercevrez cependant que tous ces messages sont absents.

Ces sites utilisent une technique qui leur permet de stocker des informations dans votre ordinateur, informations qui leur sont retransmises dès que vous naviguez sur leur site. Les données sont stockées dans de petits fichiers appelés *cookies*. Ces cookies ne servent pas que les intérêts marketing des grandes boutiques du Web, ils vous permettent aussi :

- de ne pas avoir à retaper systématiquement votre identifiant et votre mot de passe sur certains sites ;
- de pouvoir disposer d'un système de panier très pratique dans les boutiques en ligne.

Ces cookies contiennent tout type d'information et sont utilisés dans de très nombreux cas de figure. Souvent diabolisés, ils vous rendent finalement davantage service qu'ils ne vous desservent. Leur présence est d'ailleurs d'autant moins gênante qu'ils peuvent être effacés à tout moment. Sous Firefox, il suffit d'aller dans le menu **Outils/Vie privée** > **Afficher les cookies** puis d'appuyer sur le bouton **Supprimer tous les cookies** pour les faire disparaître.

La perte d'espace disque est aussi un reproche, très souvent exagéré, que l'on fait aux cookies. Un cookie « pèse » en moyenne, entre 50 et 150 octets. Il vous faudrait stocker 10 millions de cookies pour perdre 1 Go d'espace disque !

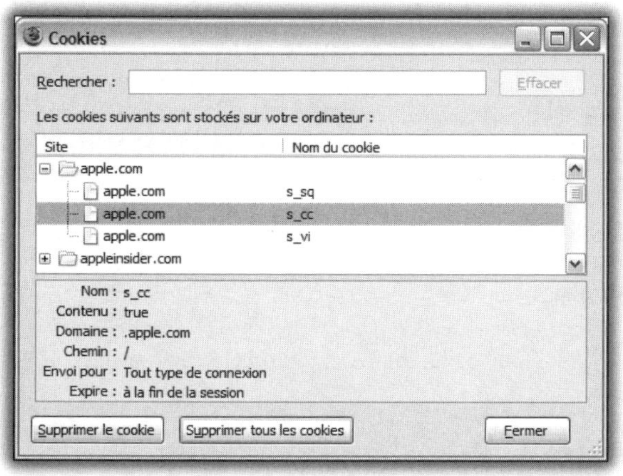

Figure 15.1 : *Suppression des cookies*

REMARQUE

Vraiment inoffensifs ?

En identifiant de manière unique les internautes, certains services tels que **doubleclik.com** (gestion de bannières publicitaires) ont constitué une base de données mondiale afin d'étudier leur comportement. Ils savent où vous êtes allé, quand et pendant combien de temps… *Big Brother* n'est alors plus très loin !

Aspects techniques

Nous nous sommes déjà intéressés à l'en-tête HTTP des pages web, notamment lors de l'utilisation de la fonction `header()`. Les cookies sont en réalité des données stockées en texte, qui sont transmises dans l'en-tête HTTP des requêtes et des réponses :

Listing 15-1 : Exemple de directive HTTP permettant de créer le cookie moncookie

```
Set-Cookie: moncookie=hello; path=/; expires Mon,
✂ 09-Dec-2002 13:46:00 GMT
```

Listing 15-2 : Directive HTTP contenue dans la requête envoyée par un navigateur

```
Cookie: moncookie=hello
```

La gestion des cookies en PHP est très simple. Elle ne nécessite que l'utilisation de la fonction `setcookie()`. Cette fonction prend par défaut deux paramètres : le nom du cookie et sa valeur.

Écrivez deux scripts, l'un pour créer le cookie et l'autre pour lire sa valeur :

Listing 15-3 : Le script cree_cookie.php

```
<?php
setcookie("moncookie","hello");
echo "cookie créé";
?>
```

Listing 15-4 : Le script lit_cookie.php

```
<?php
echo "valeur contenue dans mon cookie : ".$_COOKIE['moncookie'];
?>
```

Figure 15.2 : *Lecture d'un cookie*

Comme les paramètres avec `$_REQUEST[]`, les cookies peuvent être récupérés au sein d'une variable super-globale : `$_COOKIE`. Ce tableau associatif contient autant de cellules que vous avez créé de cookies. Une fois le cookie `moncookie` créé, la variable `$_COOKIE['moncookie']` devient accessible dans vos scripts.

REMARQUE

Suppression

Pour supprimer un cookie en PHP, il suffit de supprimer le contenu du cookie. Si vous souhaitez supprimer le cookie `moncookie`, écrivez `setcookie("moncookie")`.

Comme les cookies sont transmis dans l'en-tête HTTP, leur utilisation impose les mêmes contraintes que pour la fonction `header()` : interdiction absolue d'afficher quoi que ce soit avant d'utiliser `setcookie()`.

ATTENTION

Limitations

Tout n'est tout de même pas permis avec les cookies. Voici une liste non exhaustive des limitations :

- Seul le site qui a créé le cookie peut y accéder.
- La taille d'un cookie doit être inférieure à 4 ko.
- Le nombre de cookies créés par un domaine donné est limité à 20.

La fonction `setcookie()` accepte d'autres paramètres...

- *La date d'expiration* : en secondes, la fonction PHP `time()` renvoyant la date actuelle en secondes.
- *Le chemin* : indique quelle partie du site peut avoir accès au cookie.
- *Le domaine* : indique quel domaine peut avoir accès au site.
- *Un indicateur de sécurité* : si sa valeur est `1`, il indique que la valeur du cookie ne peut être transmise que si vous êtes en HTTS (HTTP sécurisé par du SSL).

Voyez ces quelques exemples...

Premier exemple : modifiez le fichier *cree_cookie.php*.

```
<?php

setcookie("moncookie","hello",time()+5);

echo "cookie créé";

?>
```

Si vous appuyez, au bout de 5 secondes, sur le bouton **Rafraîchir** (*reload*) de la page **http://localhost/lit_cookie.php**, le cookie disparaîtra.

ATTENTION

Heure du serveur

Il est courant que l'heure du serveur web soit décalée par rapport à l'heure de votre machine. Cela peut fausser vos tests. Pour voir la date et l'heure du serveur web, utilisez la fonction `date ("Y-m-d G:i:s")`.

Deuxième exemple :

```
setcookie("moncookie","hello",time()+3600,"/",".kernix.com",1);
```

Le cookie est, cette fois, créé pour une heure. Tous les scripts situés sur le domaine `.kernix.com` peuvent y accéder, à la condition que les transmissions soient cryptées.

Troisième exemple :

```
setcookie("moncookie","hello");
```

En ne précisant pas de date d'expiration, vous créez cette fois un cookie de session. Le cookie existera tant que le navigateur restera ouvert. Dès sa fermeture, le cookie sera automatiquement effacé.

Pour tester ce comportement, enchaînez les étapes suivantes :

1. Appelez le script *http://localhost/cree_cookie.php* (en ayant modifié son contenu au préalable !).
2. Appelez le script *http://localhost/lit_cookie.php*.
3. Fermez le navigateur.
4. Appelez de nouveau le script *http://localhost/lit_cookie.php*. Le cookie a disparu.

Pour changer la valeur du cookie `moncookie`, il suffit d'appeler la fonction `setcookie()` en modifiant la valeur du cookie.

15.2. Les sessions

Vous venez de voir que les cookies permettent de transmettre de l'information d'une page à l'autre. Certains inconvénients peuvent cependant être notés :

- l'obligation de les gérer en haut du script avant que des données ne soient affichées ;
- le format assez primaire de stockage de l'information (une chaîne de caractères).

Pour répondre à ces limitations, le langage PHP vous propose d'utiliser un système de session. À n'importe quel endroit de votre script, il est possible de définir certaines variables en tant que variable de session. Une fois enregistrées, ces variables sont propagées d'une page à l'autre. Elles deviennent schématiquement des variables globales à l'ensemble du site, tout en restant associées à un visiteur donné. Si vous modifiez le contenu d'une variable de session dans un script *A*, vous récupérez le contenu modifié dans un script *B*. Il est important de signaler que le nombre de variables de session n'est pas limité : vous pouvez en enregistrer autant que nécessaire.

Le mode de fonctionnement des sessions est extrêmement simple. Il s'appuie sur :

- la fonction `session_start()` qui indique au script que vous souhaitez récupérer les variables de session.
- la variable super-globale `$_SESSION` qui contient l'ensemble des variables de session.

  ```
  $_SESSION['x'] = 2;
  ```

Réalisez ce petit exemple, qui permet de savoir combien de fois une personne est venue sur une page :

Listing 15-5 : Exemple simple d'utilisation des sessions

```
<?php

session_start();

if (!isset($_SESSION['visite'])) {
  echo "première visite";
  $_SESSION['visite'] = 1;
}
else {
  $_SESSION['visite']++;
  echo "vous avez visité cette page ".$_SESSION['visite']." fois";
}

?>
```

Figure 15.3 : *Message apparaissant en arrivant pour la première fois sur la page*

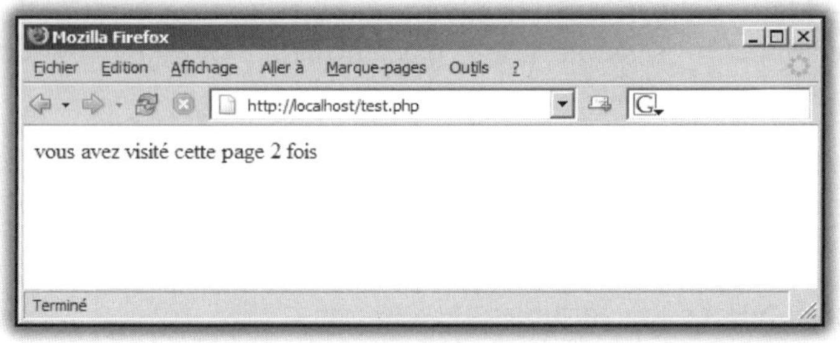

Figure 15.4 : *Message apparaissant lorsque la page est rafraîchie*

Analysons cet exemple…

Dans ce script, vous souhaitez faire usage de variables de session. Vous l'indiquez à PHP en exécutant la fonction `session_start()`. Votre seule contrainte est de faire appel à cette fonction avant le premier affichage du script.

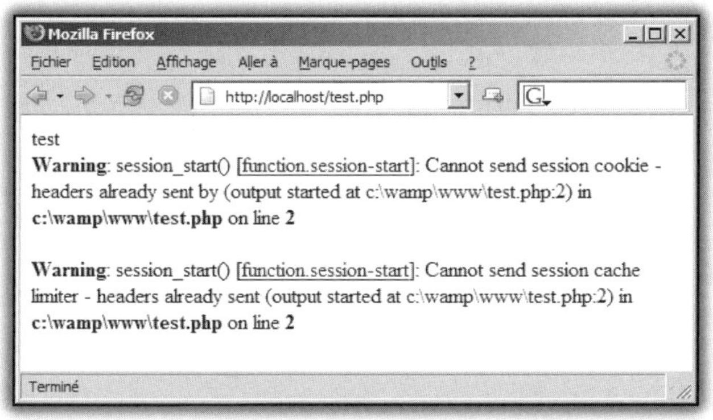

Figure 15.5 : *Erreur générée à la suite d'un affichage de la chaîne "test" avant l'appel à session_start()*

Vous testez ensuite si la variable `$_SESSION['visite']` (qui va contenir le nombre de vos visites) existe. Si ce n'est pas le cas, vous affichez le message `"première visite"` et initialisez la variable de session `"visite"` à `1`. À partir de ce moment, toute modification de sa valeur sera propagée d'une page à l'autre.

En rafraîchissant la page, vous vous retrouvez dans le cas où la variable `$_SESSION['visite']` existe. Lors de chaque accès à cette page, vous faites augmenter le compteur de visites en incrémentant directement la variable `$_SESSION['visite']`.

Bien évidemment, si vous placez ce même code dans un autre script, la variable `$_SESSION['visite']` sera aussi incrémentée. La variable de session est en effet partagée par tous les scripts d'un même site.

> REMARQUE
>
> **Suppression**
>
> Une suppression peut être supprimée à l'aide de la fonction `session_destroy()`.

Un grand avantage des variables de session est de permettre d'enregistrer des variables de type complexe comme des tableaux. Vous pouvez voir l'extrême intérêt de cette fonctionnalité dans le cadre de votre applicatif. Plutôt que de stocker vos données en les séparant par des virgules (`valeur1,valeur2`, etc.) ou en utilisant une norme boiteuse (`nom1=valeur1;nom2=valeur2;`…), autant utiliser dans le premier cas un tableau scalaire, et, dans le deuxième cas, un tableau associatif.

Les sessions sont donc un outil très puissant. Elles peuvent vous faciliter grandement la tâche pour le développement d'applications en ligne. Il ne faut cependant pas croire que les sessions pallient tous les défauts des cookies. Une erreur courante consiste à se dire qu'avec les sessions vous n'avez plus à vous soucier des internautes qui n'acceptent pas les cookies. Ce raisonnement est complètement faux car les sessions utilisent en fait directement les cookies :

Listing 15-6 : La fonction session_id() retourne la valeur de l'identifiant de session unique qui a été alloué

```
<?php
session_start();
echo "Identifiant de session : ".session_id();
?>
```

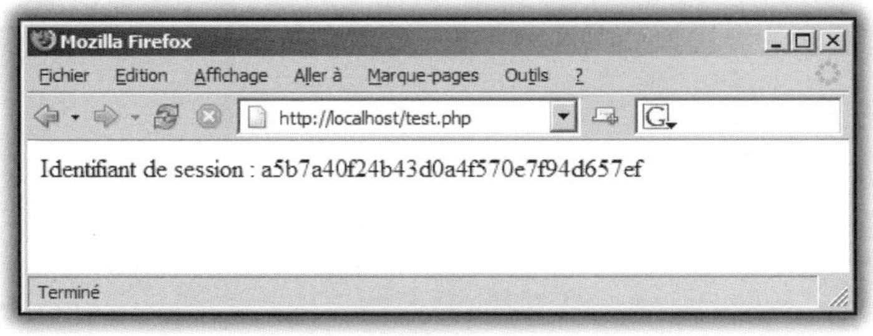

Figure 15.6 : *Valeur de l'identifiant de session*

Les variables de session sont en réalité stockées sur le serveur web et sont reconnues grâce à cet identifiant unique. Cet identifiant est stocké dans un cookie sur votre disque. Une personne qui n'accepte pas les cookies ne peut propager l'`id` de session qui lui est transmis, et ne peut donc pas profiter des sessions.

Ce mode de fonctionnement permet en revanche d'écarter les limitations des cookies concernant leur nombre et leur taille. Comme les données des sessions sont stockées sur le serveur, ces limitations sautent :

Listing 15-7 : Pour les plus curieux, la fonction session_save_path() retourne l'endroit où sont stockées les données des sessions sur le server (souvent /tmp sous Unix/Linux)

```
<?php
session_start();
echo session_save_path();
?>
```

Par défaut, une session est détruite quand l'internaute ferme son navigateur. Vous devinez donc que le cookie qui est créé pour stocker l'`id` de session est un cookie de session. Vous pouvez en avoir la preuve en utilisant la fonction `session_get_cookie_params()`, qui retourne un tableau contenant tous les paramètres du cookie de session :

Listing 15-8 : Affichage des propriétés du cookie de session

```
<?php
session_start();
print_r(session_get_cookie_params());
?>
```

Figure 15.7 : *Propriétés du cookie de session*

Il est possible de faire en sorte qu'une session subsiste à la fermeture du navigateur. Utilisez pour cela la fonction `session_set_cookie_params()` qui permet de modifier les propriétés du cookie de session.

Listing 15-9 : Le compteur conserve désormais la bonne valeur, même si vous quittez le navigateur

```
session_set_cookie_params(time()+604800);
session_start();
```

> REMARQUE
>
> **Transmission de l'identifiant de session par URL**
>
> L'identifiant de session peut également être transmis par l'URL. Cette technique a l'avantage de fonctionner avec tous les internautes (qu'ils acceptent les cookies ou pas). Elle souffre cependant des défauts suivants :
>
> - Elle est beaucoup plus lourde à mettre en place.
> - Elle demande plus de ressources au niveau serveur.
> - Elle nécessite que l'interpréteur PHP soit compilé avec certaines options.

15.3. Check-list

- Les cookies et les sessions permettent de propager des données liées à un internaute durant toute la durée de sa visite.
- Les sessions ont l'avantage d'être plus simples à gérer que les cookies. Une session est composée d'un cookie contenant son identifiant et d'un fichier sur le serveur contenant les données.
- Les variables `$_SESSION` et `$_COOKIE` sont utilisées pour y avoir accès.
- Longtemps décriés, les cookies sont désormais entrés dans les mœurs du Web.

Chapitre 16

La gestion de la sécurité

La popularité des applications web a non seulement attiré les utilisateurs et les développeurs, mais également les pirates informatiques (souvent appelés *hackers*). Les sites spécialisés en sécurité tels que **phpsec.org**, **secunia.com** ou **www.securityfocus.com** signalent désormais quotidiennement des failles dans des outils tels que le forum phpBB (**www.phpbb.com**), l'outil de gestion de contenu (CMS) PHP-Nuke (**phpnuke.org**), la plateforme d'e-commerce osCommerce (**www.oscommerce.com**), le gestionnaire de blog Wordpress (**wordpress.org**) et plusieurs centaines d'autres.

PHP ne souffre en lui-même d'aucun problème de sécurité. Le souci vient plutôt du fait qu'il est extrêmement facile de laisser des failles de sécurité au cœur d'applications écrites d'une part pour le Web et d'autre part en PHP. Listons quelques-uns des aspects les plus problématiques :

- PHP est un langage extrêmement facile à prendre en main. Un débutant sans connaissance préliminaire en sécurité peut réaliser et mettre en ligne un applicatif en quelques jours (voir en quelques heures).
- La sécurité d'une application web impose des connaissances informatiques relativement larges : serveur web, PHP, JavaScript, authentification, base de données, sessions, cookies, protocoles, système d'exploitation (droits, chemins), etc.
- Pour une application en ligne, le nombre potentiel d'utilisateurs malintentionnés est aussi gigantesque qu'incontrôlable.
- Les techniques mises en œuvre pour exploiter les failles sont souvent triviales et, par conséquent, accessibles à de jeunes gens en mal d'amusement (les *scripts kiddies*). Nous sommes loin de la décompilation et de l'assembleur qui ne permettaient qu'à un tout petit nombre de pirates de « cracker » des logiciels.
- Certains défauts du langage PHP ont des implications directes dans la nature faillible des applications dont il est à l'origine : les nombreuses façons de transmettre des données (`input`, session, cookies), l'absence de « *composants* », l'inconsistance des différents noms (variables, objets, fonctions, etc.), la présence de variables globales rendant la relecture du code ardue et les tests d'unité pour le moins complexes.

Ce chapitre vise à vous présenter les failles potentielles les plus répandues qui peuvent s'immiscer au sein d'une application. Plus que cela, il doit vous faire prendre conscience que la sécurisation d'un code est une étape indispensable et essentielle lors du développement d'un applicatif.

16.1. La sécurité avec PHP

Commençons par étudier les différents points devant être surveillés au sein de vos scripts PHP.

Le b-a ba

Certains développeurs ont tendance à concevoir leurs applicatifs en pensant qu'un certain nombre de tâches pourront être réalisées à la fin du projet. Cette pratique est généralement à proscrire car, comme dans beaucoup d'autres domaines, la fin d'un projet se déroule souvent dans l'urgence et le stress.

Il est donc conseillé de ne pas attendre l'issue du projet pour initialiser de manière cohérente vos différents mots de passe et ne pas laisser des accès de type `"admin/admin"`, `"test/test"`. Pour rappel, un mot de passe doit contenir au minimum huit caractères et inclure des caractères numériques.

REMARQUE

Dictionnaires et brute force

N'allez surtout pas croire qu'un hacker souhaitant trouver le mot de passe de votre site essaiera successivement et péniblement plusieurs dizaines de possibilités. Il existe aujourd'hui des dictionnaires de mots et des scripts permettant en quelques minutes de tester plusieurs centaines de milliers de possibilités. Ces dictionnaires disposent également de tous les prénoms, marques d'alcools, noms de planètes et divers termes souvent utilisés en informatique pour initialiser un mot de passe.

L'échec d'une attaque lancée à l'aide d'un dictionnaire ne rebutera cependant pas un pirate motivé. L'attaque dite *brute force* consiste à tester toutes les combinaisons de caractères possibles les unes après les autres. Cette attaque peut durer des heures, voire des journées, mais n'oubliez pas que le pirate n'a pas à attendre devant sa machine, qu'aujourd'hui les machines sont extrêmement puissantes et que les liaisons Internet sont quasi gratuites.

Il peut donc être malin d'interdire un trop grand nombre de tentatives d'accès successives à une zone sécurisée. Il convient pour cela d'enregistrer chaque tentative (accompagnée de son adresse IP) dans une base de données et de vérifier, avant d'autoriser l'accès, qu'il n'y a pas eu plus de n tentatives depuis cette même adresse auparavant.

Mise à jour de PHP

Disposer d'un interpréteur PHP en permanence à jour est crucial pour votre applicatif. Chaque nouvelle version de PHP apporte en effet son lot de nouvelles fonctionnalités, de corrections de bugs et surtout de corrections de failles de sécurité. Bien que ces failles soient la plupart du temps mineures, il peut arriver que certaines soient exploitables de façon distante. Vous ne pourrez alors rien y faire, quelles que soient vos compétences de programmeur.

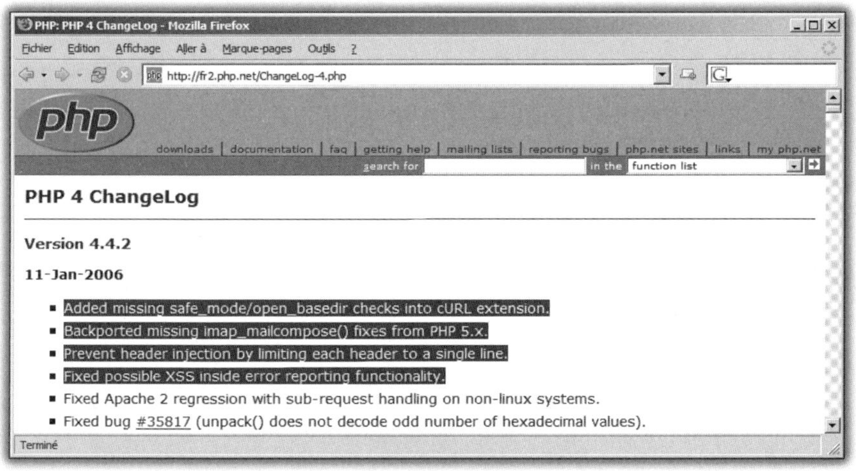

Figure 16.1 : *Exemple de lignes à prendre en compte dans le rapport de mises à jour d'une nouvelle version de PHP*

La fonction `phpversion()` ou la constante `PHP_VERSION` peuvent être utilisées pour obtenir la version de l'interpréteur.

Initialiser toutes les variables

Cette pratique consiste à donner une valeur à toutes les variables que vous utilisez au sein de votre script.

```
if ($_POST['identifiant']=='sys' && $_POST['pass']=='sys') {
  $status_admin = true;
}
```

Ce code n'est pas correct dans la mesure où la variable `$status_admin` n'a pas été initialisée.

La version correcte est la suivante :

```
$status_admin = false;
if ($_POST['identifiant']=='sys' && $_POST['pass']=='sys') {
  $status_admin = true;
}
```

Le statut d'administrateur est faux si l'authentification n'a pas été réalisée ou si elle échoue. Dans le premier code, son statut ne serait pas défini.

REMARQUE

CURL

Les programmeurs débutants ont souvent tendance à penser que les tentatives de piratage ne passent que par la méthode `GET`. Cette supposition est complètement fausse. Des outils tels que CURL (**curl.haxx.se**) permettent ainsi de réaliser des scripts qui simulent l'envoi de paramètres en mode `POST`. CURL permet même de simuler la transmission de cookies. La page de documentation est disponible à l'adresse **http://curl.haxx.se/docs/manpage.html**.

De la même manière, le changement des mots de passe par défaut est essentiel. Ainsi n'oubliez surtout pas de modifier le mot de passe `root` de MySQL.

Utiliser les constantes

La plupart des attaques visent à exploiter une faille qui permettra de modifier une variable utilisée dans un endroit sensible du script (ex : inclusion, exécution etc.). L'utilisation des constantes, dont le contenu n'est pas modifiable par définition, permet de rendre la tâche du pirate plus ardue.

Se méfier de la puissance de certaines fonctions

La fonction `extract()` permet d'importer dans la table générale des variables le tableau qui lui est passé en paramètre. Voyons tout de suite un exemple qui devrait clarifier les choses :

Listing 16-1 : Utilisation de la fonction extract()

```
print("bonjour : <br/>");
print("hello : <hr/>");
$tab = array('bonjour'=>'monde', 'hello'=>'world');
print_r($tab);
print("<hr/>");
extract($tab);
print("bonjour : $bonjour<br/>");
print("hello : $hello<br/>");
```

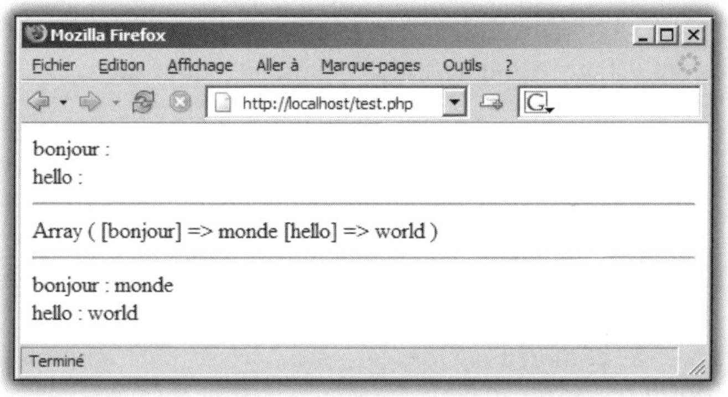

Figure 16.2 : *Les cellules du tableau deviennent accessibles en tant que variables*

Vous comprenez alors l'importance d'être sûr de son tableau avant d'appeler la fonction `extract()`. Un internaute qui parviendrait à modifier le tableau passé en paramètre pourrait écraser toutes les variables de l'application (par exemple `$status_admin`).

La fonction `extract()` peut également prendre un second paramètre qui indique le comportement à avoir quand une variable est déjà définie avant l'appel à `extract()`. Nous vous conseillons d'utiliser la valeur `EXTR_SKIP` qui interdit l'écrasement d'une variable préexistante.

```
$bonjour = 'coucou';
print("bonjour : $bonjour<br/>");
print("hello : $hello<hr/>");
$tab = array('bonjour'=>'monde', 'hello'=>'world');
```

```
print_r($tab);
print("<hr/>");
extract($tab,EXTR_SKIP);
print("bonjour : $bonjour<br/>");
print("hello : $hello<br/>");
```

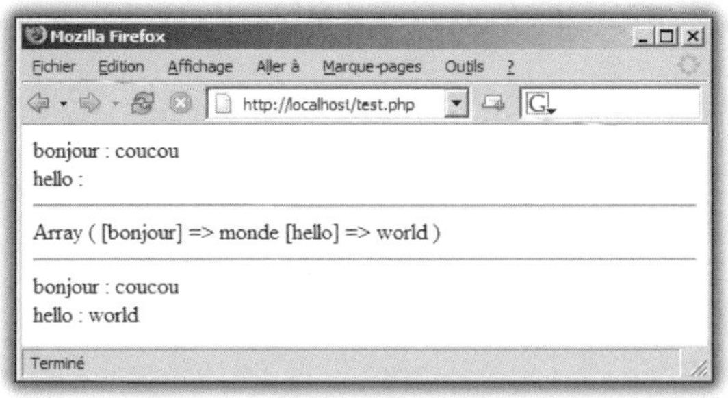

Figure 16.3 : *La variable $bonjour conserve sa valeur*

Dangers de la fonction mail

Il est courant de composer un mail à partir d'éléments provenant d'un formulaire. L'adresse email est souvent utilisée pour composer l'en-tête `From:` et permettre au destinataire du message, de répondre directement à l'internaute.

Listing 16-2 : Les paramètres du formulaire sont directement utilisés dans le mail

```
mail("fx@domain.fr","sujet","contenu","From:
✂ {$_REQUEST['email']}");
```

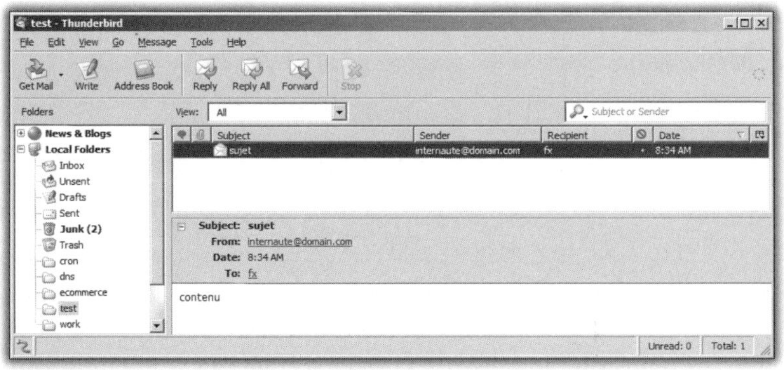

Figure 16.4 : *L'origine du destinataire apparaît bien : internaute@domain.com*

Notre erreur consiste ici à ne pas vérifier le paramètre avant de l'inclure dans le message. En effet, les spammers parviennent désormais à exploiter les millions de formulaires présents sur le web pour envoyer des messages non sollicités. Leur technique consiste à transmettre au script PHP non pas une adresse email mais une adresse email avec d'autres directives exploitables dans l'en-tête du mail.

En transmettant à notre script les paramètres suivants :

```
email=dest%40domain.com%0D%0ACc%3Adest2%40domain.com
```

le spammer initialise à la fois les en-têtes `From:` et `Cc:` du mail.

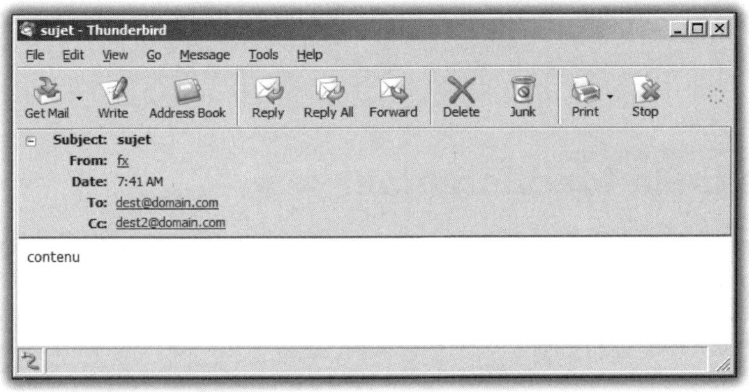

Figure 16.5 : *dest2@domain.com va recevoir un email de spam*

Pour être valide, notre script doit donc vérifier que le paramètre email ne contient pas de retour à la ligne.

Listing 16-3 : Vérification de la validité du paramètre email

```
if (strpos($_REQUEST['email'],"\n")!=false ||
    strpos($_REQUEST['email'],"\r")!=false)
  exit (1);
else
  mail("fx@domain.fr","sujet","contenu","From: {$_REQUEST['email']}");
```

Les cookies et les sessions

Aussi bien les cookies que les sessions prennent une place tous les jours plus importante dans les applications web en tant que point central du système d'authentification.

Il n'est donc pas étonnant que le cookie d'un internaute soit si convoité par les pirates. Il s'avère en plus que les techniques existent et qu'elles ne sont pas si complexes à mettre en place.

Le fonctionnement avec un passage de l'identifiant de session en paramètre est par exemple très dangereux. Prenez l'exemple d'un webmail fonctionnant sur ce schéma. Une URL typique au sein de l'application pourrait être : **www.monmail.com/lire.php?PHPSESSID=1234-5678&num_msg=ABC**. Elle pourrait correspondre à la lecture du message ABC par le visiteur dont la session porte l'identifiant 1234-5678. Supposons maintenant que le courriel lu comporte dans son contenu un lien vers le site **monsite.com** et que l'internaute clique dessus. Si les développeurs du webmail ne sont pas vigilants, l'administrateur de **monsite.com** peut se retrouver dans ses logs avec une visite dont l'origine est précisément **www.monmail.com/lire.php?PHPSESSID=1234-5678# _msg=ABC**. En cliquant sur ce lien qui dispose donc de l'identifiant de session, ce cher administrateur aura la surprise de pouvoir lire un courriel qui ne lui est pas du tout adressé. Pour parer à ce genre de faille, nous recommandons donc de passer par un script dont le rôle se limiterait à une redirection et qui ne prendrait en paramètre que l'URL de destination et en aucun cas l'identifiant de session ; par exemple : **www.monmail.com/redir.php?url=http://www.monsite.com**.

Ces techniques sont souvent évoquées en tant que *session hijacking*.

REMARQUE

L'IP dans la session : une fausse bonne idée

Pour parer aux failles décrites précédemment, le programmeur peut avoir envie de mettre en œuvre un système permettant de vérifier si l'internaute qui réclame la session est le même que celui qui en est à l'origine. Une idée pourrait donc consister à placer dans la session l'adresse IP de l'internaute qui vient de la créer et à vérifier systématiquement si cette même IP est identique à celle de l'internaute qui réclame la session. Cette idée qui peut paraître bonne à première vue est hélas invalide. Il convient en effet de savoir qu'un visiteur ne garde pas obligatoirement la même IP durant toute la durée de sa visite. Certains routeurs permettent en effet la connexion à deux fournisseurs d'accès et autorisent ainsi un passage alterné par l'un ou l'autre des fournisseurs. Si le routeur est connecté à Free ADSL et à Noos, l'internaute, d'une page à l'autre, apparaîtra tour à tour avec une IP Free et une IP Noos. Même si cet aspect n'existe que pour 1 % des internautes, il est à prendre en compte.

Les transferts de fichiers

Le fait de demander une photo n'implique pas nécessairement que l'internaute choisira un fichier de type image. S'il envoie au contraire un fichier PHP, il pourra alors exécuter son script de manière distante au sein même de votre compte et provoquer de véritables catastrophes.

Le test suivant permet de vérifier que le fichier transmis se termine bien par *.jpeg*, *.jpg*, *.gif* ou *.png* :

Listing 16-4 : Le fichier est-il de type image ?

```
if (preg_match("/\.(jpeg|jpg|gif|png)$/i",
                $_FILES['userfile']['tmp_name'])) {
    echo "ok";
}
else {
    echo "ko";
}
```

Inclusion de fichier

Soyez extrêmement prudent avec les inclusions de fichiers faisant intervenir des données passées en paramètres. L'exemple suivant est à proscrire :

```
if ($_REQUEST['action']!='accueil') include($_REQUEST['action']);
else include("index.php");
```

Un pirate peut transmettre la valeur suivante `action=../../WINDOWS/win.ini` et obtenir le contenu de n'importe quel fichier présent sur le disque dur.

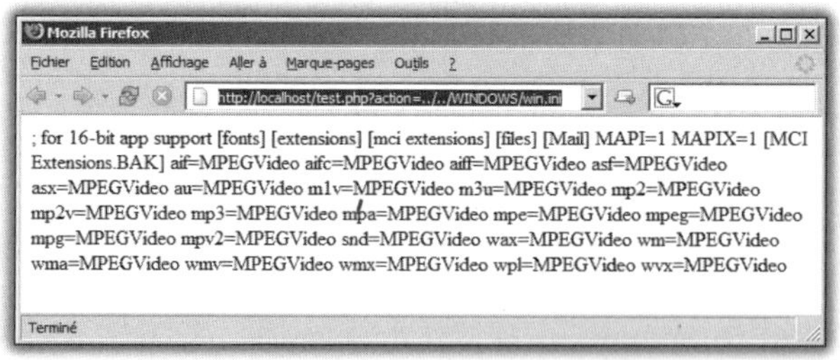

Figure 16.6 : *contenu du fichier win.ini présent dans C:\WINDOWS*

L'inclusion d'un fichier avec la fonction `include()` ne doit donc jamais exploiter directement une donnée transmise en paramètre.

16.2. Sécuriser les bases de données

Les failles liées aux bases de données sont aujourd'hui les plus répandues.

Les injections SQL

Le programmeur débutant ne réalise pas à quel point l'utilisation des bases de données impose une extrême prudence.

Étudiez le code suivant :

```
mysql_query("DELETE FROM matable WHERE ID = ".$_REQUEST['monid']);
```

Cette ligne vise à supprimer de la table *matable* la ligne dont la clé est égale au paramètre `monid`. Si la variable `$_GET['monid']` contient la valeur `22`, la requête équivaut à ceci :

```
mysql_query("DELETE FROM matable WHERE ID = 22");
```

Supposons maintenant qu'une personne mal intentionnée transmette l'URL suivante : **http://127.0.0.1/supprime.php?monid=22+OR+ID+ %3E+0**.

Vous pouvez alors vous inquiéter car la requête devient :

```
mysql_query("DELETE FROM matable WHERE ID = 22 OR ID > 0");
```

Elle entraîne une suppression complète de la table `matable` ! Cette attaque est qualifiée d'injection SQL.

Deux habitudes importantes doivent être prises pour éviter cette situation :

- passer par la fonction `mysql_real_escape_string()` avant d'insérer des données extérieures dans la base (provenant d'un formulaire, d'un cookie etc.) ;
- utiliser les guillemets autour des données.

Listing 16-5 : Version sécurisée de notre requête

```
mysql_query("DELETE FROM matable WHERE ID = '".
            mysql_real_escape_string($_REQUEST['monid']).
            "'");
```

Les Cross Site Scripting

Ces attaques sont plus connues sous le terme générique de XSS. Le principe d'une attaque XSS est le suivant :

- Le pirate remplit un formulaire en y incluant des balises nocives. Les données du formulaire sont stockées dans une base de données sans être nettoyées préalablement.
- Un internaute accède au site (par exemple un forum), visualise l'article transmis par le pirate et subit l'assaut du pirate.

Les balises nocives dont nous parlons correspondent le plus souvent à des liens. Ces derniers sont écrits de manière à récupérer le cookie de l'internaute et à le transmettre au pirate.

Illustrons cela à l'aide d'un exemple. Le premier script enregistre les données dans une table *article* :

Listing 16-6 : ajout.php

```
<?php

if (!empty($_REQUEST['contenu'])) {
  $contenu = $_REQUEST['contenu'];
  $liendb = mysql_connect("localhost", "root", "");
  mysql_select_db("test");
  mysql_query("INSERT INTO article (contenu) VALUES ('$contenu')");
  print("enregistrement ok");
  return (true);
}

?>

<form method='post' action='ajout.php'>
<textarea style='width:100%' name='contenu'>
</textarea><br/>
<input type='submit' value='enregistrer'>
</form>
```

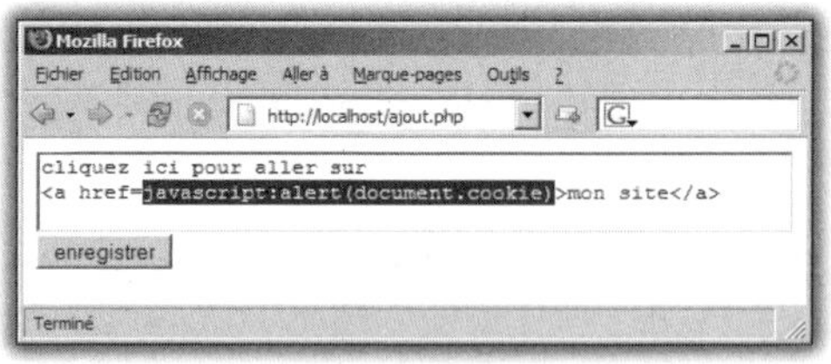

Figure 16.7 : *Texte renseigné par le pirate*

Le second script permet d'afficher un article enregistré dans la base et de placer un cookie secret sur la machine de l'internaute.

Listing 16-7 : visualisation de l'article

```
<?php

setcookie('secret',rand(100,999));

$liendb = mysql_connect("localhost", "root", "");
mysql_select_db("test");
$sql = "SELECT * FROM article";
$resultat = mysql_query ($sql);
$article = mysql_fetch_array ($resultat);

?>

<div style='width:200px; border:2px solid black;
padding:6px; height:200px'>

<?php print($article['contenu']); ?>

</div>
```

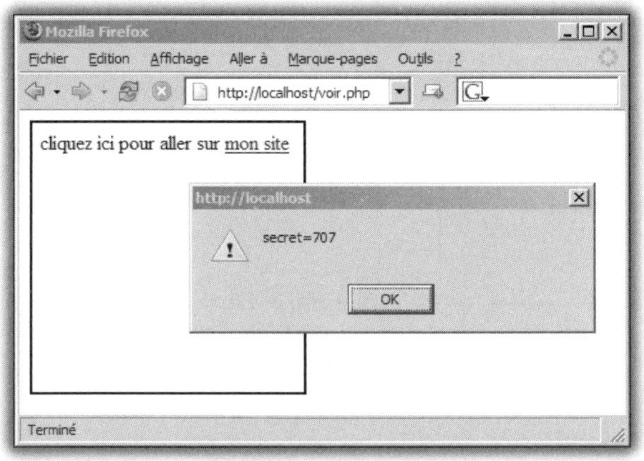

Figure 16.8 : *Apparition du cookie*

En cliquant sur le lien de l'article, le code secret apparaît ! C'est grave car il va sans dire que dans la réalité les pirates font plutôt en sorte de se faire envoyer discrètement le code secret.

La parade classique pour ces attaques XSS consiste à protéger les données envoyées par les internautes à l'aide de la fonction `htmspecialchars()`. Cette fonction convertit les caractères `&`, `"`, `'`, `<`

et > en leur équivalent HTML : &, ′, ', < et >. Cela vous permet de ne pas altérer le contenu tout en vous protégeant.

Le script *ajout.php* doit donc être modifié de la façon suivante :

```
if (!empty($_REQUEST['contenu'])) {
  $contenu = htmlspecialchars($_REQUEST['contenu']);
  $liendb = mysql_connect("localhost", "root", "");
  mysql_select_db("test");
  mysql_query("INSERT INTO article (contenu) VALUES ('$contenu')");
  print("enregistrement ok");
  return (true);
}
```

Le même message est désormais enregistré de la manière suivante :

```
cliquez ici pour aller sur <a href=javascript:alert(
document.cookie)>mon site</a>
```

Visuellement, vous obtenez un affichage correct et vous ne subissez plus cette attaque.

Figure 16.9 : *L'attaque apparaît au grand jour*

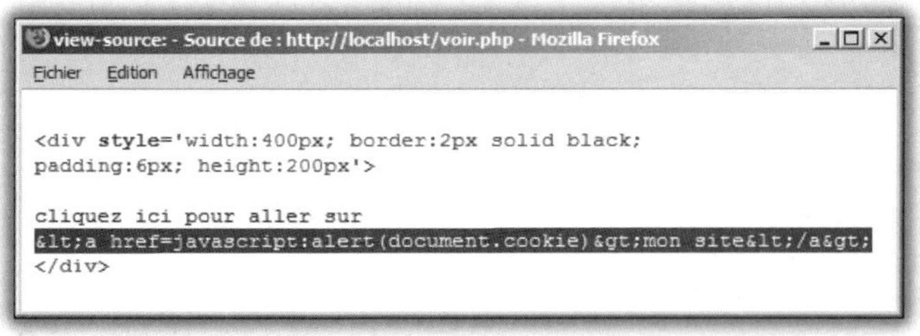

Figure 16.10 : *Les caractères dangereux ont bien été remplacés par leur équivalent HTML*

16.3. Sécuriser le serveur web

Le serveur web peut être assimilé au socle de votre application web. Un serveur web mal configuré, et c'est l'ensemble de votre outil qui peut en pâtir. Inversement, certains paramètres peuvent accroître largement la sécurité globale.

Les directives PHP

La plupart des directives de configuration de PHP peuvent être initialisées au sein du fichier *php.ini* ainsi qu'au niveau des fichiers de configuration d'Apache. Chaque site web du serveur peut ainsi disposer d'un environnement qui lui est propre.

Si certains paramètres par défaut ne vous conviennent pas, il est possible de demander un changement de configuration à votre administrateur système.

Un certain nombre de paramètres doivent être particulièrement contrôlés :

- `magic_quotes_gpc` : ce paramètre permet d'ajouter les fameux caractères d'échappement (`\'`, `\"`) pour les données transmises via les méthodes `GET`, `POST` ou via les cookies. Bien que cela soit a priori très pratique, cette fonctionnalité est risquée dans la mesure où elle ne conduit pas à un systématisme dans la protection des données. Les directives `magic_quotes_runtime` et `magic_quotes_sybase` peuvent également être forcées à `false` pour éviter les mêmes écueils.
- `register_globals` : cette directive est à `false` par défaut depuis la version 4 de PHP. Il est conseillé de la laisser ainsi afin d'éviter au maximum les problèmes d'initialisation et d'écrasement de variables rencontrés plus haut.
- `display_errors` : cette directive peut rester à `on` pendant tout le développement car elle vous permet d'afficher des informations précieuses durant la phase de correction des bugs (souvent qualifiée de phase de débogage) . Une fois le site mis en production, il est cependant conseillé de la passer à `off` afin de ne pas transmettre d'informations stratégiques à un éventuel pirate.

Une erreur sur une inclusion de script donnera des informations sur l'organisation des répertoires et des scripts (il saura alors où frapper).

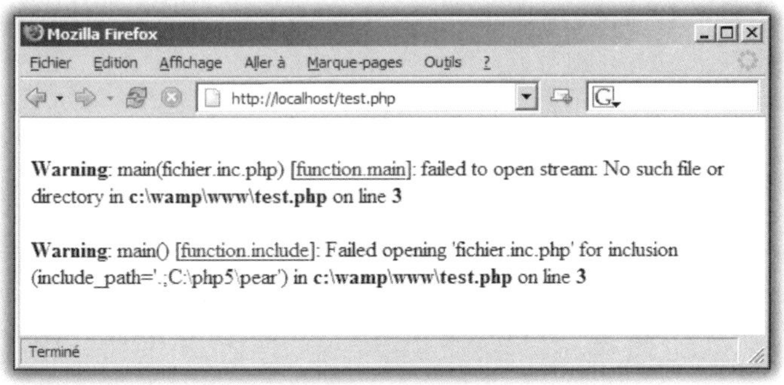

Figure 16.11 : *L'internaute sait désormais que test.php se situe dans C:\wamp\www*

Une erreur sur une connexion *mysql* permettra quant à elle d'obtenir des informations sur le serveur SGBD (caché jusqu'à présent) et d'orienter certaines attaques sur celui-ci. Encore une fois, plus votre ennemi dispose d'informations à exploiter, plus sa capacité de nuisance sera grande et rapide.

Figure 16.12 : *Erreur de connexion au SGBD*

REMARQUE

De la discrétion

Dans la même lignée, veillez à ce que le fichier de log créé par le serveur web ne soit pas accessible en ligne (par exemple www.toto.com/logs

> REMARQUE
>
> **/access.log**). Un tel fichier contiendrait en effet les mêmes informations que celles affichées en mode `display_errors on`.

La directive `display_errors` est directement liée à `error_reporting` qui définit le niveau de précision des affichages d'erreur. Il est ainsi possible d'indiquer à PHP de n'afficher que les erreurs ou de les afficher accompagnées d'avertissements (*notice*).

Prenez le script suivant :

```
print($tmp);
$tmp = 3;
print("ici");
```

Placez-vous tout d'abord dans un environnement où `error_reporting` n'affiche pas les avertissements :

```
error_reporting = E_ALL & ~E_NOTICE
```

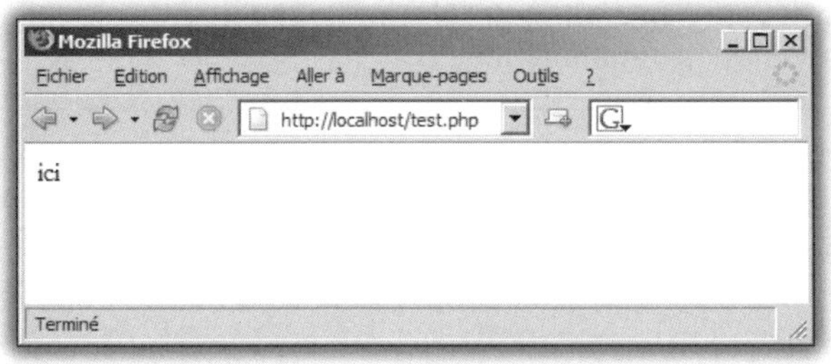

Figure 16.13 : *Rien à signaler a priori*

Affichez maintenant les avertissements en plus des erreurs :

```
error_reporting = E_ ALL & E_NOTICE
```

Vous obtenez le résultat suivant :

Figure 16.14 : *Vous êtes prévenu que la variable $tmp n'a pas été initialisée*

En augmentant le degré d'affichage des erreurs, vous augmentez instantanément le taux de « *capture* » d'erreurs et la qualité globale du code.

REMARQUE

La directive `error_reporting`

Cette directive peut prendre une multitude d'autres valeurs dont voici la liste :

- `E_ALL`, `E_ERROR` ;
- `E_WARNING` ;
- `E_PARSE`, `E_NOTICE` ;
- `E_CORE_ERROR` ;
- `E_CORE_WARNING` ;
- `E_COMPILE_ERROR` ;
- `E_COMPILE_WARNING` ;
- `E_USER_ERROR` ;
- `E_USER_WARNING` ;
- `E_USER_NOTICE`.

En jouant sur ces valeurs, vous obtiendrez un niveau de report en adéquation avec votre style de programmation.

Dans la même lignée, il est conseillé de logger tous les événements inhabituels qui ont lieu au sein de votre applicatif. La fonction `error_log()` vous permet d'ajouter vos propres commentaires au sein du fichier de log de PHP.

```
error_log_test("ajout de mes propres logs");
```

Vous retrouvez ces commentaires dans le fichier *C:\wamp\logs\php_error.log*.

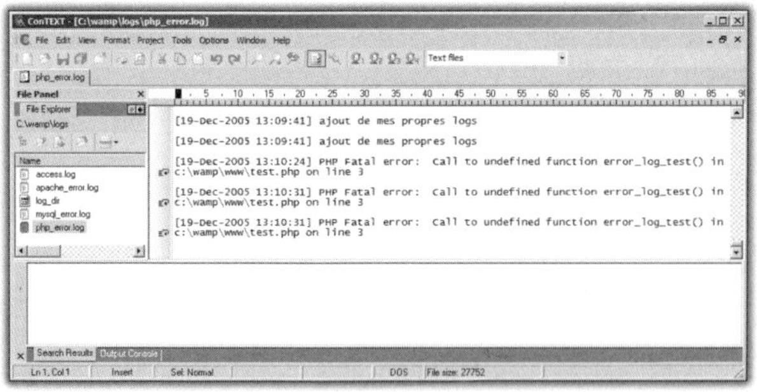

Figure 16.15 : *Vos logs apparaissent au milieu d'autres lignes d'erreur*

Cette fonction est particulièrement adaptée pour signaler des comportements anormaux. Voyez des exemples d'événements pouvant être loggés :

- un échec répété lors de l'authentification ;
- un internaute qui souhaite régler un panier qui n'existe pas ;
- une erreur dans une requête SQL.

REMARQUE

Fonction `error_log()` et débogage

L'avantage de l'utilisation de la fonction `error_log()` par rapport à une simple fonction `print()` pendant une phase de débogage est de ne pas entrer en conflit avec les fonctions `setcookie()`, `header()` ou `session_start()`. En effet, l'utilisation de `print()` avant ces fonctions entraînerait l'affichage d'un message d'erreur. La fonction `error_log()` qui n'affiche rien à l'écran, mais qui écrit dans le fichier de log, ne rencontre pas ce problème.

En plus du message, il peut être intéressant d'ajouter l'adresse IP de l'internaute qui est à l'origine de l'événement.

```
error_log_test($_SERVER['REMOTE_ADDR']" : bizarre !");
```

S'il s'agit d'un applicatif où l'internaute est identifié, l'ajout de l'identifiant à la ligne de log est également pertinent.

Les directives Apache

La présence d'un répertoire contenant tous les fichiers inclus (`include()`) est une situation extrêmement courante. Nous avons évoqué, dans un chapitre précédent, un moyen d'éviter l'appel direct de ces fichiers en les protégeant avec *indentification.inc.php*. Une solution moins portable, mais largement plus sûre, consiste à faire en sorte qu'Apache refuse l'accès direct à ce répertoire. Si vous souhaitez protéger le répertoire *includes* situé dans *C:/wamp/www*, la directive est la suivante :

```
<Directory "C:/wamp/www/includes">
   order deny,allow
   deny  from all
</Directory>
```

Figure 16.16 : *Message renvoyé par Apache*

L'accès direct aux fichiers inclus est particulièrement dangereux lorsque le développeur utilise une extension non reconnue par Apache. Imaginez que le répertoire *includes* contienne le fichier de configuration général de l'application : *config.inc*. Si Apache n'a pas été paramétré pour considérer les extensions **.inc* comme des fichiers PHP, vous obtenez ce résultat catastrophique :

Figure 16.17 : *Le fichier include non protégé*

ATTENTION

Accès en clair

La recherche suivante `"mysql filetype:inc"` sur Google vous montre à quel point il peut être simple de découvrir les identifiants et les mots de passe d'accès à une multitude de bases de données.

Il convient donc de vérifier auprès de votre administrateur système si l'extension choisie pour les *includes* peut convenir.

REMARQUE

Ajout d'extensions dans Apache

La directive `AddHandler` permet de définir les extensions des scripts PHP : `AddHandler application/x-httpd-php .php .php3 .inc.`

Il conviendra également de vérifier qu'aucun répertoire sensible ne soit listé. Apache permet en effet de lister l'ensemble des fichiers contenus dans un répertoire si ce répertoire contient l'option `Indexes` :

```
<Directory "C:/wamp/www/testindexes">
 Options Indexes
</Directory>
```

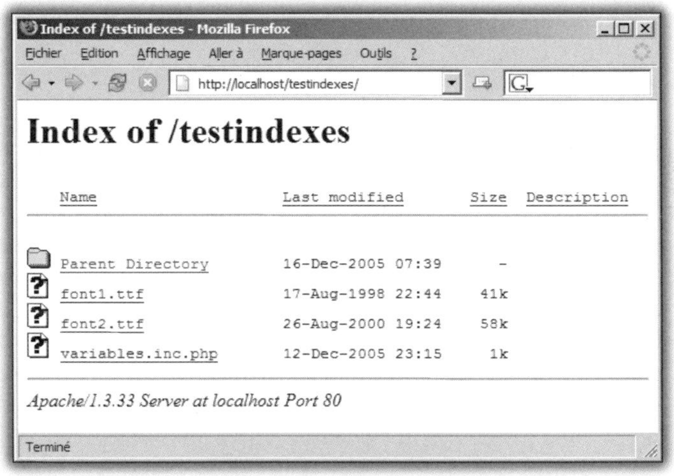

Figure 16.18 : *Exemple de liste de fichiers*

REMARQUE

Fichier *index*

La liste des fichiers n'est proposée que si le répertoire ne contient pas de fichier *index* (par exemple *index.html*, *index.htm*, *index.php*, etc.). La liste de ces fichiers peut être modifiée dans le fichier *httpd.conf* avec la directive `DirectoryIndex`.

L'ajout des directives suivantes en bas du fichier de configuration d'Apache (*httpd.conf*) permet d'interdire l'accès au répertoire *testindexes* :

```
<Directory "C:/wamp/www/testindexes">
 Options -Indexes
</Directory>
```

Figure 16.19 :
Le répertoire ne peut plus être "listé"

La sécurité HTTPS

HTTPS correspond au protocole HTTP complété d'une couche SSL (*Secure Socket Layer*) de cryptage des données. Cette protection est particulièrement utile pour lutter contre les attaques de *sniffing*. Le sniffing peut être rapproché d'une écoute des données transitant entre votre navigateur et le serveur web. Sans la couche SSL, ces mêmes données circulent en clair sur le réseau. Lorsqu'il s'agit d'une page d'informations, le risque est inexistant. Lorsqu'il s'agit en revanche d'une authentification, votre identifiant et votre mot de passe apparaissent en clair sur l'écran du pirate. En configurant l'extension SSL d'Apache (`mod_ssl`), vous vous assurez de l'anonymat de vos échanges.

Cette technique se révèle superflue dans 90 % des cas. Le point central du *sniffing* consiste à pouvoir se « brancher » sur la liaison Internet de la cible. Or, ce n'est possible que si l'attaquant se trouve dans un réseau local, non loin de la machine cible.

16.4. Les outils d'analyse

Compte tenu de l'importance que prennent les applications web dans l'économie moderne, certains éditeurs ont sauté sur l'occasion pour proposer des outils permettant de les auditer.

Le logiciel Acunetix Web Vulnerability Scanner (**www.acunetix.com/wvs**) par exemple, permet à partir d'une simple adresse web, de tester les attaques sur des failles du langage, les injections SQL, les attaques de type XSS (*Cross Site Scripting*), les attaques concernant les passages de paramètres, les formulaires d'authentification (en veillant à ce que les identifiants et les mots de passe ne soient pas trop simples à trouver), ainsi qu'une dizaine d'autres attaques classiques.

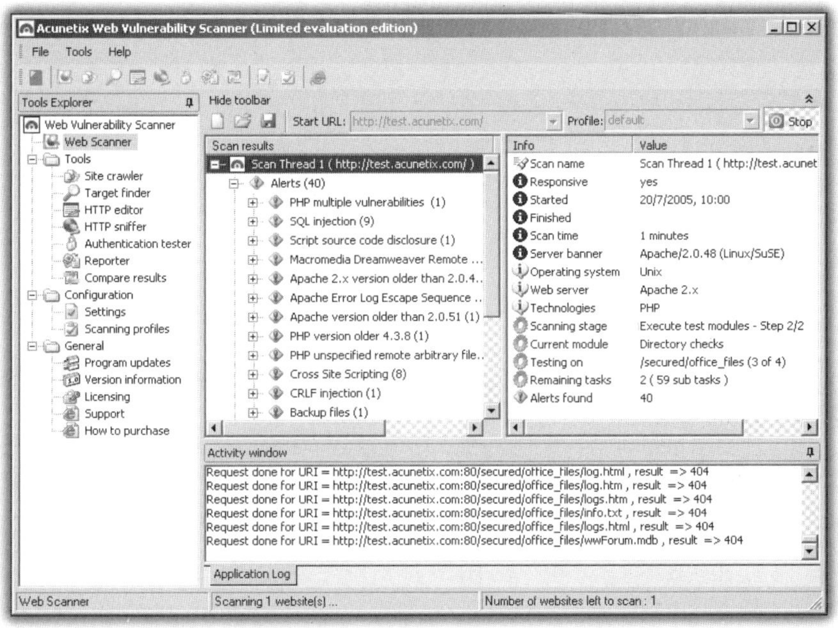

Figure 16.20 : *Exemple d'interface du logiciel Acunetix Web Vulnerability Scanner*

16.5. Check-list

La sécurité est un domaine complexe. Plusieurs règles doivent systématiquement rester à votre esprit durant la phase de développement :

- Les paramètres reçus dans un script peuvent être forcés par un utilisateur malicieux qui composerait sa propre *Query String* ou qui modifierait ses cookies. Les paramètres reçus dans un script doivent donc toujours être vérifiés avant d'être exploités.

- La vérification doit être encore plus poussée lorsqu'il s'agit de composer une requête SQL à partir de paramètres.
- Il est important de logger les événements étranges et incohérents qui ont lieu au sein de votre applicatif. Cela sera votre première source d'information en cas d'attaque.
- Les rapports d'erreur doivent être le plus complets possible durant la phase de développement. Ils vous permettront notamment de détecter les variables non initialisées.

Chapitre 17

Les trucs et astuces

Comme pour tout langage de programmation, il est possible avec l'expérience d'améliorer et d'optimiser son code. Ce chapitre va vous permettre de présenter quelques fonctionnalités et syntaxes peu connues de PHP et de MySQL.

17.1. PHP

Raccourcir un if... else...

Il est possible, pour des `if... else...` très courts, de remplacer la syntaxe standard par la suivante :

```
(instruction 1)?(instruction 2):(instruction 3);
```

Si la première expression retourne `true`, c'est la deuxième instruction qui est exécutée, sinon c'est la troisième expression.

```
$x = 4;
($x > 5)? print "x ($x) est supérieur à 5" : print "x ($x)
✂ est inférieur à 5";
```

Si vous aviez voulu utiliser la fonction `echo`, vous auriez pu écrire :

```
$x = 4;
echo ($x > 5)?"x ($x) est supérieur à 5":"x ($x) est
✂ inférieur à 5";
```

L'exemple suivant va permettre de pré-remplir une `CHECKBOX` en fonction de la valeur prise par une variable :

Listing 17-1 : Présélection d'une case à cocher

```
<?php

$ln = "fr";

?>

<form>

français :
<input type='radio' <?php echo ($ln == "fr")?"checked='true'":""; ?>
       name="fr" value="fr" /><br/>

étranger :
<input type='radio' <?php echo ($ln != "fr")?"checked='true'":""; ?>
       name="fr" />

</form>
```

L'autre syntaxe des structures de contrôle

Il est courant d'avoir à écrire un code de ce type :

```
if ($reponse == "OK")
{
  echo "le message a bien été envoyé<br/>";
  echo "merci de votre visite";
}
else
{
  echo "problème lors de l'exécution<br/>";
  echo "merci de recommencer";
}
```

Les blocs de code entre les `if`... `else`... ne contiennent que du texte brut.

PHP propose une syntaxe alternative, plus élégante, pour parvenir au même résultat :

Listing 17-2 : Les blocs HTML et PHP sont plus clairement séparés

```
<?php if ($reponse == "OK") : ?>

le message a bien été envoyé<br/>
merci de votre visite

<?php else: ?>

problème lors de l'exécution<br/>
merci de recommencer

<?php endif; ?>
```

La nouvelle syntaxe est donc la suivante :

```
if () : ... else () : ... endif;
```

Cette syntaxe est disponible pour les autres structures de contrôle :

```
if() : ... elseif () : ... else () : ... endif;
while () : ... endwhile;
for () : ... endfor;
```

Raccourcir un simple bloc echo

Il est courant de devoir utiliser un bloc PHP uniquement pour afficher une variable :

```
<form action="<?php echo $_SERVER['PHP_SELF']; ?>">
```

PHP propose une syntaxe alternative pour y parvenir :

```
<?=$nom_variable?>
```

Cet exemple devient alors :

```
<form action="<?=$_SERVER['PHP_SELF']?>">
```

Pour afficher deux valeurs, vous pouvez écrire :

```
<?php

$x = 2;
$y = 3;

?>

Valeurs de x, y =  <?="$x, $y"?>
```

L'avantage de cette syntaxe est donc de réduire votre code et de le rendre plus lisible. Plus un fichier est court et plus vous pouvez rapidement en avoir un aperçu d'ensemble. Cette syntaxe permet également de séparer plus clairement les zones de texte brut des zones de code.

Cette syntaxe dépend de la directive de configuration `short_open_tag` présente dans *php.ini*. Cette directive doit être passée à `on` pour permettre l'utilisation de ces *short tags*. Les utilisateurs de Wamp Server devront notamment faire la modification.

Donner une valeur par défaut à un paramètre d'une fonction

Nous avons vu que la syntaxe pour déclarer une fonction est la suivante :

```
function nom_fonction($param1,$parma2)
{
  bloc_de_code;
}
```

Il est possible de donner des valeurs par défaut aux paramètres de la fonction en la déclarant ainsi :

```
function nom_fonction($param1 = "valeur_par_défaut")
{
  bloc_de_code;
}
```

Écrivez une fonction `affiche_retour()` et appelez-la de deux façons différentes :

```
<?php

function affiche_retour($url = "/")
{
  echo "<a href=$url>retour</a><br/>";
}

// version 1 : nous utilisons le paramètre par défaut
echo "merci de votre visite<br/>";
affiche_retour();

//version 2 : nous passons la valeur du paramètre
echo "merci de votre visite<br/>";
affiche_retour("/");

?>
```

Attention, si la fonction possède plusieurs paramètres, seul le dernier pourra prendre une valeur par défaut !

```
<?php

function affiche_retour($url,$nomlien = "retour")
{
  echo "<a href=$url>retour</a><br/>";
}

//version 2 : valeur par défaut pour le deuxième paramètre
echo "merci de votre visite<br/>";
affiche_retour("/");

//version 2 : nous passons les valeurs des 2 paramètres
echo "merci de votre visite<br/>";
affiche_retour("/","back");

?>
```

Transmettre un nombre variable de paramètres à une fonction

PHP propose un moyen de passer un nombre variable de paramètres à une fonction. Deux fonctions doivent être utilisées pour y parvenir :

- `func_num_args()` : retourne le nombre d'arguments passés en paramètres.

- `func_get_arg()` : permet d'accéder par index à chacun des paramètres.

Listing 17-3 : affiche_param() peut recevoir un nombre indéfini de paramètres

```
<?php

function affiche_param()
{
  $nb_param = func_num_args();
  for ($i=0;$i<$nb_param;$i++) {
    print("paramètre $i : " . func_get_arg($i) . "<hr>");
  }
}

affiche_param("a",2,"e","i",6);

?>
```

Figure 17.1 : *Fonctions avec un nombre indéfini de paramètres*

Utiliser un opérateur de comparaison de type

PHP rend la gestion des types des variables extrêmement simple. À trop simplifier les choses cependant, le risque est parfois de commettre des erreurs.

Étudiez le code suivant :

Listing 17-4 : Comparaison hasardeuse

```
$x = 0;
$y = false;
```

```
if ($x == $y) echo "x et y sont égaux";
else echo "x et y sont différents";
```

Ce script va afficher `"x et y sont égaux"`, bien que `$x` soit un numérique entier et `$y` un booléen. Cela peut convenir la plupart du temps, car PHP place souvent au même niveau `1/true` et `0/false`.

Ce comportement peut cependant devenir gênant quand `0` et `false` doivent représenter deux valeurs différentes. La fonction suivante retourne, par exemple, la conversion d'un nombre de jours en secondes, et `false` en cas d'erreur :

```
function jour_sec($jour)
{
  if ($jour < 0)
  {
    return false;
  }
  else
  {
    return $jour * 24 * 60 * 60;
  }
}
```

Quand vous appelez la fonction avec la valeur `0`, la valeur de retour est `0`. Quand vous l'appelez avec la valeur `-12`, c'est la valeur `false` qui est cette fois retournée. Pour pouvoir faire la différence entre ces deux valeurs, PHP met à votre disposition certains opérateurs de comparaison sur les types :

Tableau 17.1 : *Opérateurs de comparaison sur les types*

Opérateur	Résultat
`$a === $b`	`$a` et `$b` sont égaux et de même type
`$a !== $b`	`$a` et `$b` sont différents ou de types différents

Vous pouvez donc faire appel à votre fonction de la manière suivante :

```
$nbsec = jour_sec(0);
if ($nbsec === false) echo "le paramètre n'est pas valide";
else echo "nombre de secondes : $nbsec";
```

Le script affiche ici `"nombre de secondes : 0"`.

Les attributs __FILE__ et __LINE__

Au cours de l'exécution d'un script PHP, `__FILE__` et `__LINE__` contiennent en permanence le chemin du fichier dans le lequel vous vous trouvez et le numéro de ligne en cours.

Listing 17-5 : Utilisation de __FILE__ et __LINE__

```
<?php
print("Bonjour vous vous trouvez dans le fichier <b>");
print(__FILE__);
print("</b> à la ligne <b>");
print(__LINE__);
print("</b>.");
?>
```

Figure 17.2 : *Résultat*

Les variables variables

Le nom d'une variable peut être lui-même une variable. Si `$a` contient `1` et `$b` contient `'a'`, la variable variable `$$b` correspond en fait à `$a`.

Listing 17-6 : $$b est une variable variable

```
<?php
$a = 1;
$b = 'a';
echo $$b; // affiche 1
?>
```

Les opérateurs sur les tableaux

Tableau 17.2 : *Opérateurs sur les tableaux*

Opérateur	Résultat
`$a + $b`	Union de `$a` et de `$b`

Tableau 17.2 : Opérateurs sur les tableaux	
Opérateur	**Résultat**
`$a == $b`	Renvoie `true` si `$a` et `$b` sont composés des mêmes paires clé/valeur ; les tableaux sont alors dits égaux
`$a === $b`	Comme ==, avec des vérifications en plus sur l'ordre et le type des données ; les tableaux sont alors dits identiques
`$a != $b`	Renvoie `true` si `$a` et `$b` ne sont pas égaux
`$a <> $b`	Renvoie `true` si `$a` et `$b` ne sont pas égaux
`$a !== $b`	Renvoie `true` si `$a` et `$b` ne sont pas identiques

L'opérateur d'union a cela de spécial que les clés qui seraient présentes dans `$a` et `$b` ne sont pas réécrites.

```
$a = array("couleur1"=>"rouge","couleur2"=>"vert");
$b = array("couleur1"=>"jaune","noir","vert");
print_r($a+$b);
```

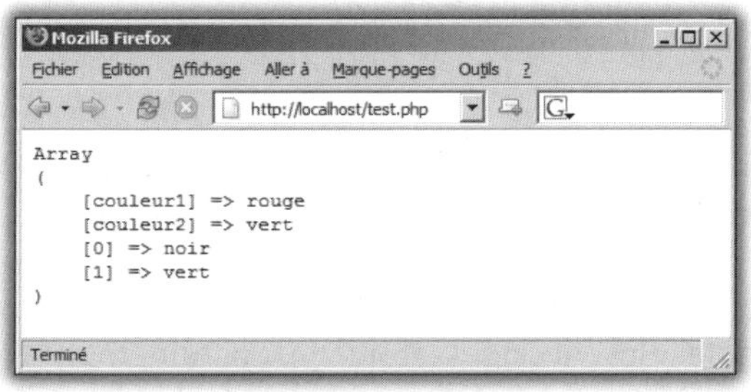

Figure 17.3 : *Union de $a et $b*

Les techniques d'optimisation en PHP

L'optimisation d'un code ne doit jamais être réalisée au détriment de sa clarté et de sa lisibilité. Cette règle est d'autant plus vraie si vous débutez en programmation ou si vous ne travaillez pas de manière isolée sur le projet.

Il est cependant utile de connaître quelques techniques d'optimisation, surtout si votre projet nécessite une rapidité extrême, et qu'il doit être utilisé par un grand nombre de personnes. Un espace mémoire de 100 ko gaspillé par un script peut en effet se transformer en plusieurs mégaoctets en cas d'afflux important de visiteurs.

Limiter le nombre de variables

Si vous avez besoin de nombreuses variables temporaires et que celles-ci ne soient utilisées que localement (pour une seule instruction, par exemple), essayez de conserver la même variable tout au long du script. Une telle variable est souvent appelée `$tmp`.

Listing 17-7 : Utilisation de deux variables temporaires : $heures et $minutes

```
$jours = 10;

$heures = 10 * $jours;
echo "nombre de d'heures : $heures";

$minutes = $heures * 60;
echo "nombre de minutes : $minutes";
```

Listing 17-8 : Utilisation d'une seule variable temporaire : $tmp

```
$jours = 10;

$tmp = 10 * $jours;
echo "nombre de d'heures : $tmp";

$tmp *= 60;
echo "nombre de minutes : $tmp";
```

Vous avez vu qu'une bonne habitude en programmation consiste à passer en variables un grand nombre de paramètres utilisés par vos scripts (notamment tous les paramètres susceptibles d'être modifiés lors d'un changement d'hébergeur). Il ne faut cependant pas tomber dans l'excès inverse et passer toutes les données (tous les paramètres) en variables. Une variable est en effet stockée en mémoire, et plus vous en avez dans votre code, plus celui-ci consomme de mémoire lors de son exécution.

Utiliser les bons caractères

Quand une chaîne de caractères ne contient pas de variables, utilisez les simples primes :

```
$ch1 = 'bonjour';
$ch2 = "valeur de ch1 : $ch1";
```

En fonctionnant ainsi, vous évitez à l'interpréteur PHP d'essayer de remplacer les variables par leur valeur et vous économisez des ressources.

Limiter les requêtes aux bases de données

C'est de loin l'optimisation qui vous sera le plus utile. Supprimer une requête superflue est largement plus important que toutes les optimisations syntaxiques imaginables. Une requête est en effet très consommatrice en temps et en mémoire.

Si vos requêtes sont indispensables, essayez alors de les optimiser en utilisant des index sur vos tables ou en choisissant des critères de sélection très stricts. Spécifier les colonnes utiles, plutôt qu'un astérisque (`*`) dans un `SELECT`, est également une excellente habitude à prendre.

Les jointures intelligentes et les requêtes imbriquées proposées par MySQL 5 permettent très souvent de limiter le nombre requêtes.

Les fonctions include() et require()

La fonction `include()` n'est pas la seule à permettre de faire appel à des données contenues dans un fichier extérieur. La fonction `require()` peut aussi être utilisée dans ce cas.

La différence entre ces deux fonctions réside dans le fait que le code appelé par `require()` est inclus dans tous les cas et n'est exécuté qu'une fois.

De ce fait, seule la fonction `include()` peut être utilisée dans une boucle :

Listing 17-9 : Le script test.php

```
<?php

for ($i=0;$i<=10;$i++)
{
  $double = include("double.inc.php");
}

?>
```

Listing 17-10 : Le script double.inc.php

```
<?php

return $i * 2;

?>
```

L'exemple précédent présente un autre avantage de la fonction `include()` sur la fonction `require()` : la possibilité de récupérer dans le script appelant (*test.php*) une valeur retournée par le script appelé (*double.inc.php*). Cette valeur de retour correspond à la valeur retournée (`return()`) par le code inclus (retour qui a mis fin, par ailleurs, à l'exécution de ce même code).

Les fonctions `include()` et `require()` peuvent faire appel à un fichier distant. Il est ainsi tout à fait autorisé d'écrire ceci :

```
include("http://www.server.com/fonction.txt");
```

Le code PHP contenu dans le fichier *fonction.txt* sera alors inclus dans le script (le code doit être entouré des balises `<?php` et `?>`). Si en revanche vous faites appel à un fichier *.php*, ce n'est pas le code que vous allez inclure dans votre script, mais le résultat de l'interprétation du code par le serveur HTTP distant. Si ce code fait appel à des variables globales du serveur, le résultat sera alors différent.

Une autre fonction peut se révéler intéressante : `include_once()`. Cette fonction permet de n'inclure un fichier qu'une fois et évite ainsi de provoquer des erreurs si le fichier inclus se connecte à une base ou crée un objet (dans ces deux cas, l'interpréteur indiquerait que la ressource existe déjà).

L'affichage tampon : output buffering

L'*output buffering* est une technique qui permet de ne pas afficher directement les données à l'écran, mais plutôt de les stocker temporairement dans un tampon intermédiaire (*buffer*).

Trois fonctions sont utilisées pour l'*output buffering*.

- `ob_start()` : pour initialiser l'*output buffering*.
- `ob_get_contents()` : pour récupérer le contenu du *buffer* dans une variable.
- `ob_end_clean()` : pour arrêter l'*output buffering* et vider le *buffer*.

Considérez l'exemple suivant :

```
<?php
ob_start();
echo "toto";
```

```
$output = ob_get_contents();
ob_end_clean();
echo "titi";
echo $output;
?>
```

Ce script n'affiche pas `tototiti` mais `tititoto`. L'affichage de `toto` a été fait dans le *buffer*, et ce *buffer* n'est ensuite affiché qu'après `titi`.

> ASTUCE
>
> **Entrelacement d'output buffering**
>
> Un `ob_start()` peut être inclus au sein d'un autre `ob_start()`.

Si vous aviez utilisé la commande `readfile()` entre `ob_start()` et `ob_end_clean()`, le contenu du fichier aurait aussi été placé dans le *buffer*.

Grâce à cette technique, il devient possible de préparer dans un *buffer* un contenu complexe provenant de sources multiples (fichier, bases de données) et de n'afficher le *buffer* que si toutes les opérations se sont bien déroulées. En fonctionnant ainsi, vous évitez de vous retrouver avec des erreurs en plein milieu de la page.

L'*output buffering* associé à la lecture de fichier distant peut aussi être très intéressant pour la gestion de *templates*.

Fin de bloc PHP

Lorsque votre script se termine par un bloc PHP, l'ultime balise de fermeture ?> devient facultative. Cette particularité a surtout l'avantage d'éviter de provoquer une erreur lorsque l'inclusion d'un fichier se terminant par ?> précède un appel à une des fonctions suivantes : `session_start()`, `header()` ou `setcookie()`. Ces fonctions ne peuvent en aucun cas être précédées d'un affichage. Or, si vous laissez ne serait-ce qu'un retour à la ligne ou un espace derrière ?>, une erreur sera déclenchée.

Le paramètre caché de break et continue

Le chapitre consacré à la syntaxe avait présenté les instructions `break` et `continue` qui permettent, pour la première, de stopper l'exécution d'une boucle et pour la seconde, de forcer le passage à l'itération suivante.

Dans le cadre de boucles imbriquées, ces deux instructions peuvent prendre en paramètre une valeur numérique. Pour le `break`, cette valeur correspond au nombre de boucles qui seront arrêtées et pour le `continue`, au nombre de boucles qui seront ignorées.

Listing 17-11 : Exemple illustrant l'utilisation d'un paramètre avec break et continue

```
$tab = array("a","b","c","d","e");

foreach ($tab as $lettre) {
  print("<br/> $lettre : ");
  for ($i=0;$i<=5;$i++) {
    if ($lettre=="a" && $i==1) continue 1;
    if ($lettre=="b" && $i==1) continue 2;
    if ($lettre=="c" && $i==2) break 1;
    if ($lettre=="d" && $i==2) break 2;
    print($i);
  }
}
```

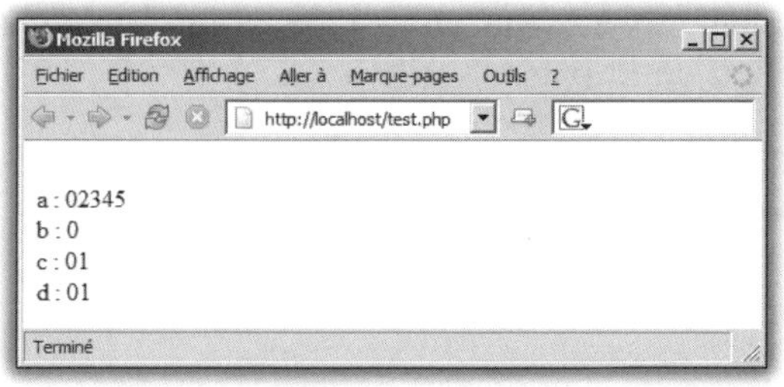

Figure 17.4 : *Break et continue*

Le fonctionnement de cet exemple est le suivant :

- si `$lettre == a` et `$i == 1` : nous continuons dans la boucle `for` en ignorant uniquement l'affichage de la valeur `1` ;
- si `$lettre == b` et `$i == 1` : nous passons à l'itération suivante de la boucle de niveau supérieur `foreach` ;
- si `$lettre == c` et `$i == 2` : nous arrêtons la boucle en cours `for` ;
- si `$lettre == d` et `$i == 2` : nous arrêtons la boucle au niveau supérieur `foreach` et ne passons pas au traitement de la lettre `"e"`.

Chaîne de caractères sous forme de tableau de caractères

Les chaînes de caractères peuvent être considérées comme des tableaux scalaires. Le premier caractère ayant, comme d'habitude, l'indice `0`.

Listing 17-12 : Affichage de chacun des caractères de la chaîne $str

```
$str = "Bonjour Mr Gueudet";
print("$str<hr/>");

$n = strlen($str);
for ($i=0;$i<$n;$i++) {
  print("str[$i] = ".$str[$i]."<br/>");
}
```

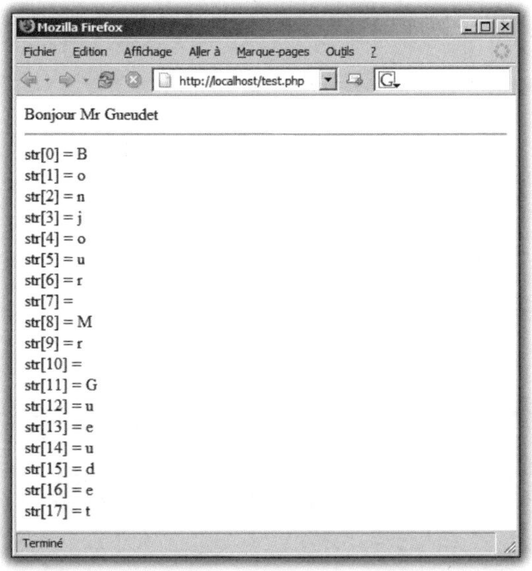

Figure 17.5 : *Résultat de l'affichage*

Rendre disponible un site wamp sur internet

Dans 99 % des cas, un site web fonctionnant avec Wamp ne sera pas accessible sur une autre machine. Pour rendre le site disponible, une modification doit être réalisée au niveau du fichier de configuration d'Apache (*httpd.conf*). La ligne `Allow from 127.0.0.1` doit être remplacée par `Allow from all`.

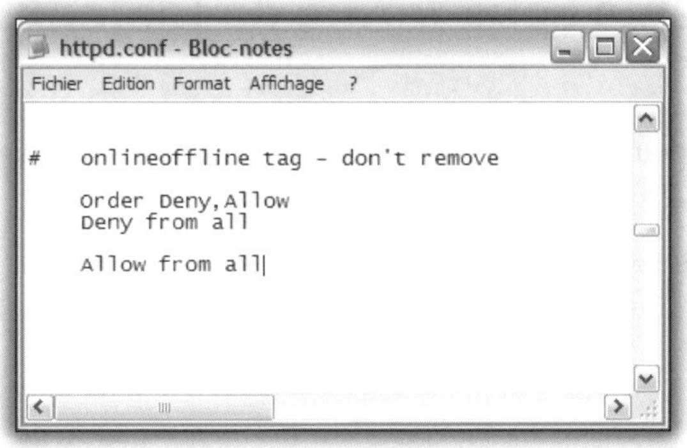

Figure 17.6 : *Modification de la configuration d'Apache*

Ce changement indique que toutes les machines (`All`) peuvent désormais accéder à Apache et non plus uniquement la machine sur laquelle est installée Wamp (`127.0.0.1`).

Un redémarrage d'Apache doit être réalisé pour prendre en compte la modification.

Pour accéder au site web, une machine du réseau local devra utiliser l'adresse IP de la machine (ex : `http://192.168.0.2/test.php`) plutôt que `localhost` (`http://localhost/test.php`).

Cette adresse IP peut être trouvée en tapant la commande `ipconfig` dans un terminal.

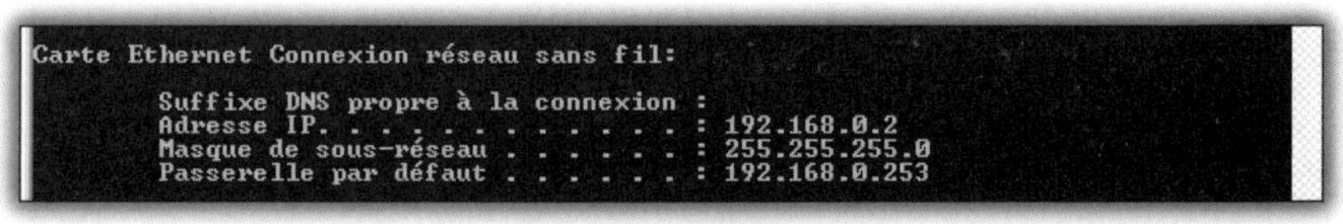

Figure 17.7 : *L'adresse IP est ici 192.168.0.2*

L'étape suivante consiste à permettre à des ordinateurs situés en dehors du réseau local d'accéder au site. Il convient pour cela de modifier des paramètres au niveau de votre routeur. La Freebox permet d'illustrer ces interventions avec un cas concret.

La première étape consiste à accéder à l'espace *Mon Compte* du site **www.free.fr**. Une fois que vous vous êtes identifié, la rubrique *Internet / Configurer mon routeur Freebox* permet de configurer le routeur. L'objectif est alors de créer une redirection du port `80` (`TCP`) du routeur vers le port 80 de votre machine. Là encore, l'IP de votre machine (ex : 192.168.0.2) est nécessaire.

Figure 17.8 : *Paramétrage d'une redirection de port sur la Freebox*

Cette redirection indique que tous les accès sur le port 80 de la Freebox sont automatiquement redirigés vers le port 80 de votre machine de travail. Le port 80 est, en effet, le port par défaut utilisé par Apache et plus généralement pour le web.

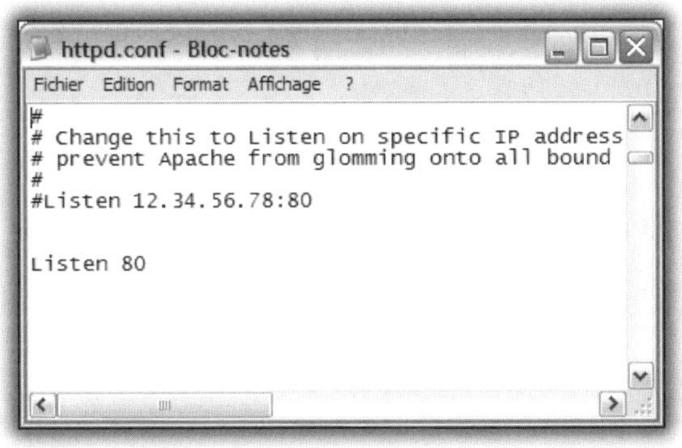

Figure 17.9 : *La configuration d'Apache indique bien que le port d'écoute est 80*

Cette modification doit être suivie d'un débranchement de la Freebox afin de la redémarrer. Tout est désormais prêt pour qu'un internaute lambda puisse accéder à votre site. La seule donnée manquante est l'adresse Internet de la Freebox. C'est en effet cette dernière qui permettra d'accéder au site. La rubrique *Afficher mon Adresse IP* permet de l'obtenir. Si cette adresse est par exemple 82.239.58.1, un internaute pourra alors utiliser l'adresse http://82.239.58.1 pour visualiser le site.

Il est important de rappeler qu'en ouvrant le port 80 de cette manière, votre machine devient une proie potentielle pour un pirate. La prudence est donc de mise !

17.2. MySQL

Récupérer un enregistrement de manière aléatoire

Il est souvent très utile de récupérer une valeur aléatoire dans une table. La première solution consiste à sélectionner un grand nombre de valeurs, à les placer dans un tableau au niveau de votre script et, enfin, à choisir un élément au hasard dans ce tableau :

Listing 17-13 : Passage par un tableau pour obtenir un élément aléatoire

```
<?php

$liendb = mysql_connect("localhost", "root", "");
mysql_select_db ("test");

$sql = "SELECT * FROM eleve";
$resultat = mysql_query ($sql);
while ($eleve = mysql_fetch_array ($resultat))
{
  $tab[] = $eleve['nom'];
}

srand ((float) microtime() * 10000000);
$randindex = array_rand ($tab);

echo $tab[$randindex];

mysql_close($liendb);

?>
```

Une autre solution, plus pertinente, consiste à demander à MySQL de ne retourner qu'une valeur prise au hasard. L'idée est de demander à MySQL de prendre les enregistrements dans un ordre aléatoire (`ORDER BY rand()`) et de n'en sélectionner qu'un (`LIMIT 1`) :

Listing 17-14 : Sélection directe d'un élément aléatoire

```
<?php

$liendb = mysql_connect("localhost", "root", "");
mysql_select_db ("test");

$sql = "SELECT * FROM eleve ORDER BY rand() LIMIT 1";
$resultat = mysql_query ($sql);
$eleve = mysql_fetch_array ($resultat);
```

```
echo $eleve['nom'];

mysql_close($liendb);

?>
```

REMARQUE

Anciennes versions de MySQL

Avec des versions anciennes de MySQL (inférieures à la version 3.23), vous ne pouvez utiliser que la première solution, la syntaxe `ORDER BY rand()` n'étant pas valide avant.

Optimiser ses tables

Il est courant, en cours de développement, d'apporter des modifications (`ALTER TABLE`) à la structure de ses tables. Bien que ces modifications soient parfaitement gérées par MySQL, elles peuvent entraîner un léger ralentissement des requêtes utilisant ces mêmes tables.

MySQL propose la commande `OPTIMIZE TABLE nom_table` pour restructurer ses données.

Cette commande peut aussi être utilisée sur des tables subissant des suppressions (massives) d'enregistrements. Dans ce cas, elle récupère l'espace perdu et défragmente le fichier de données.

Un appel à `OPTIMIZE TABLE` entraîne également un tri des pages d'index, ce qui ne fait jamais de mal.

Ces fonctions avancées (`REPAIR TABLE`, `CHECK TABLE`, `ANALYSE TABLE`, `OPTIMIZE TABLE`) peuvent être appelées depuis phpMyAdmin.

Figure 17.10 : *Fonctions avancées dans phpMyAdmin*

Autres optimisations

Une table ne contenant que des colonnes de type numérique (INT, TINYINT, FLOAT...) et des colonnes de types CHAR ou DATE présente une structure dite statique. Cette structure lui permet d'être largement plus rapide sur la gestion des index et sur les recherches. La présence d'une seule colonne TEXT, BLOB ou VARCHAR la fera passer en structure dynamique. La taille d'un CHAR étant limitée à 255, il n'est pas toujours possible d'obtenir une structure statique de table.

Diviser une table en plusieurs sous-tables, sous prétexte que cette dernière commence à contenir beaucoup de colonnes, est généralement une mauvaise idée. La recherche de données sur le disque dur est en effet l'opération la plus longue. En divisant votre table, le SGBD est obligé de rechercher sur le disque les emplacements où se trouvent les sous-tables.

17.3. HTML et JavaScript

Empêcher l'autocomplétion

Une fonctionnalité très pratique proposée par les derniers navigateurs est l'*autocomplétion* dans les formulaires (autocomplete). Cette autocomplétion permet à l'internaute de ne pas avoir à retaper une information qu'il a déjà précisée dans le passé.

Dans l'exemple suivant, l'internaute a entré une première fois son adresse e-mail : bob@mail.com. En revenant sur le site, cette adresse lui est directement proposée.

Figure 17.11 : *L'autocomplétion*

Ce comportement peut cependant être très gênant quand vous passez par un formulaire pour demander à l'internaute de s'identifier. Si l'ordinateur en question est accessible à d'autres personnes, ces dernières pourront d'identifier juste en tirant parti de l'autocomplétion. Il est donc important pour des champs « sensibles » de désactiver cette fonctionnalité. Il suffit, pour cela, de mettre la propriété `autocomplete` à `off` dans l'`INPUT TEXT` :

```
<input type="text" name="login"  autocomplete="off" />
```

Définir le rafraîchissement automatique d'une page

Il peut être utile d'avoir à rafraîchir votre page régulièrement (pour des pages de chat ou d'informations en continue). HTML propose une balise `META` spéciale : `META HTTP-EQUIV="Refresh"`. Cette balise `META` permet de préciser la fréquence des rafraîchissements et l'URL de destination :

Listing 17-15 : Au bout d'une minute, nous retombons sur la page d'accueil

```
<META  HTTP-EQUIV="Refresh"  CONTENT="60;URL=/">
```

Le script suivant affiche l'heure toutes les 5 secondes :

```
<html>

<head>
<META HTTP-EQUIV="Refresh"
      CONTENT="5;URL=<?php echo $_SERVER['PHP_SELF']; ?>">
</head>

<body>

<h1><?php echo date("Y-m-d G:i:s"); ?></h1>

</body>
</html>
```

ATTENTION

Problématique des frames

Il est impossible, en utilisant cette technique, de préciser une *frame* de destination. Pour y parvenir, vous êtes obligés de passer par une page intermédiaire contenant du JavaScript.

Chapitre 18

Index

!

A

B

C

D

E

F

G

H

I

J

L

Q

R

S

T

U

V

W

X

Z

Composé en France par Jouve
11, bd de Sébastopol - 75001 Paris

Achevé d'imprimer en ALLEMAGNE
Par l'imprimerie CPI – Clausen & Bosse
25917 Leck, Juin 2009